Rolf Goetz

Zypern

Süd & Nord

50 ausgewählte Küsten- und Bergwanderungen

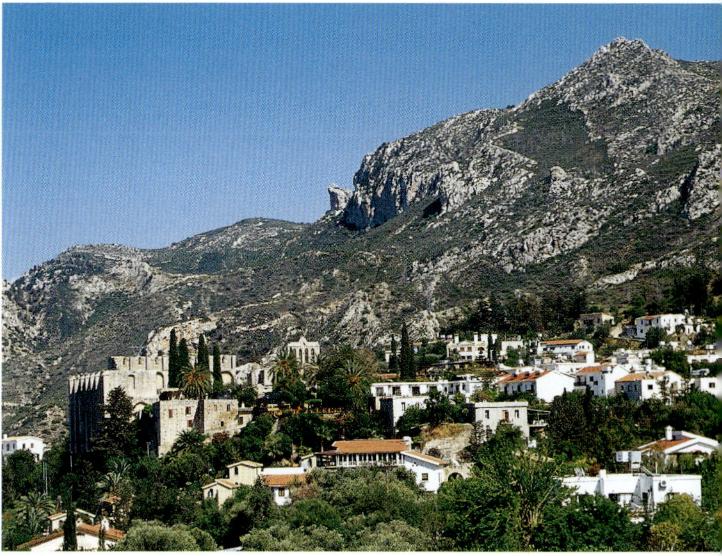

ROTHER BERGVERLAG

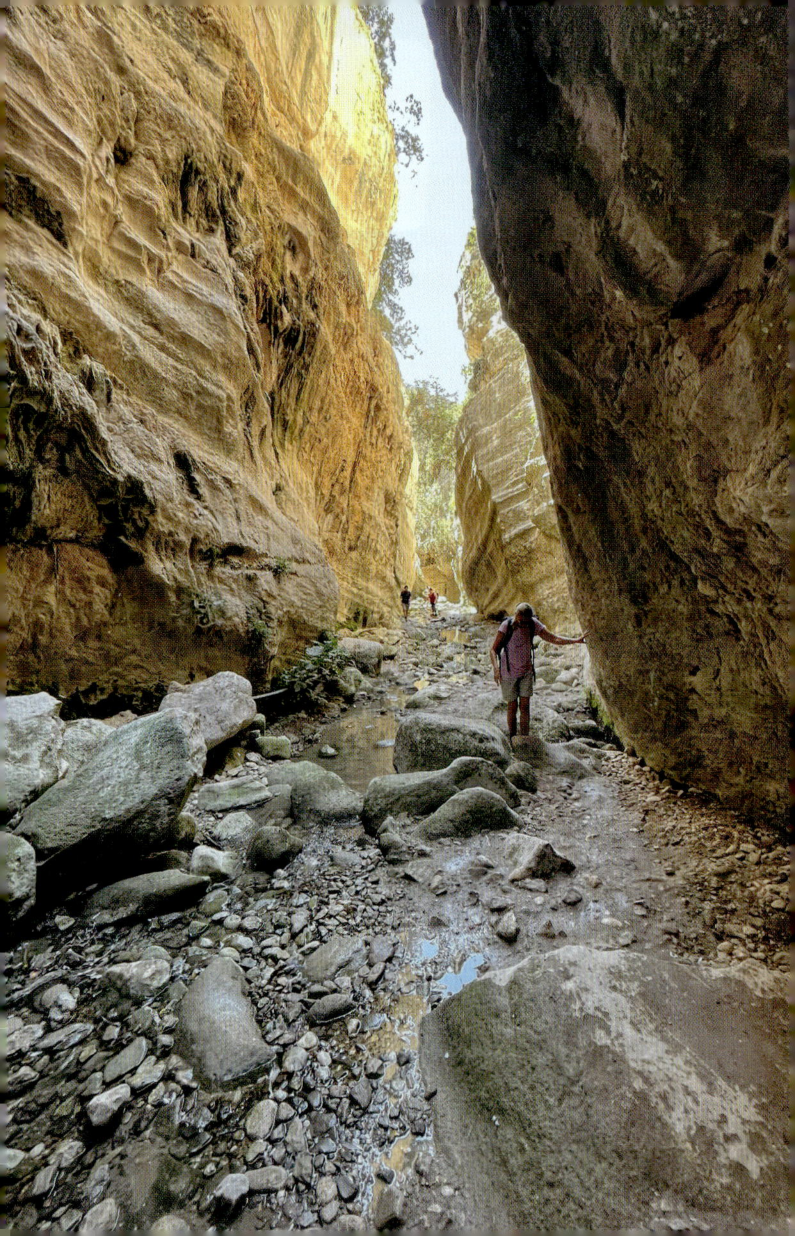

VORWORT

»Wo die Götter Urlaub machen« – mit diesem Slogan umwirbt Zypern seine Gäste. Die Insel der Aphrodite – die Liebesgöttin soll hier erstmals irdischen Boden betreten haben – liegt an der Schnittstelle zwischen Europa und dem Orient. Geografisch gehört sie zu Kleinasien, politisch und kulturell verstehen sich die Zyprer als Europäer. Spätestens seit dem EU-Beitritt und der Einführung des Euro ist zumindest der Südteil der Insel ganz nah an Europa herangerückt. Mehr als 300 Sonnentage im Jahr machen die östlichste Mittelmeerinsel zu einem der sonnigsten und wärmsten Reiseziele Europas. Wenn im Oktober andernorts die Sonnenliegen im Depot verschwinden, herrschen in Agia Napa und am Golf von Famagusta noch beste Badebedingungen. Doch Sonne satt und weitläufige Strände sind nur eine Facette. Kulturreisende sehen sich mit den Zeugnissen aus der 9000 Jahre alten Geschichte konfrontiert, etwa den Königsgräbern von Pafos oder den archäologischen Stätten der antiken Metropole Salamis.
Und wandern kann man selbstverständlich auch. Lohnende Wanderziele gibt es mehr als genug, angefangen von bequemen Touren zu Wasserfällen und Meeresgrotten bis hin zur anspruchsvollen Querung der Avakas-Schlucht oder einer luftigen Kliffwanderung über der Kreideküste am Kap Aspro. Im fast 2000 m hohen Troodos-Gebirge laden Wälder mit bizarren Schwarzkiefern und knorrigen Wacholderbäumen zu schattigen Touren ein. Einzigartig sind die von der UNESCO als Weltkulturerbe anerkannten Scheunendachkirchen; praktischerweise sind etliche dieser Kleinode byzantinischer Kunst Ausgangs- oder Endpunkt von reizvollen Wanderwegen. Und noch eine Besonderheit: Nirgendwo sonst im Mittelmeerraum können Sie einfacher mit der artenreichen mediterranen Flora Bekanntschaft schließen als auf den von den Forstbehörden angelegten »Nature Trails«. Besonders reizvoll ist natürlich das Frühjahr, wenn auf den Bergwiesen Abermillionen von Wildblumen um einen Platz an der Sonne kämpfen.
Im Nordteil der Insel ist das von mittelalterlichen Höhenburgen gespickte Fünffingergebirge die Entdeckung für Wanderer. Und natürlich der Karpaz. Kaum eine andere Mittelmeerregion konnte noch so ursprüngliche Flecken bewahren wie die fast 100 km lange Halbinsel, die wie ein ausgestreckter Finger die nordöstlichste Ecke Zyperns markiert.
Durch neue Forstwege, Hausbau und nicht zuletzt die steten Wandlungen der Natur kann sich das Wegenetz verändern. Sollten Sie bei Ihren Wanderungen veränderte Gegebenheiten vorfinden, bitten wir Sie, dies dem Verlag mitzuteilen. Bleibt nur noch, Ihnen erholsame und genussvolle Wandertage auf der Insel der Aphrodite zu wünschen.

Frühjahr 2023 Rolf Goetz

Imposantes Naturwunder – die Avakas-Schlucht im Hinterland von Pafos.

INHALTSVERZEICHNIS

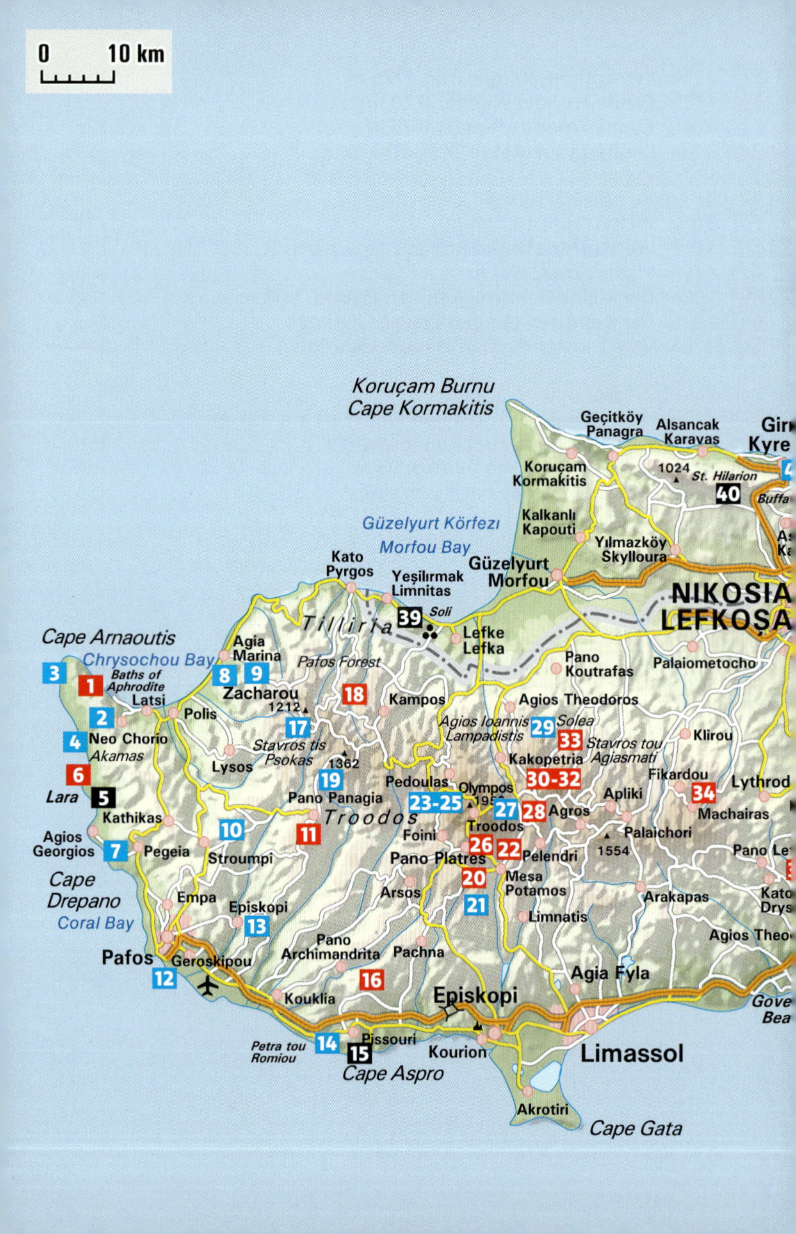
0 10 km
Koruçam Burnu
Cape Kormakitis
Geçitköy
Panagra
Alsancak
Karavas
Koruçam
Kormakitis
1024
St. Hilarion
40
Kalkanlı
Kapouti
Güzelyurt Körfezi
Morfou Bay
Yılmazköy
Skylloura
Kato
Pyrgos
Yeşilırmak
Limnitas
Güzelyurt
Morfou
NIKOSIA
LEFKOŞA
Tilliria
39
Soli
Lefke
Lefka
Cape Arnaoutis
Chrysochou Bay
Agia
Marina
Pafos Forest
Pano
Koutrafas
Palaiometocho
3
1
Baths of
Aphrodite
8
9
Zacharou
18
Kampos
Agios Theodoros
Latsi
1212
2
Polis
Agios Ioannis
Lampadistis
29
Solea
17
33
Stavros tou
Agiasmati
Klirou
4
Neo Chorio
Akamas
Stavros tis
Psokas
Kakopetria
Lysos
1362
Fikardou
6
19
Pedoulas
30-32
Lythrod
Lara
5
Olympos
1952
Apliki
34
Pano Panagia
23-25
27
28
Agros
Machairas
Kathikas
Troodos
Troodos
Agios
Georgios
10
11
Foini
Palaichori
7
Pegeia
Stroumpi
26
22
Pelendri
1554
Pano Platres
Cape
Drepano
20
Mesa
Potamos
Arsos
Arakapas
Empa
Episkopi
21
Limnatis
Coral Bay
13
Pano
Archimandrita
Pachna
Pafos
Geroskipou
12
16
Agia Fyla
Kouklia
Episkopi
Petra tou
Romiou
14
15
Pissouri
Kourion
Limassol
Cape Aspro
Akrotiri
Cape Gata

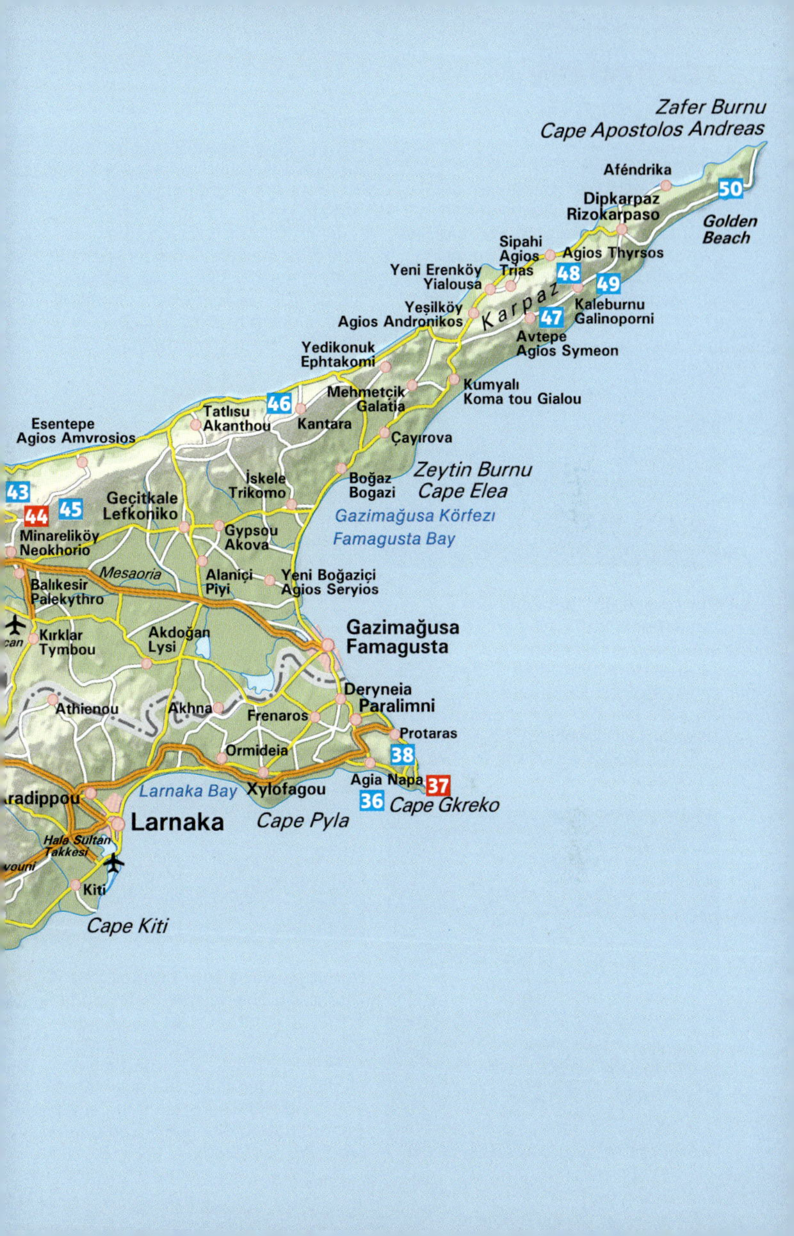
Zafer Burnu
Cape Apostolos Andreas
Aféndrika
50
Dipkarpaz
Rizokarpaso
Golden Beach
Sipahi
Agios Trias
Agios Thyrsos
48
49
Yeni Erenköy
Yialousa
Yeşilköy
Agios Andronikos
Karpaz
47
Kaleburnu
Galinoporni
Avtepe
Agios Symeon
Yedikonuk
Ephtakomi
Mehmetçik
Galatia
Kumyalı
Koma tou Gialou
46
Tatlısu
Akanthou
Kantara
Çayırova
Esentepe
Agios Amvrosios
Zeytin Burnu
Cape Elea
İskele
Trikomo
Boğaz
Bogazi
43
44
45
Geçitkale
Lefkoniko
Gazimağusa Körfezi
Famagusta Bay
Minareliköy
Neokhorio
Gypsou
Akova
Mesaoria
Alaniçi
Piyi
Yeni Boğaziçi
Agios Seryios
Balıkesir
Palekythro
Gazimağusa
Famagusta
Kırklar
Tymbou
Akdoğan
Lysi
Deryneia
Paralimni
Athienou
Akhna
Frenaros
Protaras
Ormideia
38
Agia Napa
37
Larnaka Bay
Xylofagou
36
Cape Gkreko
Larnaka
Cape Pyla
Hala Sultan Takkesi
Kiti
Cape Kiti

TOP-TOUREN

Attraktive Rundwanderungen

Aphrodite Trail
Der schönste Wanderweg auf der Halbinsel Akamas ist wegen seiner Küstenpanoramen berühmt. Ganz nebenbei lässt sich auf dem Rundweg auch ein Blick in das »Badezimmer« der Liebesgöttin Aphrodite werfen *(Tour 1, 2.30 Std.).*

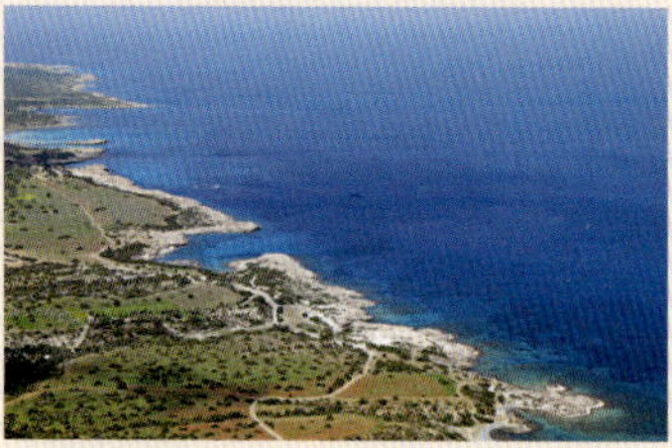

Rundwege um den Olympos
Der Artemis Trail ist Zyperns höchster Wanderweg, fast immer auf gut 1800 m Höhe umrundet er den höchsten Inselgipfel. Botanisch und von der Aussicht her mindestens genauso interessant ist der etwas längere Atalante Trail *(Tour 23, 2.00 Std.; Tour 24, 4.00 Std.).*

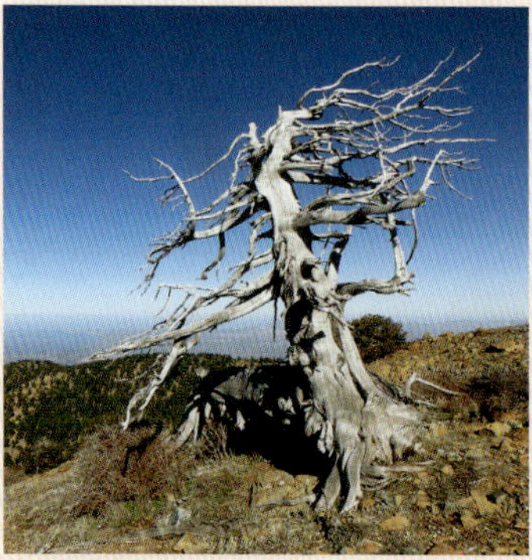

Madari Trail
Der gut ausgebaute Steig über den Rücken des Madari hat alles, was eine Top-Tour braucht: prima Aussichten nach hüben und drüben, luftiges Gipfelglück auf gut 1600 m Höhe und eine außergewöhnlich artenreiche Vegetation am Wegrand. Will man nur auf den Gipfel des Madari, empfiehlt sich der kürzere Rundweg *(Tour 31, 4.15 Std.; Tour 32, 1.30 Std.).*

Küstenwanderungen

Kap Aspro
Der Pfad hart am Rand des fast schneeweißen Kalksteinkliffs lässt Wanderherzen höherschlagen. Ausgangspunkt der Supertour ist die sichelförmige Badebucht von Pissouri *(Tour 15, 3.00 Std.).*

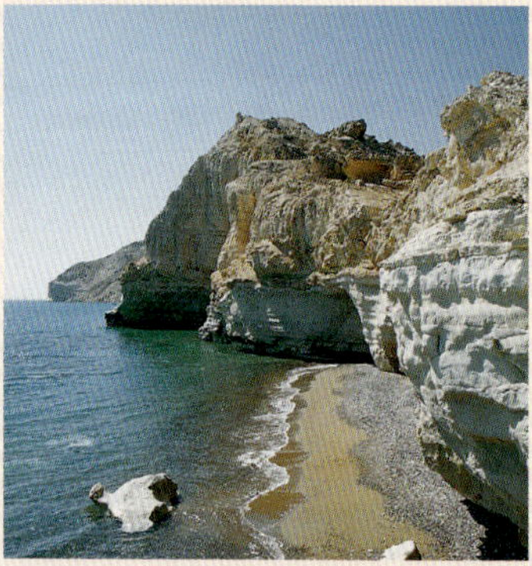

Von Agia Napa zum Konnos Beach
Direkt von einer der beliebtesten Ferienstädte der Insel zieht ein wunderschöner Küstenweg in die südöstlichste Ecke der Insel. Landschaftliche Highlights der abwechslungsreichen Tour sind Meeresgrotten und der alpin anmutende Tafelberg am Kap Gkreko *(Tour 36, 3.00 Std.).*

Golden Beach
Dass es so etwas am Mittelmeer noch gibt! Die von haushohen Dünen gerahmten goldgelben Strände auf Zyperns »Pfannenstiel« sind so gut wie unverbaut, und sofern sich die Umweltschützer durchsetzen, soll das auch so bleiben. *(Tour 50, 2.20 Std.).*

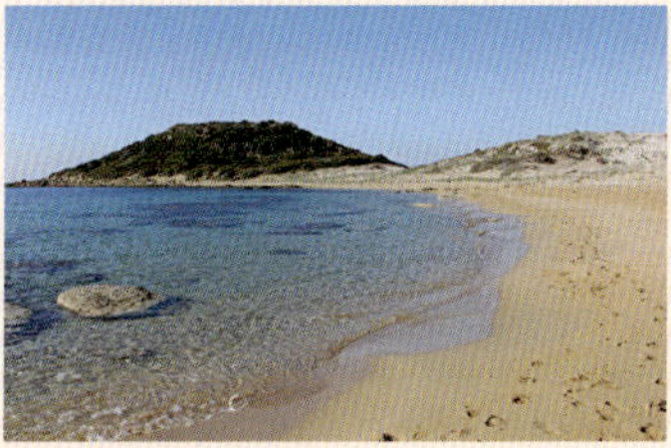

Burgen und Kirchen

Weltkulturerbe Stavros tou Agiasmati
Zyperns Scheunendachkirchen sind einzigartig auf der Welt und stehen unter dem Schutz der UNESCO. Die Wanderung stellt gleich zwei der byzantinischen Freskenkirchen vor *(Tour 30, 5.00 Std.).*

Auf die Höhenburg St. Hilarion
Die exponiert auf einen felsigen Berggipfel gesetzte mittelalterliche Bastion gehört zu den fotogenen Wahrzeichen im Nordteil Zyperns. Ausgangs- und Endpunkt der abwechslungsreichen Runde ist das hübsch herausgeputzte Bergdorf Karaman *(Tour 40, 5.00 Std.).*

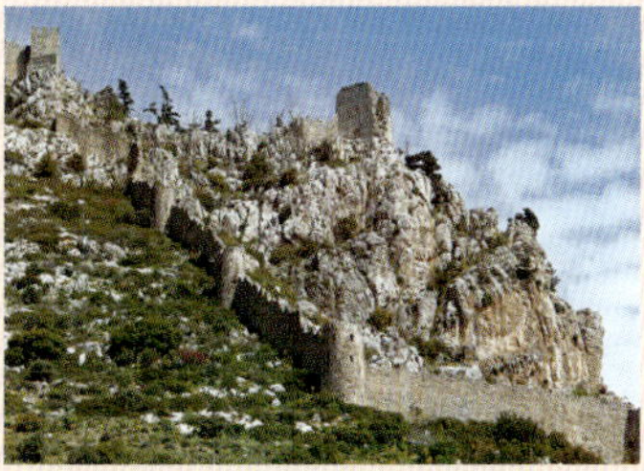

Buffavento
Die Höhenburg im Fünffingergebirge erlaubt imposante Ausblicke in alle Richtungen. Genauso wie zur Zeit des Kreuzritters Richard Löwenherz ist der halbstündige Schlussanstieg auf dem steilen Treppenweg nur zu Fuß möglich. Am Ausgangspunkt lädt eines der originellsten Insellokale zur Einkehr *(Tour 42, 5.30 Std.).*

Schluchten und Wasserfälle

Avakas-Schlucht
Imposante Canyon-Tour – das Nadelöhr der Schlucht, die ein Bergbach im Lauf der Jahrmillionen in das weiche Kalksteinplateau gefräst hat, ist keine drei Meter breit. Nach der Tour bietet sich am Lara Beach eine Badepause an *(Tour 5, 3.30 Std.).*

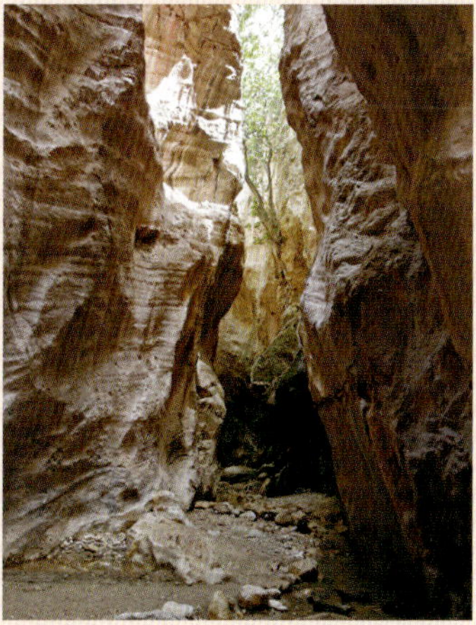

Kaledonische Wasserfälle
Der an der Forellenfarm in Platres beginnende Nature Trail gehört zu den Wanderklassikern Zyperns. Je nach Jahreszeit rauscht der Kryos Potamos über kleine und große Kaskaden talwärts *(Tour 20, 3.00 Std.).*

WICHTIGE HINWEISE FÜR UNTERWEGS

Schwierigkeiten

Die meisten Wanderungen verlaufen auf deutlichen Pfaden und Wegen. Dies sollte jedoch nicht darüber hinwegtäuschen, dass einige Touren durchaus Trittsicherheit und Orientierungssinn erfordern. Beachtet werden sollte, dass sich die Schwierigkeiten bei ungünstiger Witterung erheblich erhöhen können.

Zur besseren Einschätzung der jeweiligen Anforderungen wurden die Tourenvorschläge (Tourennummern) mit verschiedenen Farben markiert:

SCHWIERIGKEITSKATEGORIEN

■ = Leicht

Diese Wege sind meist ausreichend breit und nur mäßig steil, daher auch bei Schlechtwetter relativ gefahrlos zu begehen. Sie können auch von Kindern und älteren Leuten ohne große Gefahr begangen werden.

■ = Mittel

Diese Pfade und Steige sind häufig schmal und können über kurze Abschnitte etwas ausgesetzt sein, sie sollten deshalb nur von trittsicheren Wanderern begangen werden. Kürzere Passagen können erhöhte Anforderungen an das Orientierungsvermögen stellen.

■ = Schwierig

Diese Steige und Saumpfade sind häufig schmal und steil angelegt. Stellenweise können sie ausgesetzt bzw. bei Hangquerungen geröllig und abrutschgefährdet sein, in einigen Fällen ist auch die Zuhilfenahme der Hände notwendig. Diese Wege sollten daher nur von trittsicheren und erfahrenen Wanderern angegangen werden, die zudem ein gutes Orientierungsvermögen mitbringen.

Anfahrt

Wegen der für Wanderer nicht immer günstigen Busverbindungen empfiehlt sich bei etlichen Touren die Anfahrt mit dem Leihwagen oder einem Taxi.

Gehzeiten

Die Zeitangaben enthalten nur die reine Gehzeit – ohne Rast- oder Fotopausen! Generell wird die Gesamtgehzeit vermerkt.

Ausrüstung

Von einigen leichten Wanderungen auf Forstwegen und Schotterpisten abgesehen, ist für alle anderen Touren solides Schuhwerk mit Profilsohlen

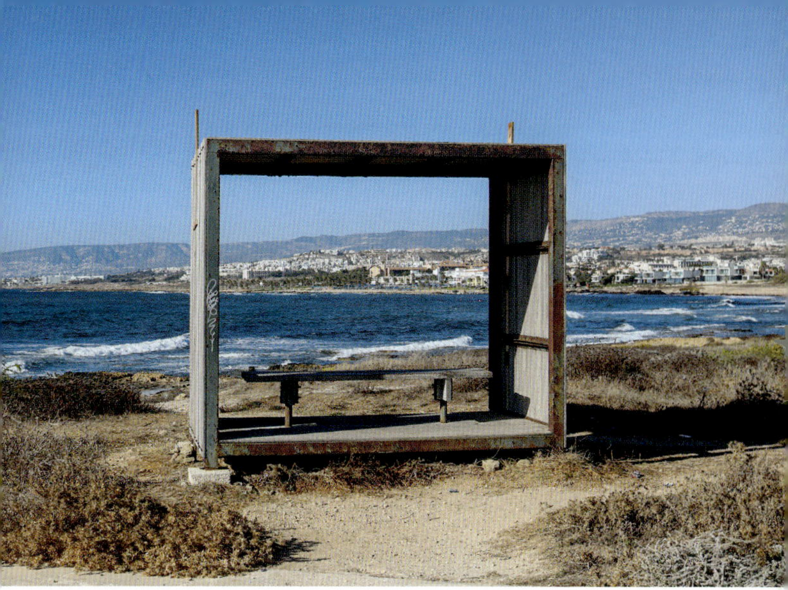

Panoramafenster mit Sitzgelegenheit am Küstenpfad von Pafos (Tour 12).

notwendig. Nicht fehlen dürfen ausreichend Trinkwasser, Regen- und Sonnenschutz sowie für kühle Tage eine wame Jacke. Vor allem im Bergland in Lagen von über 1500 m kann es noch bis in den Mai hinein überraschend frisch sein. Für Vogelbeobachtungen empfiehlt sich ein Fernglas, zum Ausleuchten von Höhlen eine Taschenlampe.

GPS-TRACKS UND KOORDINATEN DER AUSGANGSPUNKTE

Auf **gps.rother.de** stehen zu diesem Wanderführer GPS-Tracks und die Koordinaten der Ausgangspunkte zum kostenlosen Download bereit. Dieser QR-Code führt direkt zum Download. 6. Auflage, Passwort: **427106kqa**
Die GPS-Tracks können in die **Rother App** importiert werden. In der App kann man unterwegs stets sehen, wo man gerade ist und wo es langgeht. **Anleitungen dazu: rother.de/gps**
Trotz sorgfältiger Prüfung können wir Fehler und zwischenzeitliche Veränderungen nicht ausschließen. Verlassen Sie sich für die Orientierung niemals einzig und allein auf die GPS-Daten, sondern beurteilen Sie die Verhältnisse vor Ort.

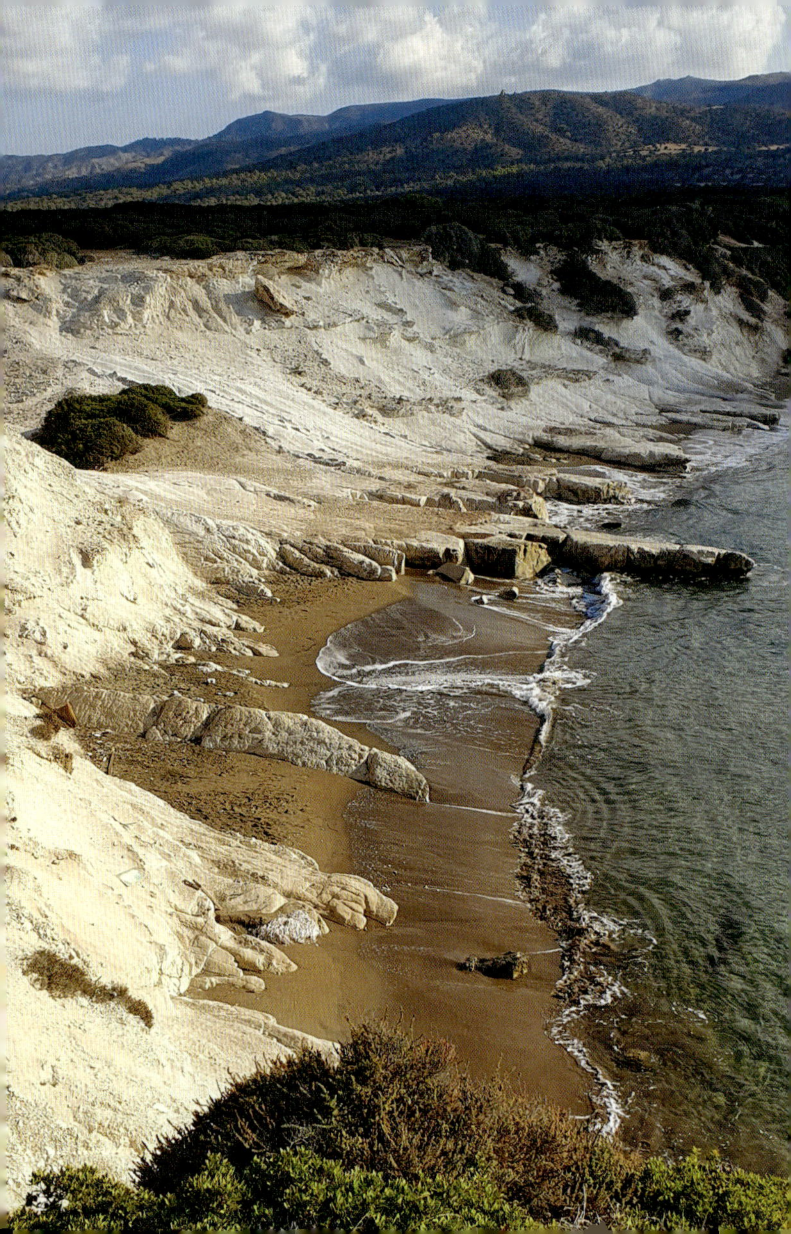

SYMBOLE

Symbole im Tourenkopf	
🚌 mit Bus erreichbar	† Gipfel
✗ Einkehrmöglichkeit	)(Pass, Satte
für Kinder geeignet	Aussichtsplatz
	Picknickplatz
	Abzweigung
Symbole im Höhenprofil	Höhle
P Parkplatz	archäologische Stätte
Bushaltestelle	)(Brücke
Ort mit Einkehrmöglichkeit	Skilift
Einkehrmöglichkeit	markanter Baum
Kirche, Kapelle	Quelle, Brunnen
Burg, Ruine	Wasserfall
Aussichtsturm	Bademöglichkeit

Gefahren

Die meisten Touren folgen deutlichen Wegen. Auf wegloses Terrain, Kletterpassagen oder Wegstücke, die Schwindelfreiheit erfordern, wird gesondert hingewiesen. Im Troodos und auch im Fünffingergebirge können plötzlich aufziehende Wolken die Sicht erheblich einschränken. Starke Regenfälle im Winter machen kurzfristig so manche Route unbegehbar. Beachtet werden sollte ferner, dass es in Zypern schneller dunkel wird als in Mitteleuropa, so geht am 21. Juni die Sonne bereits gegen 20 Uhr unter (in Frankfurt a. M. um 21.40 Uhr).

Wegenetz und Markierungen

Das Markierungssystem in Zypern steckt noch in den Kinderschuhen und ist nicht mit dem der Alpen oder westeuropäischer Mittelgebirge vergleichbar. Im Süden sind etliche »Nature Trails« an den wichtigsten Verzweigungen ausgeschildert. Am Einstieg gibt vielerorts eine Tafel einen Überblick über die Wanderregion. In Nordzypern wurden jüngst etliche Routen mit kleinen Betonpyramiden (Pyramid Marker) und Wegzeichen markiert.

Klima und beste Jahreszeit

Zypern ist eines der sonnigsten und wärmsten Reiseziele Europas. Das Inselwetter wird von dem subtropischen Mittelmeerklima mit sehr heißen, trockenen Sommern und an der Küste milden Wintern geprägt. Mit mehr als 300 Sonnentagen im Jahr ist Zypern ein ganzjähriges Reiseziel. Haupt-

Küstenabbruch in der Bucht von Lara (Tour 6).

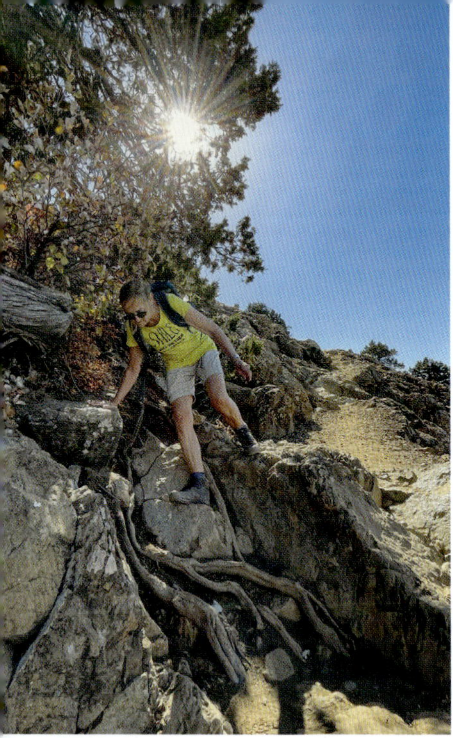
Während der Umrundung des Olymp gilt es, kleine Hindernisse zu übersteigen (Tour 23).

saison für den Badetourismus ist das Sommerhalbjahr mit absoluten Spitzenzeiten im Juli und August. Selbst im November liegt die Wassertemperatur noch über 20 °C, abgehärtete Naturen wagen gar im Januar und Februar den Sprung ins dann kühlere Nass. Von Ende November bis in den März hinein muss vor allem im Bergland mitunter mit starken Niederschlägen gerechnet werden, im Hochgebirge über 1300 m fällt gelegentlich Schnee. Wer will, kann im Februar im Troodos Skilaufen gehen und zwei Stunden später am Strand von Agia Napa bei Wassertemperaturen um die 16 °C Wasserski fahren.

Schönste Wanderzeit in Zypern ist das Frühjahr von März bis Mai, wenn die Wiesen und Hänge von einem bunten Blütenmeer überzogen sind. Mit gelegentlichen Regenfällen und teils wolkigem Wetter ist bis in den Mai hinein zu rechnen. Die Zeit von Juni bis Anfang September garantiert zwar die stabilste Wetterlage, doch zum Wandern ist es im Sommer mit Temperaturen von 35 °C und mehr zu heiß. Davon ausgenommen sind Wanderungen im Troodosgebirge ab Höhenlagen von etwa 1200 m aufwärts. Wieder sehr angenehmes Wanderwetter herrscht ab Mitte September bis tief in den November hinein. Der Herbst hat den Vorteil, dass die Wassertemperaturen mit über 20 °C noch sehr angenehm sind, sodass auch kombinierte Wander- und Badeferien möglich sind.

Für Touren im Bergland gilt: Gehen Sie morgens früh los. Vormittags ist der Himmel oft klar. Gegen Mittag ziehen erste Wolken auf und am Nachmittag ist das Bergmassiv vielfach in eine trübe Nebelküche eingehüllt.

Karten und Literatur

Eine detaillierte Straßenkarte ist »Zypern« von Freytag & Berndt im Maßstab 1:200.000. Spezielle Wanderkarten gibt es bislang nicht. Lediglich für

KLIMATABELLE SÜDKÜSTE

		Jan	Feb	Mrz	Apr	Mai	Jun	Jul	Aug	Sep	Okt	Nov	Dez	Ø
Maximal-Temperatur	°C	16	17	19	23	28	32	34	34	32	28	24	18	25
Minimal-Temperatur	°C	5	5	7	10	15	19	22	22	19	15	11	7	13
Wassertemperatur	°C	16	16	16	17	20	24	27	28	27	25	21	18	21
Sonnenstunden/Tag	h	6	6	7	8	11	12	13	12	11	9	7	6	9
Tage mit Regen		12	9	6	3	2	1	0	0	1	3	5	10	4

KLIMATABELLE TROODOS

		Jan	Feb	Mrz	Apr	Mai	Jun	Jul	Aug	Sep	Okt	Nov	Dez	Ø
Maximal-Temperatur	°C	7	7	11	15	19	24	26	26	22	18	14	8	16
Minimal-Temperatur	°C	-2	-2	0	4	7	11	14	14	12	8	4	2	6
Tage mit Regen		15	12	11	6	5	2	1	1	1	5	6	13	7

das Troodos-Gebirge und die Akamas-Halbinsel werden von Kartographos die »Wanderkarte Troodos« und die »Wanderkarte Akamas«, beide im Maßstab 1:25.000, herausgegeben. Für die Regionen Troodos, Akamas und Agia Napa halten die Touristenbüros kostenlose Detailkarten (1:60.000) bereit, in denen die wichtigsten Nature Trails eingezeichnet sind.
Einen umfassenden Einblick in die mediterrane Pflanzenwelt gibt mit 1600 Arten »Die Kosmos-Mittelmeerflora« von Ingrid und Peter Schönfelder.

Rückschau auf Pissouri Bay am Aufstieg zum Kap Aspro (Tour 15).

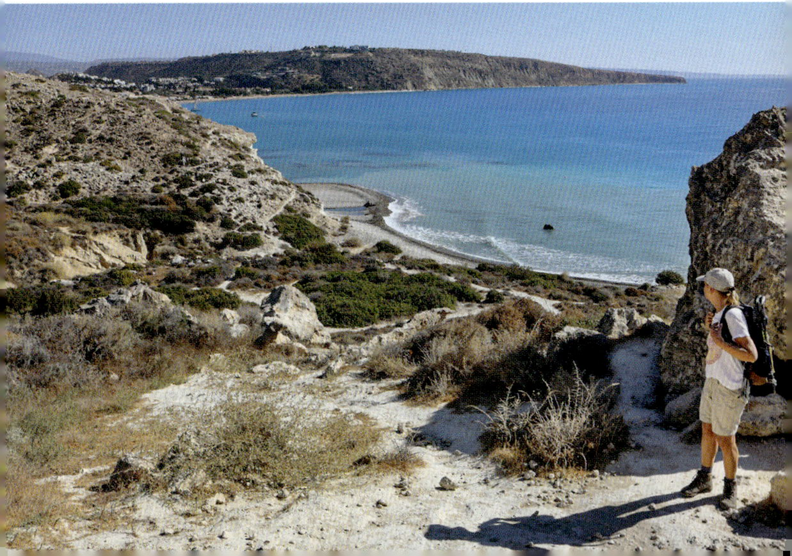

Der Umwelt zuliebe ...

Auch beim Wandern hinterlassen wir einen ökologischen Fußabdruck, aber im Einklang mit der Natur unterwegs zu sein, ist gar nicht so schwer!

VORBEREITUNG UND ANFAHRT

- Sich vorab informieren, worauf in Bezug auf Natur und Umwelt in der jeweiligen Wanderregion besonders zu achten ist.
- Soweit möglich mit Bahn und Bus anreisen, Wander- und Rufbusse nutzen.
- Ist eine Anfahrt mit dem Auto nötig, Fahrgemeinschaften bilden.
- Bei weiten Anfahrten Mehrtagestouren planen oder von einem Quartier vor Ort aus mehrere Touren absolvieren.
- Flugreisen möglichst reduzieren und durch Beiträge zu Klimaschutzprojekten kompensieren.

KLEIDUNG UND AUSRÜSTUNG

- Beim Kauf von Outdoor-Kleidung auf umweltfreundliche und faire Herstellung achten und Kleidungsstücke möglichst viele Jahre nutzen.
- Ausrüstung kann man eventuell auch gebraucht kaufen oder ausleihen.
- Reparieren statt neu kaufen.

VERPFLEGUNG

- Beim Einkauf Bio-Ware, regionale und saisonale Erzeugnisse bevorzugen.
- Hütten und Gasthäuser auswählen, die regionale Produkte verwenden.
- Auf Einwegflaschen und Plastikverpackungen verzichten, stattdessen wiederverwendbare Trinkflaschen und Brotzeitboxen benutzen.

ÜBERNACHTUNG

- Bei lokalen Anbietern buchen, damit Menschen vor Ort profitieren.
- Auf Hütten und in anderen Unterkünften Strom und Wasser sparen.

UNTERWEGS

- Wege benutzen und Abkürzer vermeiden.
- Sperrungen von Wegen und Schutzgebieten respektieren.
- Keine Blumen pflücken und keine Pflanzen entnehmen.
- Waldbrandgefahr beachten.
- Müll wieder mit nach Hause nehmen und dort entsorgen.
- Toilettengänge in freier Natur möglichst vermeiden.
- Lärm vermeiden.
- Hunde an die Leine nehmen.

ROTHER
BERGVERLAG

Als literarische Einstimmung empfiehlt sich »Bittere Limonen« von dem englischen Romancier Lawrence Durrell. Die Inselteilung hat der Roman »Das Flüstern der Feigenbäume« von Elif Shafak zum Thema. Nur antiquarisch sind die Reisenotizen »Zypern« von Colin Thubron erhältlich, der 1971 die Insel erwanderte und ein einfühlsames Inselporträt der damaligen Zeit vermittelt.

Fernwanderwege

Der Europäische Fernwanderweg E4, der von der Iberischen Halbinsel durch Südeuropa und über den Balkan führt, findet seinen Abschluss in Zypern. Auf einer Länge von insgesamt 540 km verbindet er Pafos im Südwesten mit Larnaka im Südosten. Mit der Akamas-Halbinsel und dem Troodos-Gebirge berührt er dabei die wichtigsten Wanderregionen Südzyperns, von Larnaka aus kann weiter bis zum Kap Gkreko in der südöstlichsten Ecke gewandert werden. Die Markierung lässt allerdings vielerorts zu wünschen übrig. Über den Routenverlauf informiert eine kostenlose Broschüre der Fremdenverkehrszentrale von Südzypern (siehe S. 19).
Im Nordteil der Insel läuft der Beşparmak Trail von Kap Koruçam im äußersten Nordwesten bis zum Kap Zafer auf der Karpaz-Halbinsel im Nordosten. Für den mit einem grünen »B« markierten, 255 km langen Weitwanderweg sind etwa zehn Tagesetappen einzuplanen. Angesichts fehlender Infrastruktur am Weg sind Wanderer allerdings auf Selbstversorgung angewiesen.

Der Europäische Fernwanderweg E4 auf der Halbinsel Akamas.

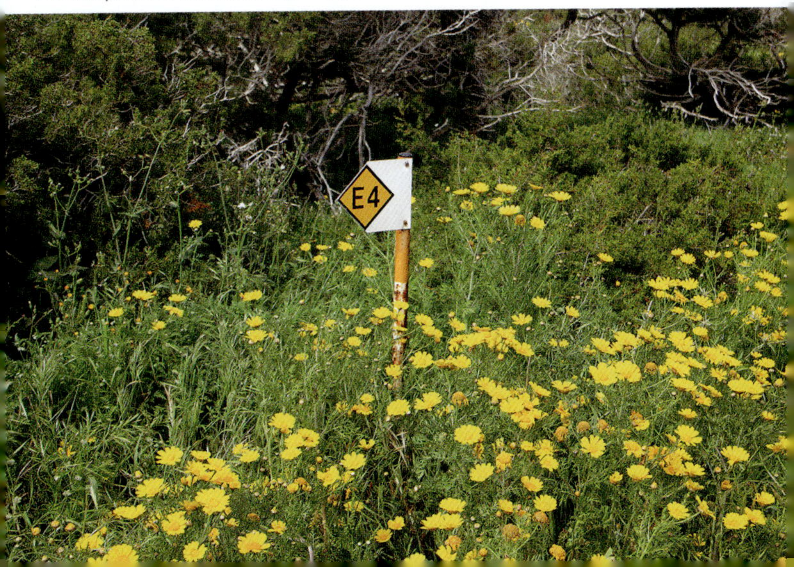

Geführte Wanderungen

Wanderwochen in Südzypern haben etliche Veranstalter in ihrem Programm (z. B. wikinger.de, studiosus.com). In Nordzypern ist u. a. Lupe Reisen (lupereisen.com) aktiv, der neben individuellen Wanderreisen auch geführte Wanderungen in der Gruppe und Studienreisen mit Wanderungen anbietet. Der kleine Spezialveranstalter ist Mitglied in dem sozial- und umweltverträglich verpflichteten Verband »Forum anderes Reisen«.

Kulturroute

Zypern steht ganz im Zeichen des Aphrodite-Kults. Im Süden macht eine 220 km lange Kulturroute mit den Stationen der Liebesgöttin bekannt, angefangen von ihrem Geburtsort bis zu ihrem bevorzugten Badeplatz und natürlich den ihr gewidmeten Tempeln und Museen. Auch wer auf den Spuren der Aphrodite wandern möchte, kommt nicht zu kurz: Der Göttin sind der Aphrodite Nature Trail auf der Halbinsel Akamas (Tour 1) und der Wanderweg Petra tou Romiou (Tour 14) gewidmet.

Anreise nach Südzypern

Larnaka, Südzyperns größter internationaler Flughafen, wird im Linienflug von verschiedenen deutschen Großstädten sowie von Wien und Zürich bedient (u. a. Lufthansa, Austrian Airlines und Cyprus Airways). Der über-

Die Schafhaltung ist in beiden Inselteilen ein wichtiger Wirtschaftszweig.

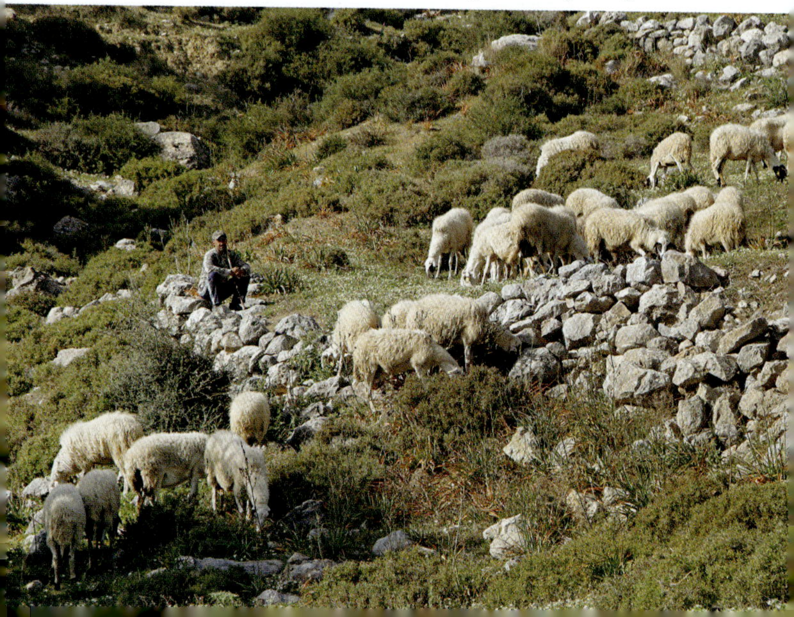

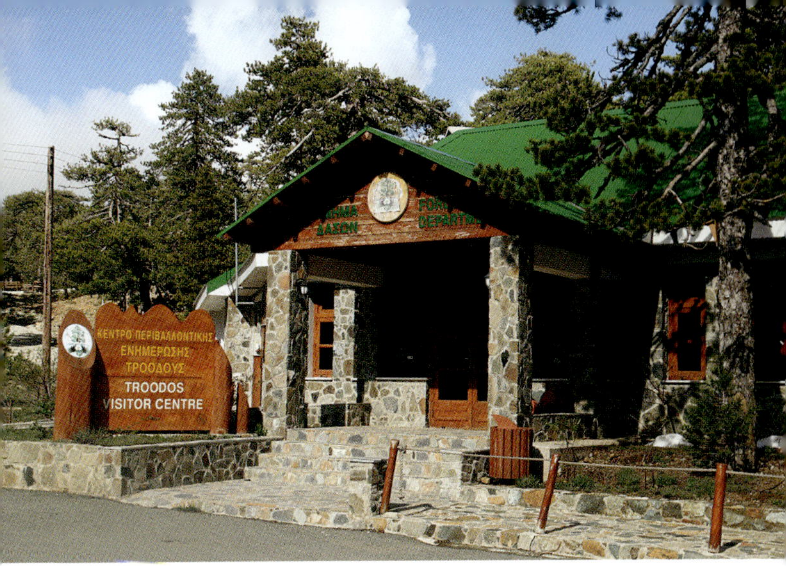

Besucherzentrum in Troodos.

wiegende Teil der Feriengäste reist jedoch mit Charterflügen an (Condor, Easyjet, Ryanair). Mit Pafos gibt es in Südzypern einen weiteren internationalen Flughafen. Die Flugzeit von Frankfurt a. M. beträgt etwa dreieinhalb Stunden.

Anreise nach Nordzypern

Da Nordzypern völkerrechtlich nur von der Türkei anerkannt ist, gibt es derzeit nur Flüge mit teils mehrstündigem Zwischenstopp in der Türkei, in der Regel in Istanbul. Der Flughafen Ercan (sprich Erdschan) liegt 15 km östlich von Nikosia (der alte Flughafen in Nikosia ist seit der Inselteilung außer Betrieb). Unter anderem unterhalten derzeit Turkish Airlines (turkishairlines.com) und Pegasus (flypgs.com) Linienflüge nach Ercan. Da in der Türkei ohnehin zwischengelandet werden muss, kann auch mit einem Billigflug nach Istanbul geflogen werden, von dort gibt es tägliche Verbindungen nach Ercan mit Turkish Airlines. EU-Bürger können auch über einen Flughafen in Südzypern einreisen und von dort mit dem Taxi oder Mietwagen (siehe S. 21–23) über die innerzyprische Grenze in den Norden der Insel fahren.

Auskunft Südzypern

- Fremdenverkehrszentrale Zypern: Frankfurt, Zeil 127, Tel. +49 69 251919, visitcyprus.com

- Besucherzentrum Naturpark Troodos: Visitor Centre, Troodos, Tel. +357 25420144, geöffnet Mo.–Fr. 9–14.30 Uhr, im Sommer auch Sa. / So. 10–16 Uhr

Auskunft Nordzypern

- Tourismuszentrum Nordzypern, Joachimstaler Str. 10–12, 10719 Berlin, Tel. +49 30 88929484, nordzypern-touristik.de

Internet

- visitcyprus.com (offizielle Seite der Fremdenverkehrszentrale Südzyperns)
- welcometonorthcyprus.co.uk (informative Seite des North Cyprus Tourism Centre in London)
- schwarzaufweiss.de (virtuelles Reisemagazin mit ausführlichen Infos zu Nordzypern)
- birdlifecyprus.org (Infos für Ornithologen; Birdwatcher finden eine detaillierte Beschreibung der besten Beobachtungsplätze für Südzypern)
- moa.gov.cy/forest (auf der Seite der Nationalen Forstbehörde können unter »Application Forms / Informative Leaflets« interessante Broschüren und botanische Details zu Nature Trails heruntergeladen werden)
- mytroodos.com (mit nützlichen Infos über das Troodos-Gebirge)
- ecotourismcyprus.com (Aktivitäten rund um das »Ökodorf« Büyükkonuk auf der Halbinsel Karpaz)

Wetter

Der zyprische Wetterdienst cyprus-weather.com gibt eine Fünf-Tage-Vorhersage für sechs Städte (u. a. Pafos, Agia Napa und Kyrenia) und Troodos Village heraus.

Grenzverkehr innerhalb Zyperns

Die nach der Teilung installierte »Grüne Linie« (Green Line) kann derzeit an sieben rund um die Uhr geöffneten Kontrollpunkten passiert werden:

- Nikosia: Ledra Palace Hotel (nur für Fußgänger).
- Nikosia: Ledra Street (türk. Locmacı Street) (nur für Fußgänger).
- Nikosia: Agios Dometios (Hauptübergang für Fahrzeuge).
- Im Osten: an der Straße Pyla – Bergama (für Fahrzeuge, der Kontrollpunkt befindet sich innerhalb der britischen Militärbasis); einen weiteren Übergang für Fahrzeuge gibt es an der Straße Larnaka – Famagusta.
- Im Westen: an der Straße Astromeritis – Güzelyurt (für Fahrzeuge) und zwischen Kato Pyrgos und Yeşilırmak.

Von der Ledra Street in Nikosia ist bereits eine kurze Stippvisite in den jeweils anderen Stadtteil lohnend, es genügt die Vorlage des Personalausweises und das Ausfüllen eines Formulars.

Wer im Süden wohnt und lieber nicht auf eigene Faust über die Grüne Linie will, schließt sich am besten einem geführten Tagesausflug in den Norden der Insel an.

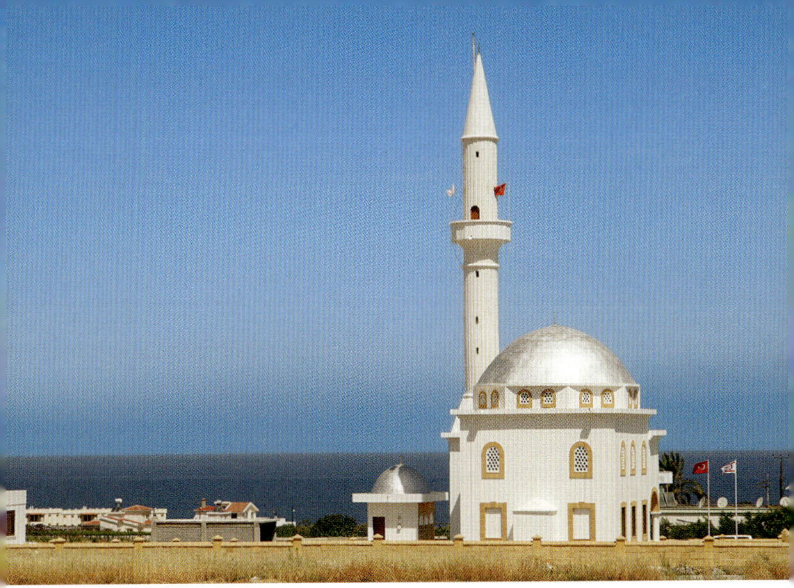

Moschee auf der Halbinsel Karpaz.

Bus

Busfahren ist auf Zypern ausgesprochen preiswert. In **Südzypern** gibt es in den Ferienstädten an der Küste ein gut ausgebautes Busnetz. Vornehmlich die Touren um Pafos, Polis und Agia Napa sind gut per Linienbus erreichbar. Die Wanderregion Troodos dagegen ist kaum ans Netz angeschlossen, eine auch für Wanderer brauchbare ganzjährige Busverbindung besteht lediglich von Limassol (ab Old Hospital) nach Platres und Troodos. An Sonn- und Feiertagen sowie im Winterhalbjahr (vor allem in Agia Napa und Protaras) ist der Verkehr stark eingeschränkt. Auskunft über Fahrpläne erteilen die örtlichen Touristenbüros, im Internet:

- cyprusbybus.com
- pafosbuses.com

In **Nordzypern** verkehren Busse und Sammeltaxis (Dolmuş) nur zwischen den größeren Orten. Für Wanderer sind lediglich die Verbindungen Girne – Famagusta sowie Girne – Güzelyurt interessant.
Von mehr als der Hälfte der 50 in diesem Wanderführer vorgestellten Touren sind die Startpunkte mit dem Linienbus erreichbar.

Mietwagen

Wer als Wanderer mobil sein will, kommt in Zypern um einen Leihwagen nicht herum, da die Ausgangspunkte vieler Touren nur mit dem Auto er-

reichbar sind. Internationale Verleihfirmen wie Avis, Hertz, Europcar u. a. sind lediglich im Südteil vertreten. Daneben gibt es zahlreiche lokale und relativ preisgünstige Anbieter. Im Norden ist Sun Rent a Car (Tel. +90 392 2272303, sunrentacar.com) mit Büros in Lefkoşa und Girne eine gute Adresse. Nach Vereinbarung wird ein Taxi-Transfer vom Flughafen Larnaka (etwa 50 Euro) oder von der innerzyprischen Grenze in Nikosia (in der Regel kostenlos) zum City-Büro im türkischen Teil von Nikosia arrangiert.
Generell muss der Fahrer in Zypern mindestens 25 Jahre alt sein, die Vorlage des nationalen Führerscheins ist ausreichend.
Vom Südteil kann im Mietwagen offiziell in den Norden gefahren werden, sofern der Wagen wieder im Süden zurückgegeben wird. Viele internationale Verleiher schließen die Fahrt in den nördlichen Inselteil aus. Gestattet wird die Mitnahme u. a. von dem lokalen Anbieter cyprus-car.com. Bei einer Panne oder einem Unfall sollte Vorsorge getroffen werden, wie der jeweilige Vermieter Hilfe leisten kann. Auf jeden Fall muss eine Zusatzversicherung abgeschlossen werden, da bei einem eventuellen Unfall in Nordzypern keine Versicherung von Südzypern die Haftung für Schäden am Mietwagen übernimmt. Man bekommt sie an den für Fahrzeuge zugelassenen Grenzübergängen Agios Dometios in Nikosia sowie Pergamos und Famagusta. Man kann auch den im Süden angemieteten Wagen in

Panorama von der Aussichtsplattform Girne Kayası (Touren 44 und 45).

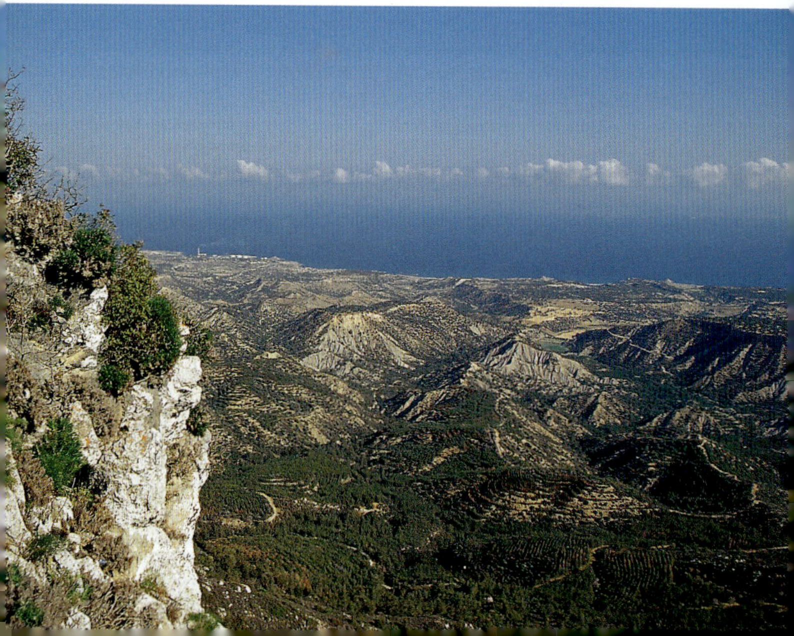

Nikosia Süd abgeben, ein Taxi zum Kontrollpunkt Ledra Palace Hotel nehmen, zu Fuß mit dem Gepäck über die Grenze spazieren und im Nordteil der Stadt einen von einem nordzyprischen Vermieter bereitgestellten Mietwagen in Empfang nehmen (Vermittlung z. B. über die deutschsprachige Agentur Kaleidoskop Turizm in Girne; siehe Tipp, S. 29). Klingt umständlich, klappt jedoch gut.

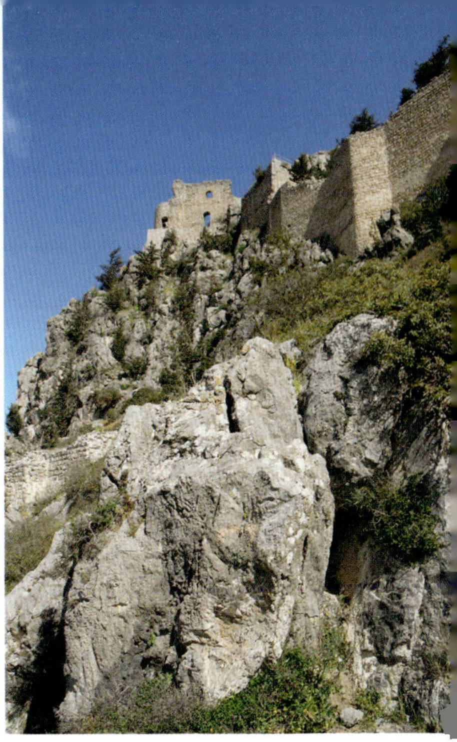

Burgfelsen Buffavento (Tour 42).

Straßennetz

Als Relikt aus der englischen Kolonialzeit wird in beiden Inselteilen links gefahren. Gewöhnungsbedürftig sind die vielen Verkehrskreisel; wer im Kreis ist, hat Vorfahrt.

Das Straßennetz im Süden ist gut ausgebaut, entlang der Südküste verbindet eine Autobahn Pafos mit Agia Napa. Im Bergland sind im Winter die Straßen mitunter zugeschneit, auch noch während der Schneeschmelze im März bleiben manche Pisten unpassierbar und gesperrt. In ländlichen Regionen und im Troodos sind Tankstellen dünn gesät.

Im Norden gibt es Schnellstraßen zwischen Lefkoşa, Famagusta und Girne, die Küstenstraße von Girne aus nach Osten ist mittlerweile bis kurz vor Yeni Erenköy ausgebaut. Auf den Nebenstraßen abseits der Schnellstraßen kommt man im Norden nur langsam voran, viele sind nicht geteert. Bei Geschwindigkeitsüberschreitungen wird in Nordzypern massiv geblitzt, die meisten der Radarfallen werden durch Schilder vorher angezeigt.

In Südzypern sind alle Verkehrs- und Ortsschilder sowohl in griechischer als auch lateinischer Schrift geschrieben. Viele Schilder enthalten Warnhinweise auf Englisch, gängig sind u. a.: Road humps ahead; Dangerous bend; Reduce speed; Low gear now; Try your breaks. In Nordzypern wurden die ursprünglich griechischen Ortsnamen in türkische Namen geändert. Es empfiehlt sich von daher eine Straßenkarte mit geografischen Angaben in Türkisch.

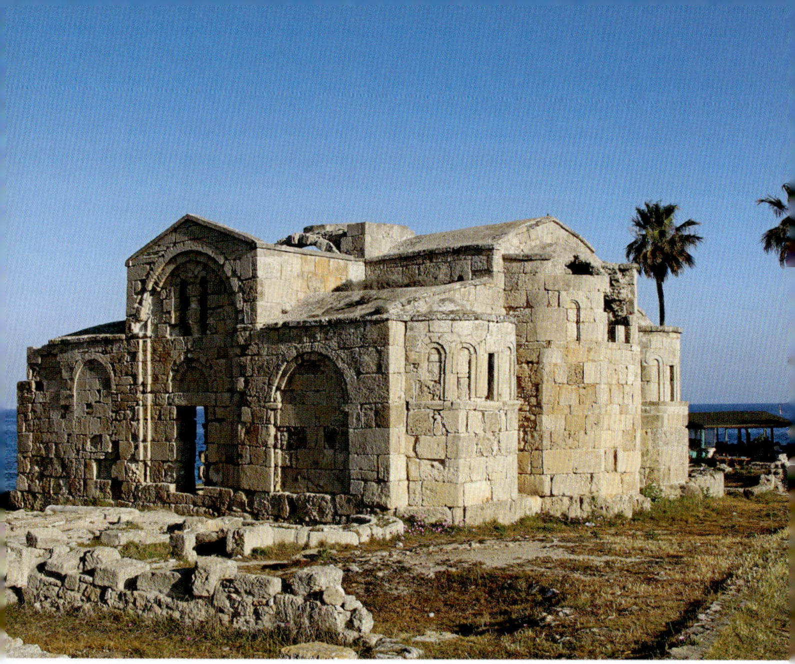

Die Kreuzkuppelkirche Agios Filon auf der Halbinsel Karpaz.

Notruf

In Südzypern ist die zentrale Nummer für Polizei, Ambulanz und Feuerwehr 112, in Nordzypern 155 (Polizei).

Reisepapiere

EU-Bürger und Schweizer benötigen für die Einreise nach Süd- und Nordzypern lediglich einen gültigen Personalausweis. Aktuelle Auskünfte unter auswaertiges-amt.de, für Österreich unter bmaa.gv.at.

Sicherheit

Zypern gilt als relativ sicheres Reiseland. Gewaltverbrechen sind selten, die Kleinkriminalitätsrate ist niedrig. Dennoch empfiehlt es sich wie andernorts auch, keine Wertsachen im Auto liegen zu lassen.

Sprache

In Südzypern wird Griechisch gesprochen, im Norden Türkisch. Viele der griechischen und türkischen Zyprer sprechen Englisch, das während der britischen Verwaltung bis 1960 Amtssprache war.

Strom

Zypern hat 220/240 Volt Wechselstrom. Für Steckdosen wird ein dreipoliger Adapter benötigt, der vor Ort in Supermärkten erhältlich ist. Um Laptops, Akkugeräte, Elektrorasierer u. a. von der ersten Stunde an nutzen zu können, bringt man ein Universal-Adapter-Set am besten bereits von zu Hause mit (erhältlich im Elektrofachhandel).

Telefon

Die Vorwahl nach Südzypern ist +357, an die sich ohne Ortsnetzkennzahl die achtstellige Rufnummer anschließt. Nach Nordzypern wählt man zunächst die Landesvorwahl der Türkei +90 und dann für Nordzypern die Kennzahl 392 plus die siebenstellige Teilnehmernummer.
Vorwahl von Zypern nach Deutschland +49, nach Österreich +43, in die Schweiz +41.
Das Mobilfunknetz ist in beiden Inselteilen gut ausgebaut.

Währung

Südzypern gehört seit 2008 zur Eurozone. In Nordzypern ist die Türkische Lira (TL) offizielles Zahlungsmittel, als Zweitwährung werden vielerorts Euro und das britische Pfund akzeptiert. Der Wechselkurs vor Ort bei Banken und lizenzierten Wechselstuben ist günstiger als im Heimatland.
Schlecht kommt weg, wer in Hotels und an Flughäfen wechselt. Bargeld in der jeweiligen Landeswährung kann man sich im Norden und Süden in allen größeren Orten mit EC-Karte an Geldautomaten ziehen. Wer im Norden in Euro bezahlt, bekommt das Wechselgeld in Lira zurück. Im Süden wird die Türkische Lira nicht akzeptiert.

Zeit

Bei der Ankunft in Zypern gilt es, die Uhr eine Stunde vorzustellen.

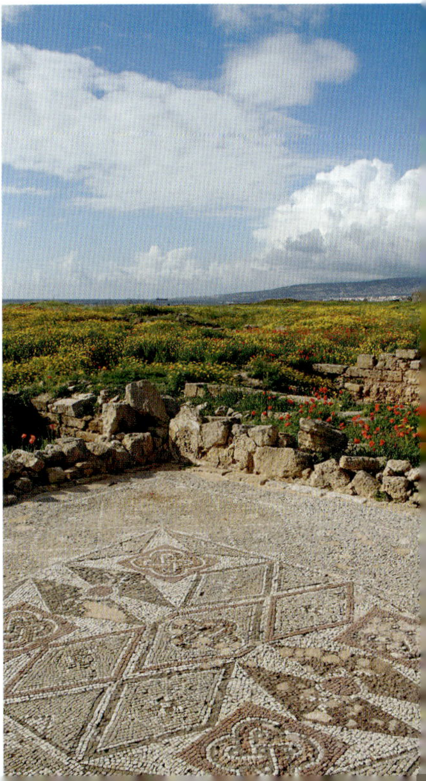

Römisches Bodenmosaik aus dem 4. Jahrhundert im Archäologischen Park Pafos (Tour 12).

STANDORTE UND UNTERKÜNFTE

Dank des milden Klimas haben vielerorts auf Zypern die Hotels ganzjährig geöffnet, vor allem im Raum Pafos und Agia Napa. Für Wanderer interessant: Die besten Wandermonate April und Mai sowie September und Oktober sind auf Zypern Nebensaison und von daher in der Regel rund 20 Prozent günstiger als die Hauptsaison im Sommer.

Südzypern
In den großen Badeorten Pafos, Larnaka, Limassol und Agia Napa gibt es Hotels in allen Preisklassen. Auf Individualreisende eingestellte kleinere Hotels finden sich u. a. in Polis und in etlichen Bergdörfern im Troodos.
Akamas-Halbinsel: Bester Standort für den äußersten Nordwesten sind Polis und Latsi mit Hotels, Apartments und einfachen Pensionen, die vornehmlich auf Individualreisende eingestellt sind. Auch vom Pauschalreiseziel Pafos sind die Ausgangspunkte auf dem Akamas schnell erreichbar.

- Nicos & Olympia Apartments, Polis, Tel. +357 26321274; zentral im Ortszentrum, einfach und nicht teuer.
- Columbia Beach Resort Pissouri, Pissouri Bay, Tel. +357 25833000, columbiaresort.com; sehr gute Adresse, obere Preisklasse; 15 km südöstlich vom internationalen Flughafen Pafos.

Limassol: Schnell erreichbar sind die Wanderungen am Kap Aspro und der Chapotami-Schlucht. Auch das Troodos-Gebirge ist nur eine halbe Autostunde entfernt, nach Platres gibt es zudem eine sehr gute Busverbindung für Wanderer.

Rund um die Kirche von Kamaran werden hübsch restaurierte Ferienwohnungen vermietet, gesehen vom Abstieg von Tour 40.

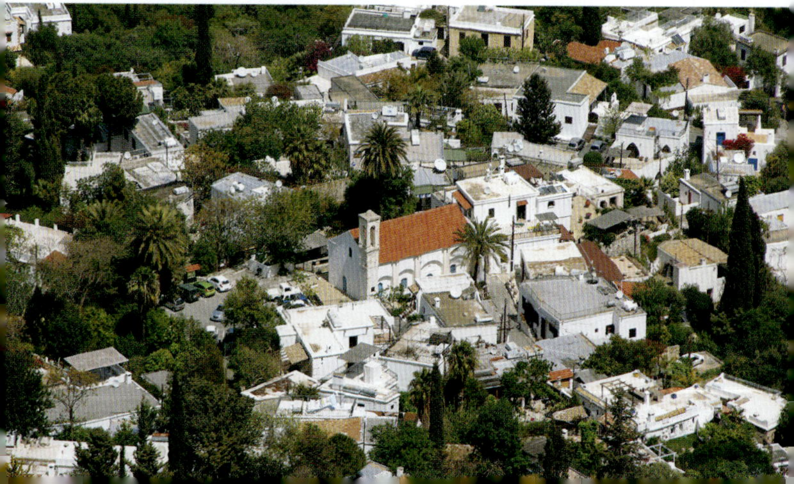

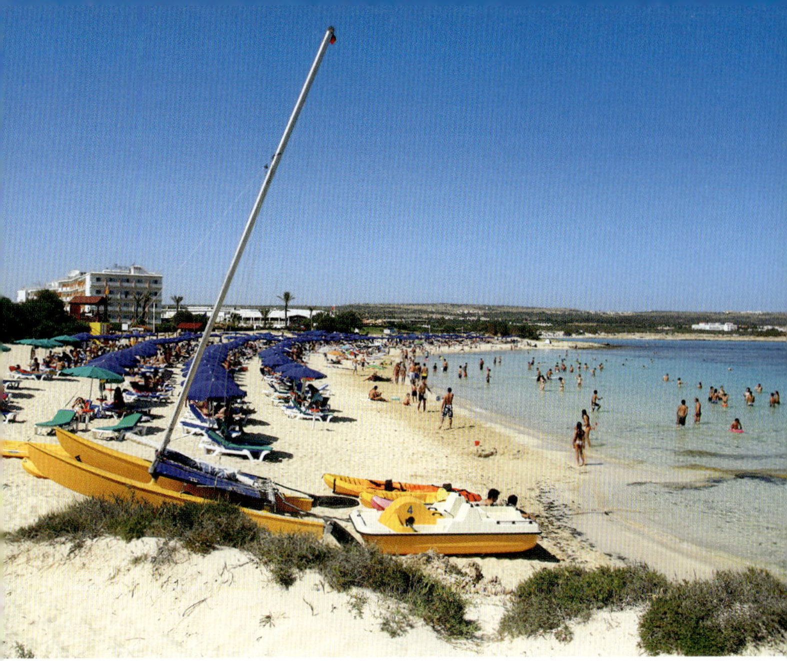

Strandrevier nahe der Ferienstadt Agia Napa.

Troodos: Das Hauptwandergebiet Südzyperns lässt sich am besten vom 1200 m hoch gelegenen Bergdorf Platres entdecken, in dem eine Handvoll Mittelklassehotels und einfache Pensionen zur Auswahl stehen.

- Edelweiss, Spyrou Kyprianou St. 53, Tel. +357 25421335; von Wanderern viel gebuchtes Haus in ruhiger Waldlage, Zimmer mit Zentralheizung.
- New Helvetia, Helvetia St. 6, Tel. +357 25421348, newhelvetiahotel.com; 1929 erbautes Haus etwas außerhalb von Platres.
- Petit Palais Hotel, Tel. +357 25421723, petitpalais.com.cy ; im Ortszentrum direkt an der Dorfstraße.

Alternativ zu Platres bietet sich das Troodos Hotel (Tel. +357 25420000, troodoshotel.com) in Troodos an. Auf 1725 m Höhe ist es eines der höchstgelegenen Hotels im Mittelmeerraum. Es liegt direkt am Troodos Square, Wanderwege beginnen vor der Haustür. Unterkünfte im Troodos-Gebirge gibt es ferner u. a. in Agros (Rodon Hotel, rodonhotel.com).

Larnaka: Von dem Hotelviertel nordöstlich des Stadtzentrums ist es nicht allzu weit nach Agia Napa. Für Ausflüge nach Akamas oder ins Troodos-Gebirge müssen allerdings längere Fahrzeiten einkalkuliert werden. Larnaka wird überwiegend pauschal gebucht.

Agia Napa: Südzyperns beliebtester Badeort hat einige schöne Küstenwanderungen zu bieten, die Routen im Troodos und im Akamas sind allerdings für Tagestouren zu weit entfernt.

- Nissi Beach Resort, Nissi Bay, Tel. +357 23721021, nissi-beach.com; solides 4-Sterne-Haus in bester Strandlage.
- Alexia, am Hafen, Tel. +357 23722211, alexiahotel.com. Studios mit Küchenzeile; zu Strand und Hafen sind es nur fünf Gehminuten.

Agrotourismus: Unterkünfte und Ferienhäuser auf dem Lande vermittelt Cyprus Agrotourism Company (agrotourism.com.cy).

Nordzypern

Wegen der etwas umständlichen Anreise ist der Pauschaltourismus in Nordzypern vergleichsweise unterentwickelt. Bislang bieten nur kleinere Veranstalter Pauschalpakete an. Viele Besucher buchen den Norden individuell. Einen Überblick über das Hotelangebot gibt die Webseite der Northern Cyprus Hoteliers Association (northcyprus.net).

Girne (Kyrenia): Von dem Hauptferienort im Norden Zyperns sind die Wanderungen im Beşparmak-Gebirge schnell erreichbar. Girne bietet sowohl für Pauschalgäste als auch für Individualreisende eine große Auswahl an Unterkünften. Neben Stadthotels in Hafennähe liegen viele der Unterkünfte außerhalb. Sehr ruhig wohnt es sich 4 km oberhalb der Hafenstadt im 220 m hoch gelegenen Dorf Bellapais (z.B. im Ambelia Village, cyprus-

Wirklich ein Traumstrand: der Golden Beach auf der Karpaz-Halbinsel.

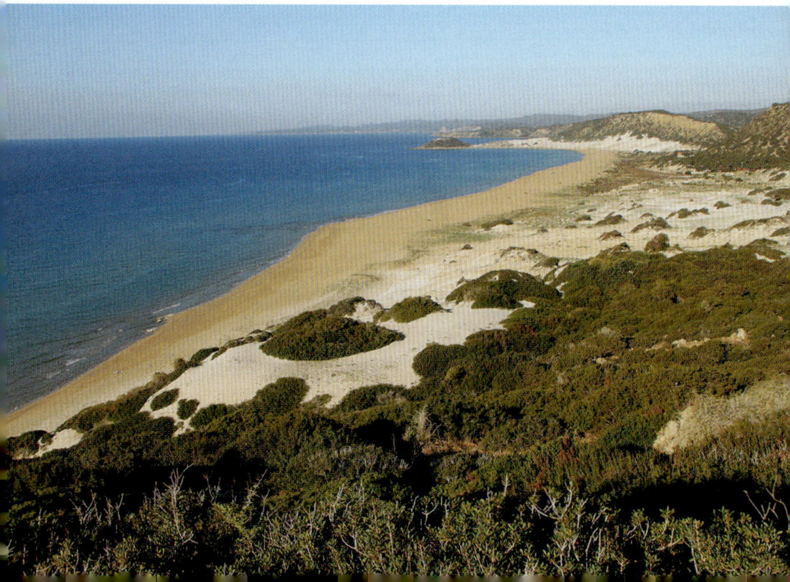

ambelia.com, Tel. +90 392 8153655) sowie im unterhalb vom Kloster gelegenen Hotel Bellapais Gardens (bellapaisgardens.com, Tel. +90 392 8156066), das zugleich eines der besten Restaurants im Norden ist. Hübsch restaurierte Ferienhäuser und andere Unterkünfte in ländlicher Umgebung vermittelt der Nordzypern-Spezialist Lupe Reisen (lupereisen.com).

Gazimağusa (Famagusta): In der Bucht an der Ostküste sind jüngst etliche neue Unterkünfte entstanden. Einige von Nordzyperns Hauptattraktionen (Salamis, Barnabas-Kloster) sind schnell erreichbar, auch für Ausflüge auf den Karpaz ist es nicht weit.

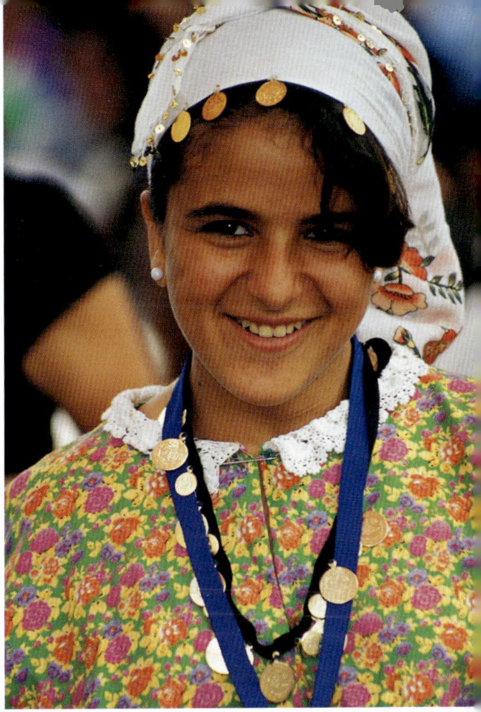

Johannisbrotverkäuferin in Büyükkonuk.

Karpaz-Halbinsel: Die lang gestreckte Halbinsel im äußersten Nordosten bürgt für Ruhe und Abgeschiedenheit, außer einigen wenigen kleineren Apartmenthäusern und Hotels ist die touristische Infrastruktur allerdings kaum entwickelt. Ein guter Standort ist z. B. die kleine Bungalowanlage Villa Lembos (villalembos.com) am nördlichen Dorfrand von Dipkarpaz.

Camping

Zelten und Caravaning sind in Zypern nur wenig verbreitet. In Südzypern gibt es außer dem unmittelbar am Meer gelegenen Campingplatz in Polis mehrere Plätze im Troodos-Gebirge. Diese liegen zwischen 1100 und 1600 m ü. d. M. und sind vor allem im Hochsommer wegen der dann angenehmen Frische beliebt (mytroodos.com).

Tipp: Eine zuverlässige deutsch- und englischsprachige Reiseagentur in Nordzypern ist Kaleidoskop Turizm in Girne (Tel. +90 392 8151818, zypern-reisen.com), über die Hotelzimmer, Apartments und Mietwagen gebucht werden können.

NATURRÄUME, FLORA, SEHENSWÜRDIGKEITEN

Inseldaten

Zypern ist mit einer Fläche von 9251 km² nach Sizilien und Sardinien die drittgrößte Mittelmeerinsel. Sie ist 224 km lang und misst an der breitesten Stelle 96 km. Politisch gesehen ist Zypern der östlichste Außenposten Europas, geografisch gehört die Insel bereits zu Kleinasien. Von der Nordküste ist das türkische Festland etwa 65 km entfernt, von der Karpaz-Halbinsel bis zur syrischen Küste sind es 100 km, von der Südküste nach Ägypten 400 km.

Etwas über 60 Prozent der Inselfläche werden von Südzypern eingenommen, auf Nordzypern entfallen 37 Prozent, 2,8 Prozent der Insel sind souveränes Militärgebiet der einstigen Kolonialmacht England. Zwischen den beiden Inselteilen verläuft die sogenannte Green Line, eine 180 km lange von der UN kontrollierte Pufferzone.

Politik und Bevölkerung

Zypern ist politisch in Nord und Süd geteilt. Gleich nach der Unabhängigkeit der bis 1960 britischen Kronkolonie kam es zwischen der griechischen und der türkischen Volksgruppe zu Spannungen, die in einem Bürgerkrieg kulminierten. Aus Furcht vor einem Anschluss Zyperns an Griechenland intervenierte 1974 die Türkei und brachte den Nordteil unter ihre Kontrolle. Die 1983 ausgerufene »Türkische Republik Nordzypern« ist bis heute außenpolitisch isoliert und lediglich von der Türkei anerkannt.

Die Einwohnerzahl der ganzen Insel wird auf knapp 1,3 Mio. geschätzt, davon entfallen auf den Süden etwa 918.000 und auf den Norden 374.000 Einwohner. Im Nordteil leben mittlerweile mehr türkische Einwanderer und Soldaten als türkische Zyprer.

EU-Bürger können sich unabhängig vom Einreiseort frei auf der ganzen Insel bewegen. Formal gehört auch der Nordteil zur EU, da er im offiziellen EU-Sprachgebrauch als »von türkischen Invasionstruppen besetzter Teil der Republik« gilt. Faktisch handelt es sich um zwei Teilstaaten mit anderer Kultur, anderer Sprache, anderer Religion und anderer Währung.

Naturräume

Vereinfacht ausgedrückt lässt sich Zypern in drei Landschaften einteilen. Das Zentrum der Insel beherrscht das fast 2000 m hohe Troodos-Gebirge. Mit seinen ausgedehnten Wäldern aus Schwarzkiefern, Zedern und Wacholderbäumen gehört es zu den waldreichsten Regionen im Mittelmeerraum. Der Gebirgsstock faltete sich vor 25 Millionen Jahren im Spannungsgebiet zwischen der afrikanischen und der eurasischen Platte auf. Höchster Gipfel ist der Olympos, 1951 m. Eine Straße führt auf den Berg hinauf, auf dem sich angesichts einer umzäunten Radarstation der Engländer und eines TV-Sendemasts nicht gerade das ultimative Gipfelglück einstellen will.

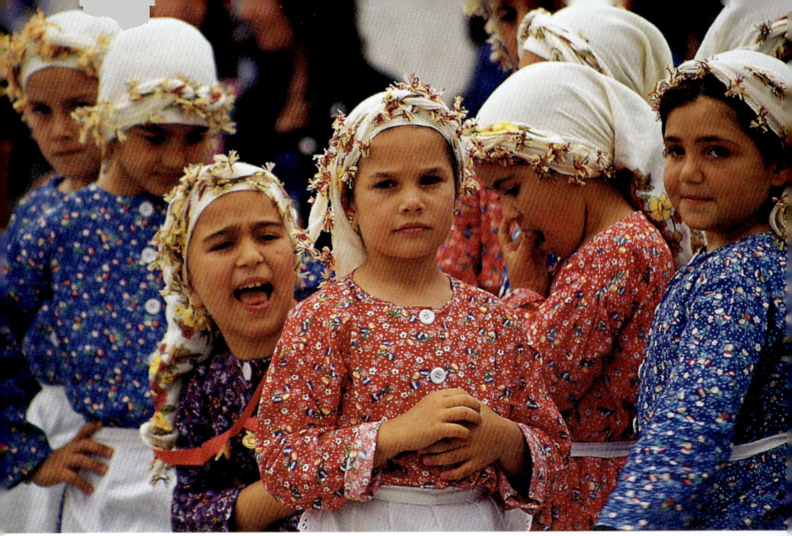

Türkisch-zyprische Kindertheatergruppe beim Ökofestival in Büyükkonuk.

Wesentlich jünger und mit Höhen bis zu 1000 m deutlich niedriger ist das Fünffingergebirge (türk. Beşparmak; griech. Pentadaktylos), das sich auf einer Länge von 150 km parallel zur Nordküste erhebt. Anders als der eher behäbig wirkende Bergstock des Troodos macht das Fünffingergebirge durch alpin anmutende Felszacken und steil abfallende Hänge auf sich aufmerksam. Die Kammlagen und Nordhänge sind von lichten Kiefernwäldern, Pistazienbäumen und mediterranem Buschwald überzogen. Drei markante Felsgipfel werden von den Kreuzritterburgen St. Hilarion, Buffavento und Kantara gekrönt, alle drei können auf schönen Wanderwegen bestiegen werden (Touren 40, 42 und 46). Der namensgebende Berg Beşparmak / Pentadaktylos (türk. beş bzw. griech. pente = fünf) bleibt mit seinen fünf schroffen Spitzen geübten Kletterern vorbehalten, dafür lässt er sich ganz bequem umrunden (Tour 43). Höchster Gipfel ist der Selvili, 1024 m, zu deutsch »Zypressengipfel«, nördlich von Lapta.
Zwischen den beiden Bergzügen macht sich die weitläufige Schwemmlandebene Mesaoria (türk. Mesarya) breit. Das Tiefland ist die Kornkammer der Insel, in Güzelyurt (griech. Morfou) prägen ausgedehnte Zitrusplantagen die Region. Sehr reizvolle Wandergebiete sind die Halbinseln Akamas im Nordwesten und Karpaz im äußersten Nordosten. Die beliebtesten Strandregionen befinden sich im Südosten bei Agia Napa, im Nordteil am Golf von Famagusta. Kaum berührt ist bislang der Traumstrand Golden Beach auf der Halbinsel Karpaz. Zwei Salzseen auf Akrotiri und bei Larnaka verlieren ihr Wasser im Sommer, im Winter sind sie ein Rastplatz für Flamingos.

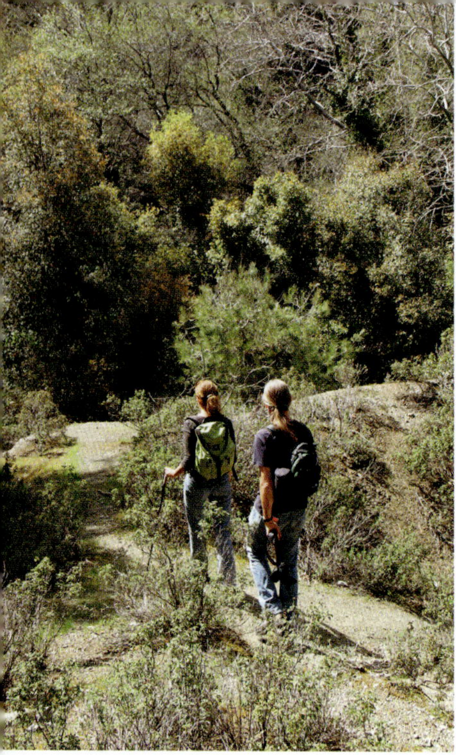

Wanderer bei Pano Platres.

Wald, Macchie und Phrygana

Rund 18 Prozent der Inselfläche werden von Wald eingenommen, eine Quote, die kaum eine andere Mittelmeerinsel erreicht. Der dominierende Nadelbaum in den ausgedehnten Waldzonen des Troodos ist die Kalabrische Kiefer (*Pinus brutia*), eine enge Verwandte der im ganzen Mittelmeerraum verbreiteten Aleppokiefer (*Pinus halepensis*). In Höhenlagen über 1200 m wird sie von der Schwarzkiefer (*Pinus nigra*) abgelöst. Der heimliche Star unter den Nadelbäumen ist die Zeder. Im Zederntal konnten sich Restbestände der endemischen Zypern-Zeder (*Cedrus brevifolia*) halten, die leicht an ihren ausladenden Ästen erkennbar ist. In tieferen Lagen finden sich Mischwälder mit immergrünen Eichen, Platanen, Ahorn- und Erdbeerbäumen (Foto S. 34).

Auf gerodeten Waldflächen hat sich eine für den ganzen Mittelmeerraum typische Strauchformation angesiedelt. Die bis zu sechs Meter hohe Macchie setzt sich vornehmlich aus Mastixsträuchern, Phönizischem Wacholder und Terpentinpistazien zusammen. Dazu gehören auch etliche immergrüne Eichenarten, wovon die endemische Goldeiche (*Quercus alnifolia*) dominiert. Sie kommt ausschließlich auf dem Eruptivgestein im Troodos vor, seit 2006 ist sie Südzyperns Nationalbaum. Der vielfach nicht über Strauchgröße wachsende Baum wird wegen der Blattform auch Erlenblättrige Eiche genannt.

Die maximal ein bis zwei Meter hohe Phrygana reicht bis an den Meeressaum heran, ihre Charakterpflanzen sind Stechginster, Lavendel, Salbei, Rosmarin, Oregano und Thymian sowie andere trockenheitsresistente Gewächse. Während der trockenen Sommermonate fallen viele der Pflanzen in einen »Halbschlaf«, um erst wieder von den ersten Niederschlägen im Herbst erweckt zu werden.

Wildpflanzen und Orchideen

Von den rund 1900 auf Zypern vertretenen Farn- und Blütenpflanzen sind 130 endemisch, also Arten, die sonst nirgendwo auf der Welt vorkommen. Im Frühjahr zeigt sich die Mittelmeerinsel von ihrer reizvollsten Seite, wenn zahllose Wildblumen die Wiesen und Berghänge mit einem Blütenkleid überziehen. Zwischen Macchia und Phrygana blühen Krokusse, die Illyrische Siegwurz, wilde Tulpen, Hyazinthen sowie mehrere Arten des Alpenveilchens, darunter das endemische Zyprische Alpenveilchen (*Cyclamen cyprium*; Foto S. 34) und das Persische Alpenveilchen (*Cyclamen persicum*), welches in großen Beständen im Kantara Forest gedeiht. Ein weiterer Endemit ist die von März bis April blühende Zyprische Tulpe (*Tulipa cypria*).

Von April bis in den Frühsommer hinein begegnen dem Wanderer auf Schritt und Tritt etliche Zistrosenarten, die überaus anpassungsfähig an kalkhaltige und nährstoffarme Böden von den Küstenterrassen bis in Lagen von über 1200 m in dichten Kolonien den Unterwuchs der Buschwälder stellen. Zur im ganzen Mittelmeerraum vorkommenden Zistrosenfamilie gehören mehr als 20 Arten. Die beiden verbreitetsten Arten auf Zypern sind die weiß blühende Salbeiblättrige Zistrose (*Cistus salvifolius*) und die Kretische Zistrose (*Cistus creticus*), die mit ihren dunkelrosa Blüten das Auge erfreut (Fotos S. 34). In der Antike wurde aus dem aromatischen Harz der Pflanzen Räucherwerk hergestellt und zu medizinischen Salben und Tinkturen verarbeitet.

Zypern ist auch eine Orchideeninsel, bis zu 45 Arten lassen sich entdecken. An den Salzseen von Akrotiri und Larnaka blühen bereits im Januar und Februar die Zierliche Ragwurz und das Hügelknabenkraut. Auf dem Akamas sehr verbreitet ist das von März bis April blühende Italienische Knabenkraut (Foto S. 35). Sehr selten ist dagegen das Affenknabenkraut, das mit seinen blassvioletten Hüllblättern und rosa gefleckten Lippen zu den schönsten der Gattung zählt. Einer der Stars der zyprischen Orchideenflora ist die endemische Kotschys Ragwurz (Foto S. 35), sie ist in Macchien bis auf 500 m Höhe zu Hause und mit etwas Glück selbst im Klostergarten von Antifonitis (Nordzypern) zu finden (Blütezeit Ende Februar bis März). Eine endemische Unterart des Anatolischen

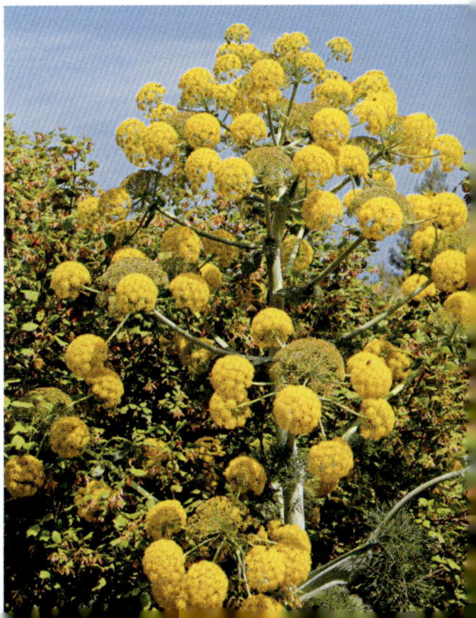

Blühender Riesenfenchel (Ferula communis).

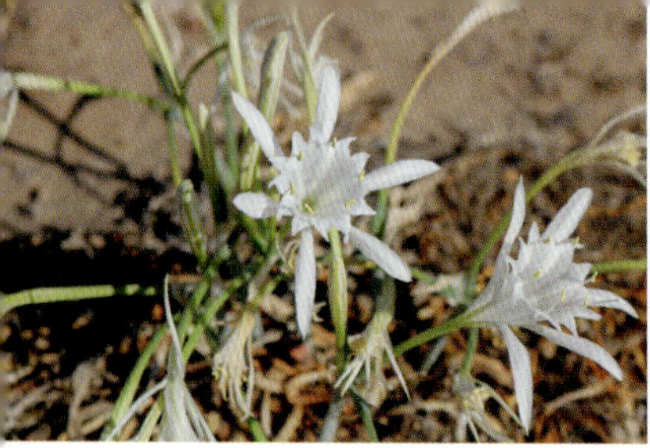
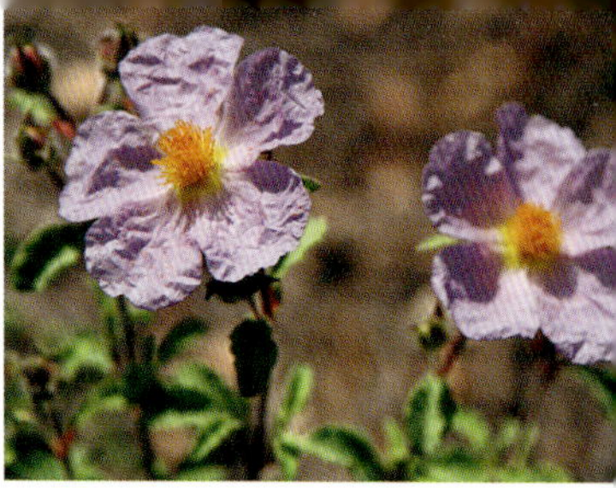
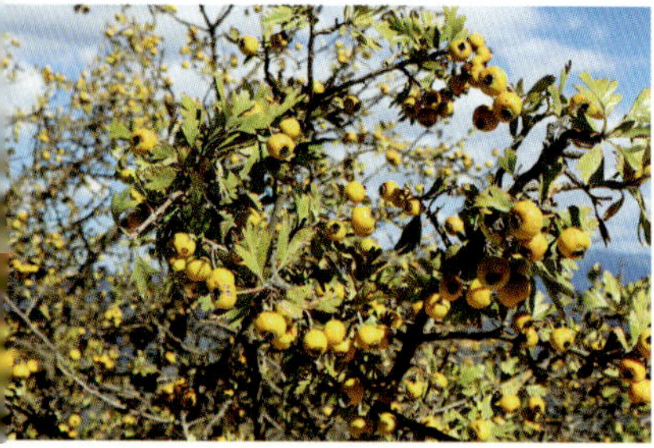
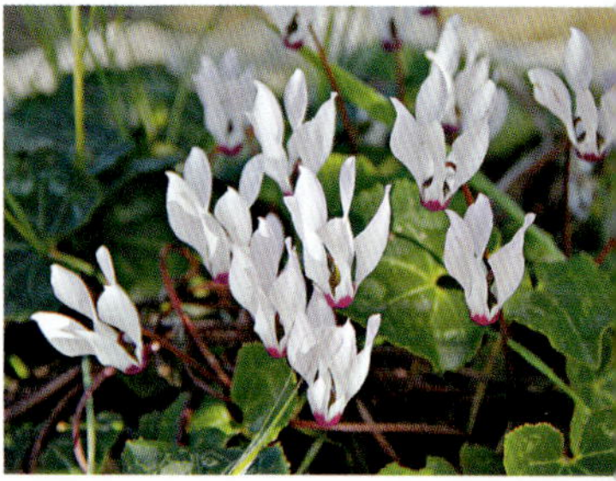
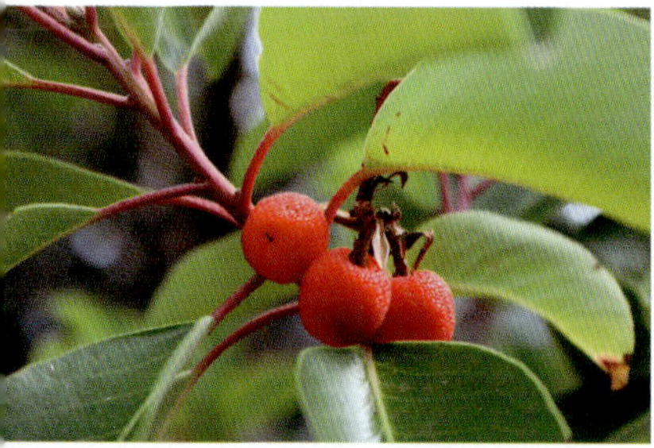
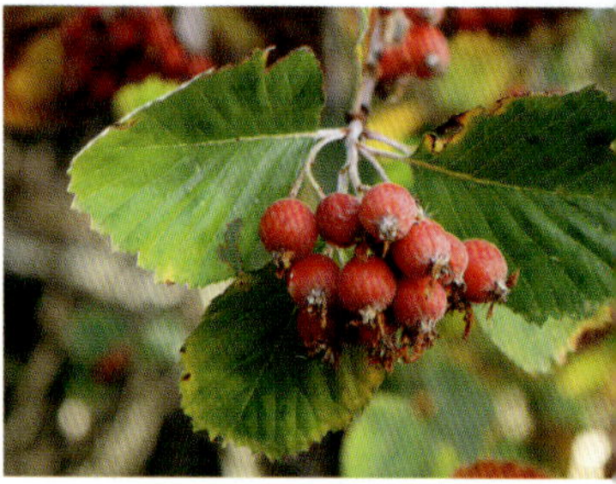
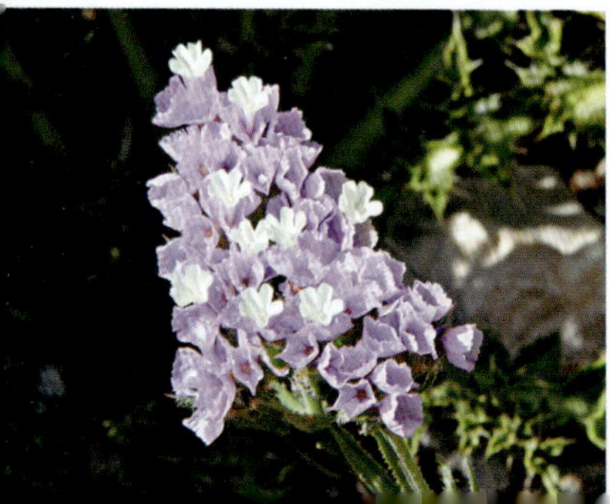
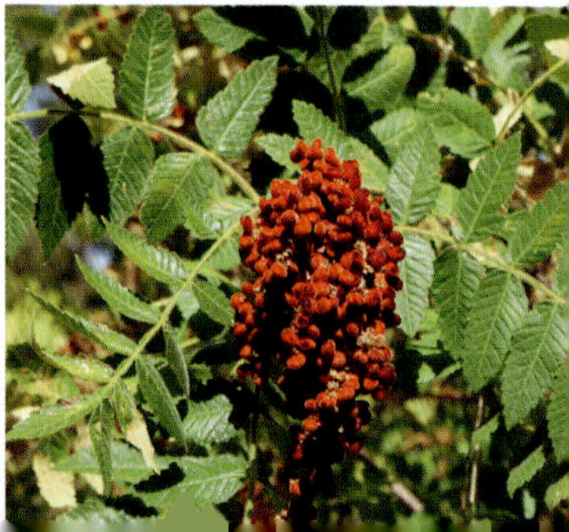

Rechts: Kotschys Ragwurz (oben) und das Italienische Knabenkraut (unten).

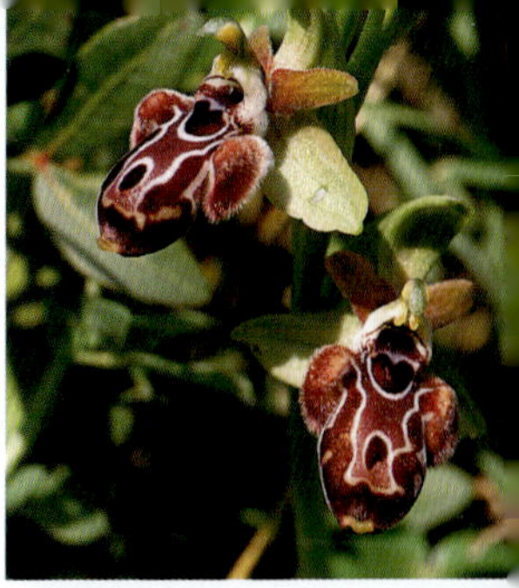

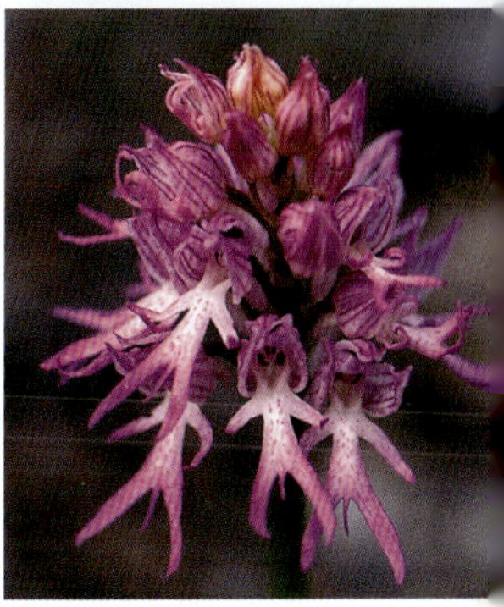

Knabenkrauts (*Orchis anatolica* subsp. *troodi*) findet sich im Bergland bis in den Mai hinein. Eine Fundgrube für Hobby-Botaniker ist das Herbarium im Forsthaus Alevkaya (Nordzypern, Foto S. 183), in dem es außer Orchideen viele andere seltene Wildpflanzen zu entdecken gibt – wohlgemerkt nur in getrockneter Form.

Kulturpflanzen

Unter den Kulturpflanzen nehmen Oliven- und Johannisbrotbäume eine dominante Stellung ein, beide werden auf Zypern seit alters kultiviert. In mittleren Höhenlagen gedeihen Kirschen, Pfirsiche und Granatäpfel, an der Westküste um Pafos und in der Ebene von Güzelyurt (griech. Morfou) werden Bananen angebaut und im gemäßigten Inselklima des Berglandes reift ein vorzüglicher Wein. Zu den wichtigsten Exportfrüchten gehören Orangen, Limonen und Grapefruits. Die Zitrusplantagen mit ihren süßlichen Blüten verbreiten einen betörenden Duft – der englische Romancier Lawrence Durrell ließ sich von ihnen zu seinem Zypern-Bestseller »Bittere Limonen« inspirieren.

Fauna

Die Tierwelt Zyperns gibt sich weitaus weniger spektakulär als die Flora. Größtes frei lebendes Säugetier ist der Zypern-Mufflon (*Ovis orientalis ophion*). In freier Wildbahn ist das scheue Schaf nur mit Glück zu beobachten, da es kaum den Schutz des Waldes verlässt. Leicht zugänglich sind Mufflons im Gehege der Forststation Stavros tis Psokas (Tour 17). Besonders imposant wirkt das mit seinen geschwungenen Hörnern an einen Steinbock erinnernde Männchen, nach der Währungsumstellung auf den Euro hat es gar den Sprung auf die zyprischen 1-, 2- und 5-Cent-Münzen geschafft.

1. Reihe links: Dünentrichternarzisse (Pancratium maritimum)
1. Reihe rechts: Kretische Zistrose (Cistus creticus).
2. Reihe links: Azaroldorn (Crataegus azarolus).
2. Reihe rechts: Zyprisches Alpenveilchen (Cyclamen cyprium).
3. Reihe links: Östlicher Erdbeerbaum (Arbutus andrachne).
3. Reihe rechts: Echte Mehlbeere (Sorbus aria subsp. cretica).
4. Reihe links: Strandflieder (Limonium sinuatum).
4. Reihe rechts: Gerber-Sumach (Rhus coriaria).

Vögel

Zypern ist im östlichen Mittelmeer eine der wichtigsten Stationen auf dem Vogelzug zwischen Europa, dem Nahen Osten und dem Nildelta in Ägypten. Im Frühjahr und Herbst werden rund 300 Arten als Gäste gezählt, etwa 90 davon überwintern. Unter den auf der Insel nistenden Greifvögeln sind Turmfalke, Habichtsadler und der selten gewordene Gänsegeier erwähnenswert. Ein Refugium für den Eleonorenfalken ist die Kliffküste am Kap Aspro (Tour 15). Die Salzseen auf der Halbinsel Akrotiri und bei Larnaka sind im Winter ein bedeutender Rastplatz für Watvögel, Wildgänse, Sandregenpfeifer und für Rosaflamingos. Als Hotspot unter Vogelkundlern gilt der Achna-Damm 20 km nordöstlich von Larnaka an der Grenze zu Nordzypern (angesichts der Militärpräsenz diskret mit Fernglas und Kamera umgehen). Zu den Attraktionen gehören Krauskopfpelikane, Fischmöwen, Zwerggänse, Blaukehlchen und der Graufischer. Am Asprokremnos-Damm, nur wenige Kilometer vom Flughafen Pafos entfernt, lassen sich u.a. Reiher, Watvögel, Rallen und der kleine Mariskensänger (*Acrocephalus melanopogon*) beobachten. Auf der Halbinsel Akamas ist der einfachste Zugang für Vogelfreunde der Küstenweg von den Bädern der Aphrodite zum Kap Arnaoutis (Tour 3). In der Region um das Kap Drepano (Tour 7) zeigen sich Weißkopfmöwen (*Larus cachinnans*) und Felsentauben (*Columba livia*), auch nistet dort die Samtkopfgrasmücke (*Sylvia melanocephala*). Am Kap Gkreko (Touren 36, 37) sind u.a. Falken, Schafstelzen, Lerchen und diverse

Vogelbeobachter an den Bädern der Aphrodite (Tour 3).

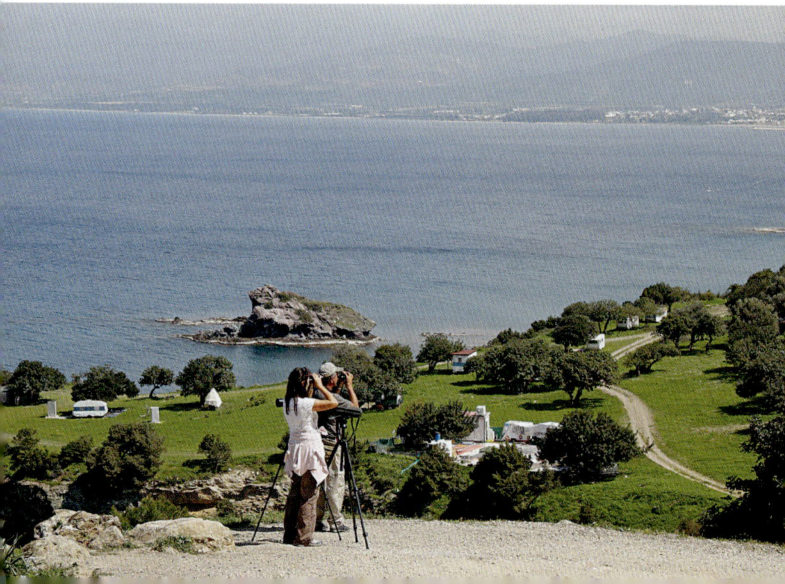

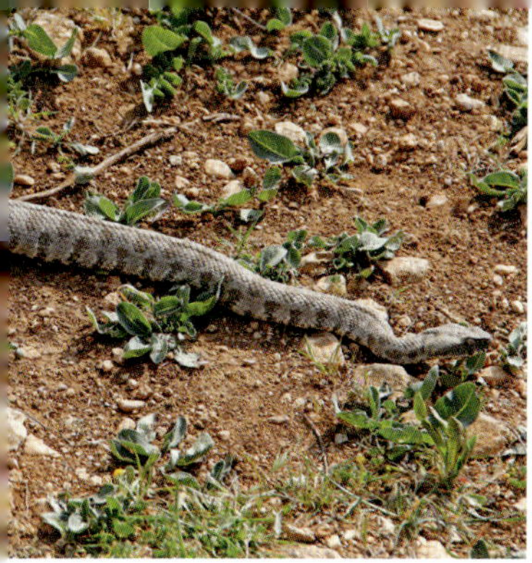

Giftig, doch sehr selten – eine Levanteotter im Fünffingergebirge.

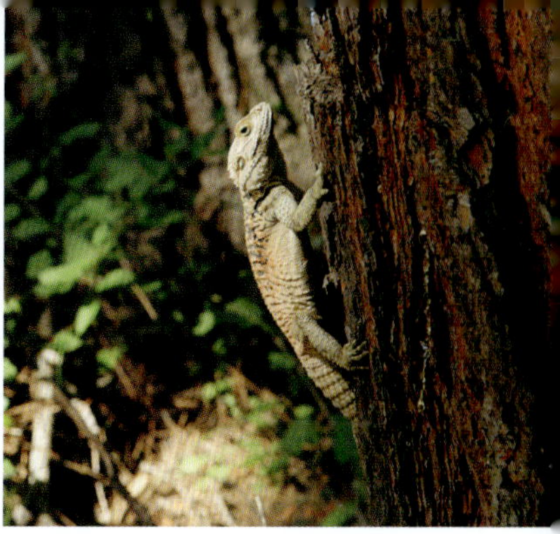

Schleuderschwanzagame (Stellagama stellio cypriaca).

Pieper unterwegs. Auf dem Atalante Trail (Tour 24) im Troodos zeigen sich Tannenmeisen, Gartenbaumläufer, Eichelhäher, Finken, Wiedehopf und Goldammer. Die Sommerfrische Platres ist für ihre singenden Nachtigallen berühmt. In Nordzypern können am Geçitköy-Stausee Sumpfhühner, Habichtsadler (*Aquila fasciata*) sowie Purpur- und Rallenreiher beobachtet werden, auf der Halbinsel Karpaz (Touren 46 bis 50) Bienenfresser und Pirole. Über der Burg von Kantara (Tour 46) zieht gelegentlich der Gänsegeier (*Gyps vulvus*) seine Kreise.

Schlangen und Eidechsen

Giftschlangen sind auf Zypern kein großes Thema, doch es gibt sie. Zwischenfälle mit den scheuen Reptilien sind jedoch äußerst selten. Am giftigsten ist die Levanteotter (*Macrovipera lebetina lebetina*), die sich bevorzugt an Bachläufen und Tümpeln aufhält. Mit bis zu 1,5 m Länge ist sie eine der größten Giftschlangen Europas. Relativ harmlos ist dagegen die nachtaktive Europäische Katzennatter. Sehr selten und ebenfalls ungiftig sind die Anatolische Pfeilnatter (*Hierophis cypriensis*) und die Zypernringelnatter (*Natrix natrix cypriaca*), beide sind endemisch und stehen unter Artenschutz. Den perfekten Schutz vor Schlangen gibt es nicht. Neben knöchelhohen Wanderstiefeln empfiehlt sich vor allem ein wachsames Auge. Wenn es im Gebüsch verdächtig raschelt, handelt es sich meist um Eidechsen, Agamen oder das auf dem Akamas lebende Chamäleon.

Schildkröten

Zypern ist ein Refugium für die vom Aussterben bedrohte Meeresschildkröte. Neben der Unechten Karettschildkröte (*Caretta caretta*) werden die Strände auch von der Grünen Meeresschildkröte (*Chelonia mydas*) aufgesucht, die früher oft in der Suppe landete und von daher auch Suppen-

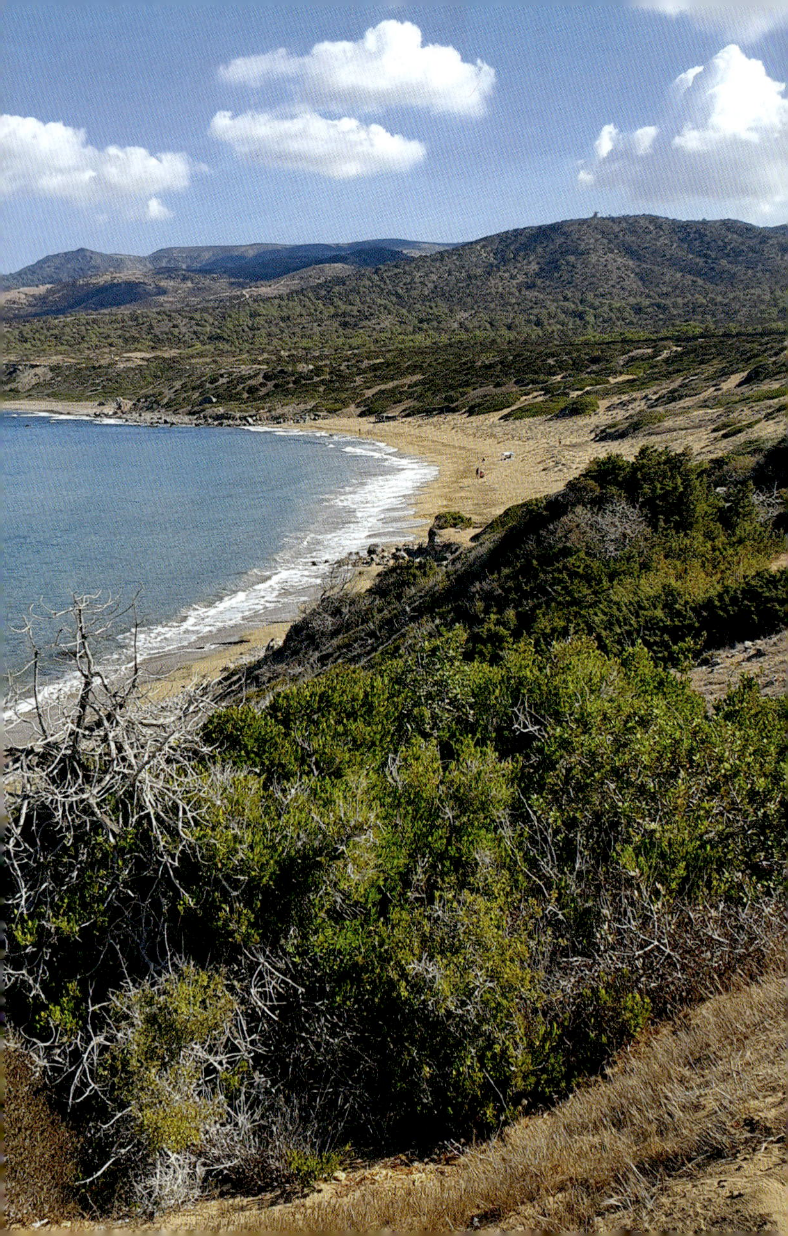

schildkröte genannt wird. Meeresschildkröten kommen von Mai bis August zur Eiablage an Land. Nach etwa 50 Tagen schlüpfen die Jungen und suchen über den Strand das Weite zum Meer. Ein bislang ungelöstes Rätsel ist, wie die ausgewachsenen Tiere nach zehn Jahren genau an den Strand zurückfinden, an dem sie geschlüpft sind. Nistplätze wie Lara Beach an der Westküste (Tour 6), Alagadi (Turtle Bay) östlich von Girne und Golden Beach auf dem Karpaz stehen unter besonderem Schutz.

Umwelt- und Naturschutz

Zypern ist eine der waldreichsten Mittelmeerinseln. In Südzypern ist ein großer Teil der dem Staat gehörenden Forste als Naturschutzgebiet ausgewiesen. Zum Schutz der Wälder installierte man ein Feuerüberwachungssystem, Waldbrände können dennoch nicht immer verhindert werden. Die größten Schutzgebiete sind der Troodos National Forest Park und die Akamas-Halbinsel, unter besonderem Schutz steht auch das Tripylos Naturreservat, das mit einem Bestand der endemischen Zypern-Zeder aufwartet.
Nach der Inselteilung 1974 löste der sich von Nord nach Süd verlagernde Tourismus einen unkontrollierten Bauboom aus. Viele Strandabschnitte fielen der Bebauung durch Ferienanlagen zum Opfer. Im Nordteil entstand im Großraum Girne ein neues Ballungsgebiet. Mit immer mehr Autobahnkilometern und Schnellstraßen versucht man in beiden Inselteilen, dem gestiegenen Verkehrsaufkommen Rechnung zu tragen.

Nature Trails

In Südzypern wird der Wandertourismus durch Naturlehrpfade gezielt gefördert, die ersten Wege wurden bereits in den 1990er-Jahren angelegt. Sie liegen meist in landschaftlich besonders reizvollen Regionen, bevorzugt in den Berglagen des Troodos und auf der unbesiedelten Halbinsel Akamas, aber auch am Kap Gkreko in unmittelbarer Nähe der Ferienstädte Agia Napa und Protaras. Jeweils am Startpunkt des Trails informiert eine überdachte Tafel über den Streckenverlauf und die Besonderheiten am Weg. Mittlerweile gibt es fast 100 Nature Trails, die schönsten davon werden in diesem Wanderführer vorgestellt.
Viele der Pfade sind nach Figuren antiker Mythen benannt, beispielsweise führt der sehr beliebte Aphrodite Trail auf den Aussichtshügel Moutti tis Sotiras (Tour 1). Aus botanischer Sicht spektakulär sind die durch die bizarren Wälder im Troodos führenden Naturpfade Artemis und Atalante (Touren 23 und 24). Fast alle Naturpfade machen auf kleinen Täfelchen mit den am Weg stehenden Bäumen und Wildpflanzen vertraut.
Für Pflanzenfreunde und Hobby-Botaniker bieten die Nature Trails damit eine im ganzen Mittelmeerraum einmalige Möglichkeit, mit der artenreichen mediterranen Pflanzengesellschaft bekannt zu werden.

Der »Schildkrötenstrand« an der Nordseite der Halbinsel Lara (Tour 6).

Akamas und die Westküste um die alte Königsstadt Pafos

Die 79 km² große Halbinsel Akamas ist neben dem Troodos und dem Beşparmak-Gebirge eine der reizvollsten Wanderregionen Zyperns. Mit Schluchten, der bizarr geformten Küstenlinie und einer bis zu 400 m hohen bewaldeten Hügellandschaft bietet die so gut wie unbewohnte Region weitgehend unberührte Natur. Naturlehrpfade machen mit der vielseitigen Flora bekannt. Der Name der Halbinsel geht auf Akamas, einen Sohn des griechischen Helden Theseus, zurück. Der Sage nach soll er Aphrodite »beim Bade überrascht« und sich in sie verliebt haben.

Bester Ausgangspunkt zur Erkundung des Akamas ist **Polis** am weit geschwungenen Golf von Chrysochou. Etliche kleinere Apartmenthäuser sind auf Individualreisende eingestellt. An dem langen Kieselstrand kann man auch in der Hauptsaison noch ein ruhiges Plätzchen finden.

Feinsandiger ist der Strand im benachbarten **Latsi**, das neben einem Hafen auch über Hotels der gehobenen Kategorie verfügt. Westlich von Latsi liegt mit den **Bädern der Aphrodite** der touristische Fokuspunkt von Akamas. Dort beginnen mit dem Aphrodite Trail (Tour 1), dem Adonis Trail (Tour 2) und dem Küstenweg zum Kap Arnaoutis (Tour 3) die beliebtesten Wanderungen der Region.

Der Großraum **Pafos** ist mit über 100.000 Einwohnern das größte Ballungszentrum an der Westküste. Die Ferienstadt bietet neben weitläufigen Stränden und lohnenden Wanderzielen im Hinterland auch ein reiches kulturhistorisches Erbe. Unter den Ptolemäern und später den Römern war Pafos die Inselhauptstadt, bis im 4. Jahrhundert n. Chr. ein verheerendes Erdbeben die antike Metropole in ein Trümmerfeld verwandelte. Was stehen blieb, ist heute Weltkulturerbe der UNESCO. Zu den Top-Sehenswürdigkeiten zählen die erst zwischen 1962 und 1983 entdeckten prächtigen Bodenmosaike. Eines der schönsten findet sich im Haus des Dionysos. Sehenswert sind ferner die Königsgräber. In der Nekropole wurden zwar keine Könige bestattet, doch ansonsten jeder, der zur Zeitenwende Rang und Namen hatte. Die Grabkammern sind in den Fels des Küstenplateaus geschlagen und von quadratischen Säulenhöfen umgeben.

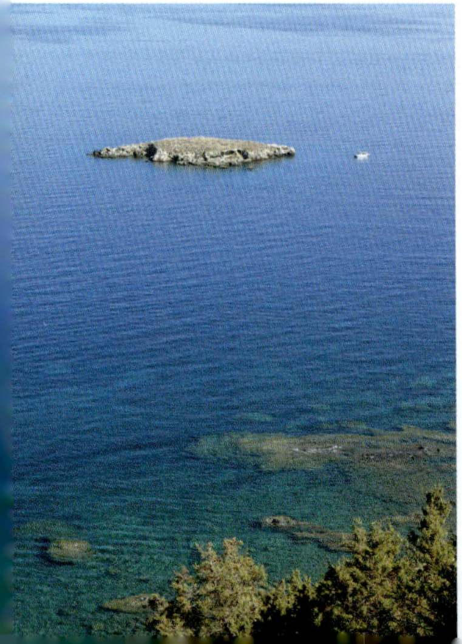

Vogelinsel Agios Georgios (Tour 3).

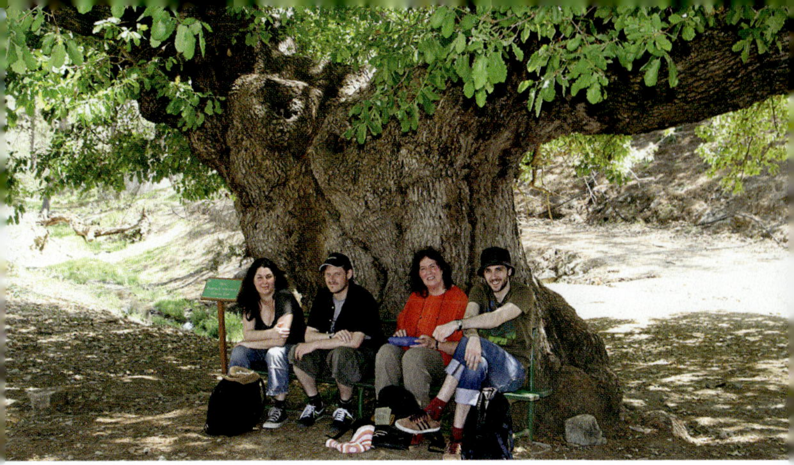

Die Galleiche in Pyrgos tis Rigainas (Tour 1 bis 3).

Zwischen Pafos und Pissouri begeistert eine durch Buchten gegliederte bizarre Steilküste, die auch Ziel einer lohnenden Wanderung ist (Tour 15). Mythenumwoben sind die **Felsen der Aphrodite** (Petra tou Romiou) nahe Pissouri. An den wie von Riesenhand an den Strand geschleuderten Kalkfelsen soll einer Legende zufolge die Liebesgöttin Aphrodite dem Meer entstiegen sein. Geblieben ist ein malerischer Flecken, dem auch der touristische Rummel drumherum nichts von seiner Erhabenheit nehmen kann (Tour 14).

Bergdörfer, Klöster und Wasserfälle im Troodos-Gebirge

Im Zentrum der Insel erhebt sich das Troodos-Massiv fast 2000 m über das Meer empor. In dem vor 90 Millionen Jahren aufgefalteten Gebirgsstock hatte die Erosion genügend Zeit, die Kuppen sanft zu runden, lediglich die Flanken fallen steil ab. Höchster Gipfel ist mit 1952 m der **Olympos** – von den Zyprern wird der »Götterhimmel« auch »Chionistra« (Schneekoppe) genannt. Würzig duftende Kiefernwälder, gurgelnde Gebirgsbäche, Wasserfälle und stille Täler machen das Troodos-Gebirge zu einer attraktiven Wanderregion. Wenn sich an der Südküste die Blumenwiesen im April bereits braun färben, beginnt in den Bergen ein zaghaftes Frühlingserwachen. Die waldreiche Bergwelt lässt sich auf etlichen Naturlehrpfaden entdecken, zwei der schönsten davon umrunden den Olympos (Tour 14 und 23).
Für Wanderer ist das 1200 m hoch gelegene **Platres** der beste Standort zur Erkundung der Region. Der Doppelort besteht aus dem oberen Pano Platres und dem tieferen Kato Platres. Mit einem Touristenbüro, etlichen Hotels, Restaurants, Supermärkten, Banken und einem Taxistand ist die Infrastruktur gut ausgebaut. Im Ort beginnen mehrere Wanderwege (Touren 20 bis 22 und 26), sodass langwierige Anfahrten entfallen. Lohnende

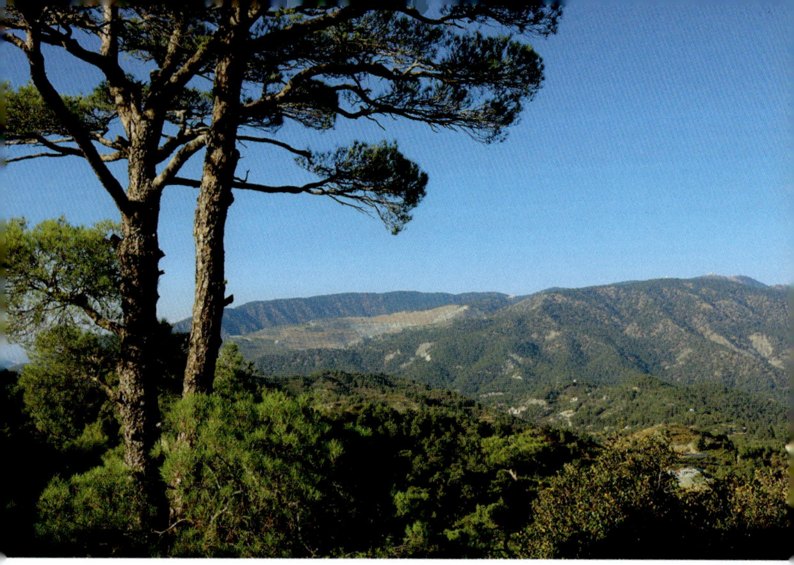

Das Troodos-Gebirge reicht fast bis auf 2000 m ü. d. M. hinauf (gesehen auf Tour 31).

Ausflüge lassen sich in die umliegenden Bergdörfer unternehmen, etwa nach Foini oder Prodromos. Reizvoll ist das Weindorf **Omodos** mit seinem gepflasterten Dorfplatz.

Ein paar Kilometer oberhalb von Platres liegt mit **Troodos Village** eines der höchsten Dörfer im ganzen Mittelmeerraum – auf gut 1700 m Höhe kann es fast St. Moritz im Engadin das Wasser reichen. Außer zwei Hotels und einigen wenigen Cafeterias und Souvenirläden gibt es jedoch keine weitere Infrastruktur, permanent bewohnt ist der Ort nicht. Für Wanderer ist Troodos Ausgangspunkt für einige der schönsten Nature Trails der Insel (Touren 23 bis 26).

Westlich vom Marathasa-Tal liegt **Kykkou**, das größte und bekannteste Kloster Zyperns. Es ist zugleich das wohlhabendste, was nicht zuletzt an der von Gold überladenen Ikonostase der Klosterkirche augenscheinlich wird. Anders als in manch anderen orthodoxen Klöstern, etwa Trooditissa und Stavrovouni (steht nur Männern offen), ist der Besuch auch ausländischen Gästen gestattet. Kykkou ist obligatorischer Stopp für die Rundfahrtbusse. In dem Kloster wird eine von Pilgern verehrte Marienikone aufgebahrt, die eine Arbeit des hl. Lukas sein soll. Auf dem zwei Kilometer entfernten Kykkou Hill, 1318 m, befindet sich das Grabmal von Erzbischof Makarios III. Der erste Präsident des damals noch vereinten Zyperns verbrachte einen Teil seiner Jugend als Novize in Kykkou. Vom Gipfelpavillon genießt man einen imposanten Rundblick auf die Gebirgsregion.

Scheunendachkirchen – Weltkulturerbe der UNESCO

Neben bizarren Wäldern und viel frischer Bergluft hält der Troodos für Kulturbeflissene eine echte Überraschung bereit. Ab dem 12. Jahrhundert gründeten in der damals wie heute abgeschiedenen Bergeinsamkeit orthodoxe Christen etliche Klöster und Kirchen. Einzigartig ist die Architektur der Scheunendachkirchen mit ihren bis fast auf den Boden herunterreichenden Satteldächern, unter denen sich das für byzantinische Kirchen typische Tonnengewölbe verbirgt. Äußerlich ausgesprochen schlicht, sind die Gotteshäuser innen kunstvoll mit byzantinischen Fresken ausgemalt. Zehn der Kirchen sind von der UNESCO als Weltkulturerbe ausgezeichnet, die meisten davon liegen versteckt in eine beschauliche Landschaft eingebettet. Die kleinste, doch vielleicht schönste davon ist die **Marienkirche Asinou** nahe Nikitari (Tour 29). Der winzige Kirchenraum ist komplett mit Fresken ausgemalt, manche entstanden zur Zeit der byzantinischen Kaiserdynastie im 12. Jahrhundert und wurden von Hofmalern aus Konstantinopel geschaffen.

Im Marathasa-Tal lohnt das Kirchendorf **Pedoulas** den Besuch. Der Ort wird von der byzantinischen Kuppelkirche Agia Marina beherrscht, die kirchenhistorische Attraktion ist jedoch das Weltkulturerbe **Agios Archangelos Michail** mit einem spätbyzantinischen Freskenzyklus. Auch der Nachbarort **Moutoullas** kann mit einer Scheunendachkirche aufwarten, sie geht auf das Jahr 1280 zurück und ist damit die älteste der zehn von der UNESCO geadelten Freskenkirchen. Im Unterlauf des reizvollen Marathasa-Tals steht mit der alten Klosteranlage **Agios Ioannis Lampadhistis** ein weiteres Weltkulturerbe, unter dessen schindelgedecktem Scheunendach sich gleich drei Kirchen verbergen.

Pitsylia-Berge und Machairas

Der östliche Troodos gibt sich schroffer und karger als die mit ausgedehnten Wäldern bedeckte Kernregion um den Olympos. Hauptort der Pitsylia-Berge ist **Agros**, 1265 m. Rund um den Ort werden Rosen kultiviert, aus deren Blüten Rosenwasser destilliert wird. Mit einem guten Mittelklassehotel bietet sich Agros

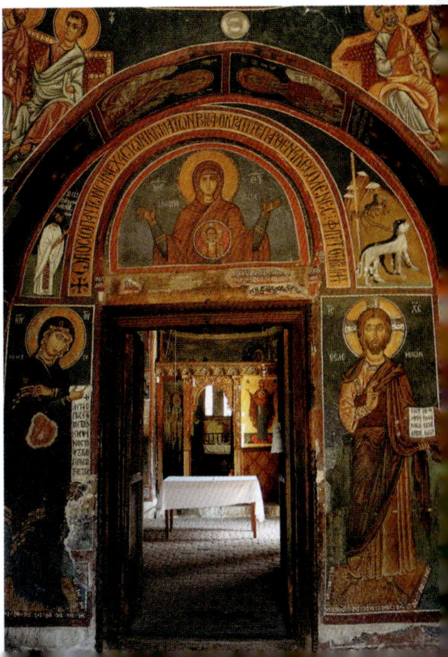

Manche der Fresken in der Marienkirche Asinou sind mehr als 800 Jahre alt.

auch als Standort für Wanderer an. In der näheren Umgebung kann man den Madari (Touren 31 und 32) besteigen und zu den Scheunendachkirchen Asinou und Stavros tou Agiasmati (Touren 29 und 30) wandern. Im Osten erstrecken sich die Pitsylia-Berge bis zum von Weinbergen, Gemüsefeldern und kleinen Mandelplantagen eingerahmten Palaichori.
Weiter östlich schließt sich der **Machairas-Wald** an, der vom weithin sichtbaren Kionia, 1423 m, dominiert wird. In der nur dünn besiedelten Bergregion finden sich noch mittelalterlich anmutende Dörfer mit traditioneller Bruchsteinarchitektur. Sehenswert ist das unter Denkmalschutz gestellte und als Museumsdorf hergerichtete **Fikardou** (Tour 34). Zwei der restaurierten Häuser beherbergen eine ethnografische Sammlung, die ein anschauliches Bild der ländlichen Wohnkultur von anno dazumal vermittelt.
Das religiöse Zentrum der von Landflucht heimgesuchten Region ist das am Fuß des Kionia gelegene **Kloster Machairas**. Die auf das 12. Jahrhundert zurückgehende Gründung wurde 1892 durch einen Brand zerstört und im neobyzantinischen Stil wieder aufgebaut. In der Klosterkirche wird eine wundertätige Marienikone aufbewahrt.

Die Südküste zwischen Limassol und Agia Napa

Verglichen mit dem Akamas und Troodos bieten sich entlang der Südküste relativ bescheidene Wandermöglichkeiten. An dem Küstenstrich zwischen den großen Ferienstädten gibt es außer Sand und Sonne dennoch einiges zu entdecken.
Limassol (griech. Lemesos) symbolisiert den Prototyp des zyprischen Wirtschaftswunders. Seit der Teilung von 1974 hat sich die Einwohnerzahl

Detailverliebte Bruchsteinarchitektur in Fikardou.

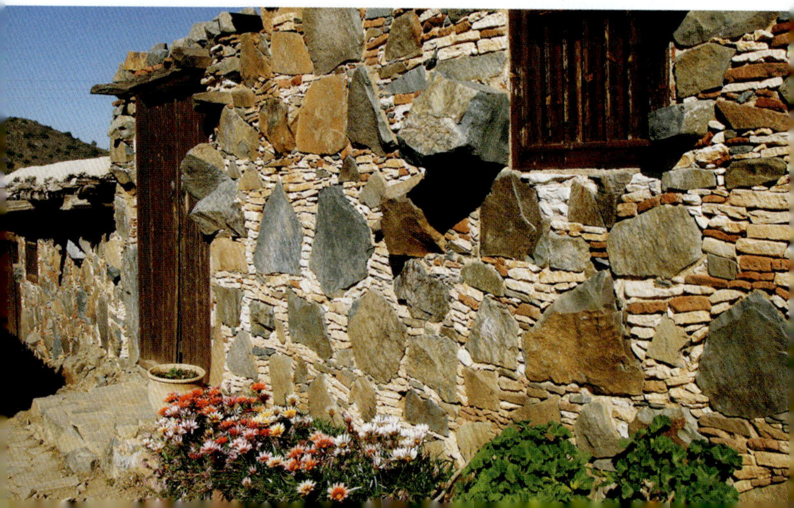

auf heute 235.000 mehr als verdoppelt und macht den Ort an der Halbinsel Akrotiri durch den Hafen, das ausländische Bankenzentrum und die Offshore-Firmen zum wichtigsten Handelsplatz Zyperns. An dem schmalen Stadtstrand entstanden komfortable Ferienhotels, gute Strände in der Nähe sind der Lady's Mile Beach und 20 km weiter östlich der Governor's Beach.
Verlässt man Limassol in Richtung **Akrotiri**, verliert sich die geschäftige Stadt bald in weitläufigen Obstplantagen. Im milden mediterranen Klima gedeihen hier Zitrusfrüchte, Kiwis und Avocados, die schmalen Sträßchen sind von schlanken Zypressen gesäumt. Das Zentrum der Akrotiri-Halbinsel wird von einem 9 km² großen Salzsee ausgefüllt. Im Sommer ist er allerdings so gut wie ausgetrocknet und füllt sich erst wieder nach den ersten Regenfällen im November, rechtzeitig genug, um von Flamingos und Zugvögeln als Futterplatz angesteuert zu werden. Die Uferzone ist dann ein beliebtes Revier für Ornithologen.

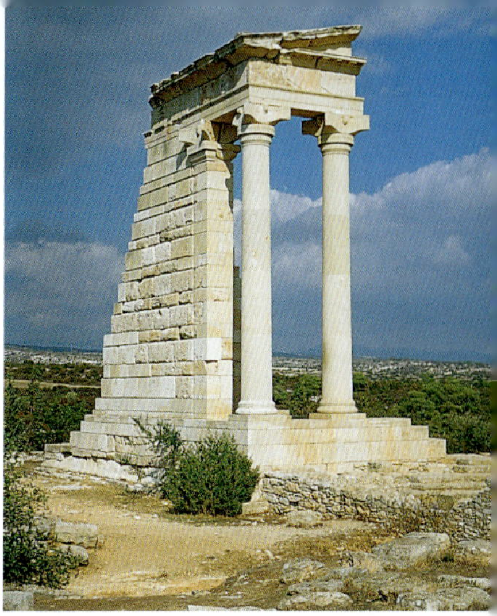

Das Apollon-Hylates-Heiligtum in Kourion ist eines der kunsthistorischen Highlights Zyperns.

Eine der bedeutendsten antiken Stätten Zyperns ist das westlich der Akrotiri-Halbinsel gelegene **Kourion**. Das Stadtkönigreich erlebte seine Blütezeit während der römischen Epoche im 3. und 4. Jahrhundert n. Chr. Nach wie vor imposant sind die Relikte eines Apollontempels sowie das rekonstruierte Amphitheater, von dem sich besonders in den Abendstunden ein romantisches Bild vom darunterliegenden Strand und der Halbinsel Akrotiri bietet.
Die Inselteilung beeinflusste wesentlich die Entwicklung von **Larnaka**, das mit 144.000 Einwohnern (Großraum) binnen weniger Jahrzehnte zur drittgrößten Stadt Zyperns angewachsen ist. Der internationale Flughafen übernahm die Funktion des bis heute geschlossenen Airports von Nikosia und avancierte zu einer Drehscheibe im östlichen Mittelmeerraum. Sieht man über die wenig attraktiven Industrieansiedlungen am Stadtrand hinweg, hat sich das ehemalige Provinzstädtchen auch einige sehenswerte Ecken bewahrt. Das alte Türkenviertel wird vom schlanken Minarett der Kebir-Moschee überragt, in unmittelbarer Nachbarschaft davon liegt die byzantinische Lazaruskirche mit dem von prächtigen Reliefs geschmückten

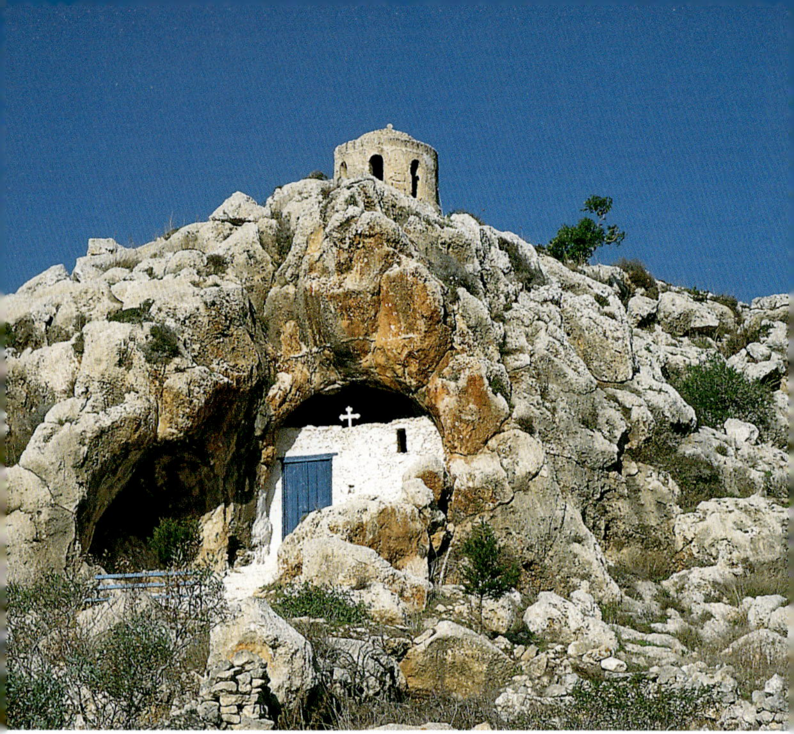

Unweit der Ferienmetropole Agia Napa setzt die Höhlenkirche von Agioi Saranta einen wildromantischen Akzent.

Glockenturm. Am Ende der belebten Shoppingmeile Zinonos Kitieos findet sich im Pierides-Museum die bedeutendste Privatsammlung Zyperns. Der von einem Skulpturenpark umgebene Kolonialbau beherbergt unter anderem wertvolle zyprische Vasen und Terrakottafiguren aus der Jungsteinzeit. Am Ufer des Salzsees nahe dem Flughafen liegt die Moschee **Hala Sultan Tekke**, sie zählt zu den heiligsten Stätten des Islam. In der Grabmoschee ruht der Sarkophag von Umm Haram. Die Pflegemutter des Propheten Mohammed soll 647 v. Chr. an der Stelle der heutigen Moschee von einem Maultier gestürzt sein und dabei den Tod gefunden haben.
Wie die gesamte Südküste hat auch der Südosten Zyperns nach der türkischen Invasion eine stürmische Entwicklung genommen. Flüchtlinge aus dem nördlich der Demarkationslinie gelegenen ehemaligen Ferienort Famagusta fanden rund um **Agia Napa** Arbeit und ein neues Zuhause. Das ehemals verträumte Fischernest mutierte dank der feinsandigen Strände

binnen einer Generation zu einer modernen internationalen Hotelstadt. Gefischt wird zwar immer noch, doch vom Hafen legen heute in erster Linie Jachten und Ausflugsboote ab. Ein schrilles Vergnügungsviertel macht die Nacht zum Tag und Agia Napa zur umtriebigsten Partymetropole im östlichen Mittelmeer. Das typische Zypern wird man hier am allerwenigsten finden, doch dafür Sonne satt. Die weißsandigen Badebuchten zählen zu den besten Strandrevieren der Insel. Lohnend ist ein Besuch des namensgebenden venezianischen Klosters Agia Napa aus dem 16. Jahrhundert. Vom Klosterhof ist eine kleine Höhlenkirche zugänglich, in der man vor 500 Jahren eine wundertätige Marienikone fand.
Östlich von Agia Napa liegt das **Kap Gkreko**. Eine eindrucksvolle Steilküste, bizarre Klippen und darin eingelassene Meeresgrotten prägen das Bild des ins Meer geschobenen Kaps. Die herbe Küstenlandschaft kann auf Naturlehrpfaden erwandert werden (Touren 36 bis 38).
Die Ferienstädte in der südöstlichsten Ecke Zyperns sind von fruchtbarem Hinterland umgeben, von **Kokkinochoria**, dem Land der roten Dörfer. Von alters her wird hier intensive Landwirtschaft betrieben. Auf den roten Feldern gedeihen neben Tomaten, Gurken und Melonen die besten Kartoffeln der Insel.

Nikosia – die geteilte Metropole

Mit rund 350.000 Einwohnern ist **Nikosia** (griech. Lefkosia, türk. Lefkoşa) die größte Stadt Zyperns, etwa 62.000 davon leben im Nordteil. Sandsäcke und Stacheldraht markieren die von der UN kontrollierte Demarkationslinie, die mitten durch die Altstadt läuft. Eine venezianische Stadtmauer aus dem 16. Jahrhundert umschließt die verwinkelt angelegten Gassen. Minarette, byzantinische Kirchen und der Turm der gotischen Kathedrale ragen aus dem Häusermeer heraus und dokumentieren die wechselvolle Stadtgeschichte. Allein Nikosias Museen lohnen den Abstecher in die Hauptstadt. Im Zypern-Museum lässt sich ein archäologischer Streifzug durch die 9000 Jahre alte Inselgeschichte unternehmen – angefangen von der Jungsteinzeit bis über die griechische und römische Antike zur byzantinischen Epoche. Stolz des Museums ist die Aphrodite von Soloi, eine etwa 2000 Jahre alte Marmorstatue der Liebesgöttin. Sehenswert sind ferner mit Elfenbein-Intarsien geschmücktes Mobiliar aus den Königsgräbern von Salamis sowie das römische Fußbodenmosaik »Leda mit dem Schwan« aus Alt-Pafos.
Im Nordteil ist besonders die Selimiye-Moschee sehenswert. Dem 1208 als gotische Kathedrale begonnenen Sakralbau mit zwei nie vollendeten Glockentürmen wurden nach der osmanischen Eroberung im 16. Jahrhundert zwei hohe Minarette aufgepflanzt. Für die Sanierung vieler baufälliger osmanischer Gebäude fehlte es bislang allerdings an Geld. Zu einem Symbol der Teilung avancierte das ehemalige Nobelhotel Ledra Palace in der Pufferzone.

NORDZYPERN

Die Hafenstadt Girne

Eine halbe Autostunde von der Hauptstadt Nikosia entfernt ist der Großraum **Girne** (griech. Keryneia; engl. Kyrenia) an der Nordküste das beliebteste Ferienzentrum im Norden und bester Ausgangspunkt für Ausflüge und Wanderungen. In der sommerlichen Hochsaison wandelt sich der Ort in eine pulsierende Kleinstadt. Dreh- und Angelpunkt von Girne ist der winzige Altstadtkern mit angrenzendem alten Hafen. Die kurze Uferpromenade ist zum Flanieren wie geschaffen, vor der Kulisse ehemaliger Lagerkontore haben etliche Lokale und Cafés ihre Tische stehen. Östlich von dem durch einen vorgelagerten Wellenbrecher geschützten Hafenrund lohnt der Besuch der mittelalterlichen Burg. In der Festung kann ein vor dem Hafenbecken gehobenes altes Schiffswrack bestaunt werden – geschätztes Baujahr: 288 v. Chr. Es wurde in den 1960er-Jahren von einem Schwammtaucher in 30 m Tiefe gesichtet und später von Unterwasserarchäologen geborgen. Das gut 14 m lange Handelsschiff hatte als Ladung 400 Weinamphoren an Bord, wovon etliche erhalten blieben – vom Wein fehlt allerdings jede Spur. Mindestens genauso beeindruckend wie das Wrack ist das Panorama von dem Hafenkastell auf das Fünffingergebirge.

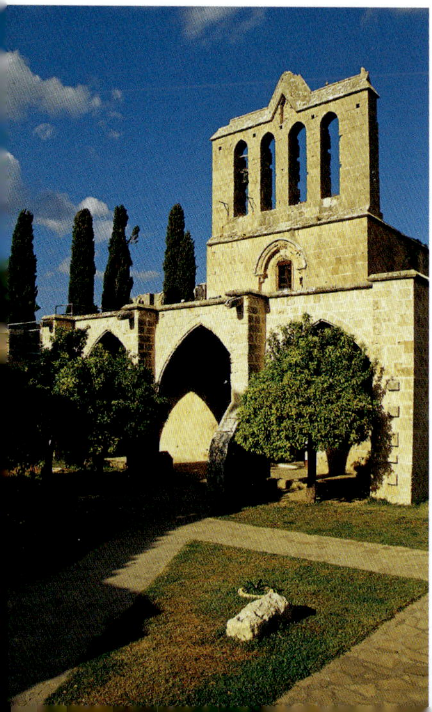

Von der Kulisse des Beşparmak-Gebirges abgesehen gibt sich das unmittelbare Umland von Girne nicht allzu attraktiv. In den letzten Jahren wurde viel gebaut, nicht immer zum Vorteil des Landschaftsbildes. Der Straßenverkehr hat stark zugenommen, im Bereich des Zentrums kommt es regelmäßig zu Staus. Auch die Strände nahe Girne sind eher zweitklassig und vielfach von Treibgut verunziert. Sauber sind lediglich privat bewirtschaftete Abschnitte, für manche davon muss Eintritt gezahlt werden.

Im Süden von Girne ist der Ort **Bellapais** mit seiner gotischen

Gotik pur: die Abtei Bellapais.

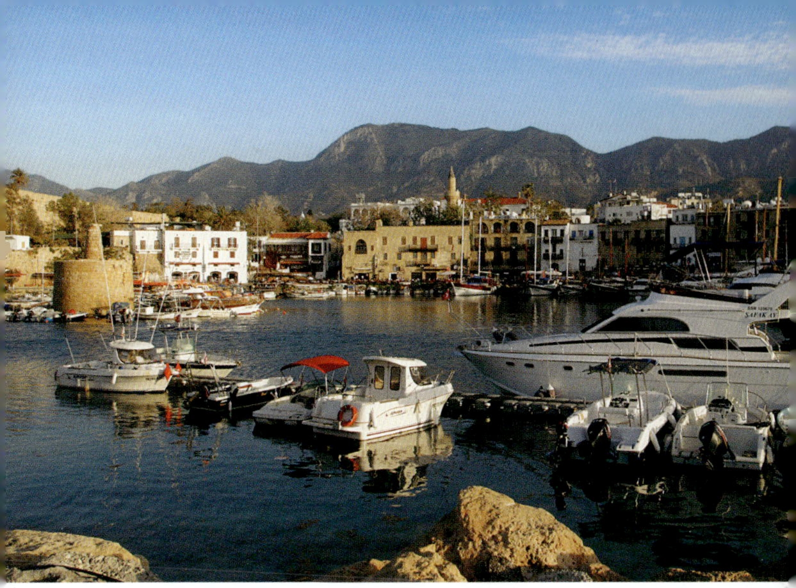

Der Hafen von Girne vor der Silhouette des Fünffingergebirges.

Klosterruine ein viel besuchtes Ausflugsziel. Allein die malerische Lage an der Nordabdachung des Fünffingergebirges lohnt den Besuch. Die um 1205 von Augustinermönchen gegründete Abtei galt zu ihrer Zeit als ein Meisterwerk gotischer Baukunst. Wunderschön zeigt sich das gut erhaltene Kreuzrippengewölbe im Refektorium. Die beiden von Löwenköpfen geschmückten römischen Marmorsarkophage vor dem Eingang nutzte man einst als Wasserspeicher. Der vom Kreuzgang eingefasste Klosterhof überrascht mit gut erhaltenen Spitzbögen und prächtigem spätgotischem Maßwerk. Alljährlich im Mai/Juni stellt die Klosterruine die Kulisse für ein klassisches Musikfestival. In Bellapais ließ sich in den 1950er-Jahren der englische Romancier Lawrence Durrell nieder und hielt seine Inselimpressionen in seinem Longseller »Bittere Limonen« fest.
Ein weiteres attraktives Bergdorf ist **Karaman** (griech. Karmi) westlich von Girne. Der in 300 m Höhe gelegene Ort wird fast ausschließlich von ausländischen Einwanderern bewohnt, welche die alten Häuser entlang den gepflasterten Straßen liebevoll instand gesetzt haben. Karaman ist Startpunkt für eine schöne Wanderung nach St. Hilarion (Tour 40).
In den Ausläufern des Beşparmak versteckt sich in wunderschöner Lage das byzantinische **Kloster Antifonitis**. Im Innenraum der Kirche aus dem 12. Jahrhundert sind noch einige Fresken erhalten, an der Kuppeldecke ein Jesusporträt vor indigoblauem Hintergrund.

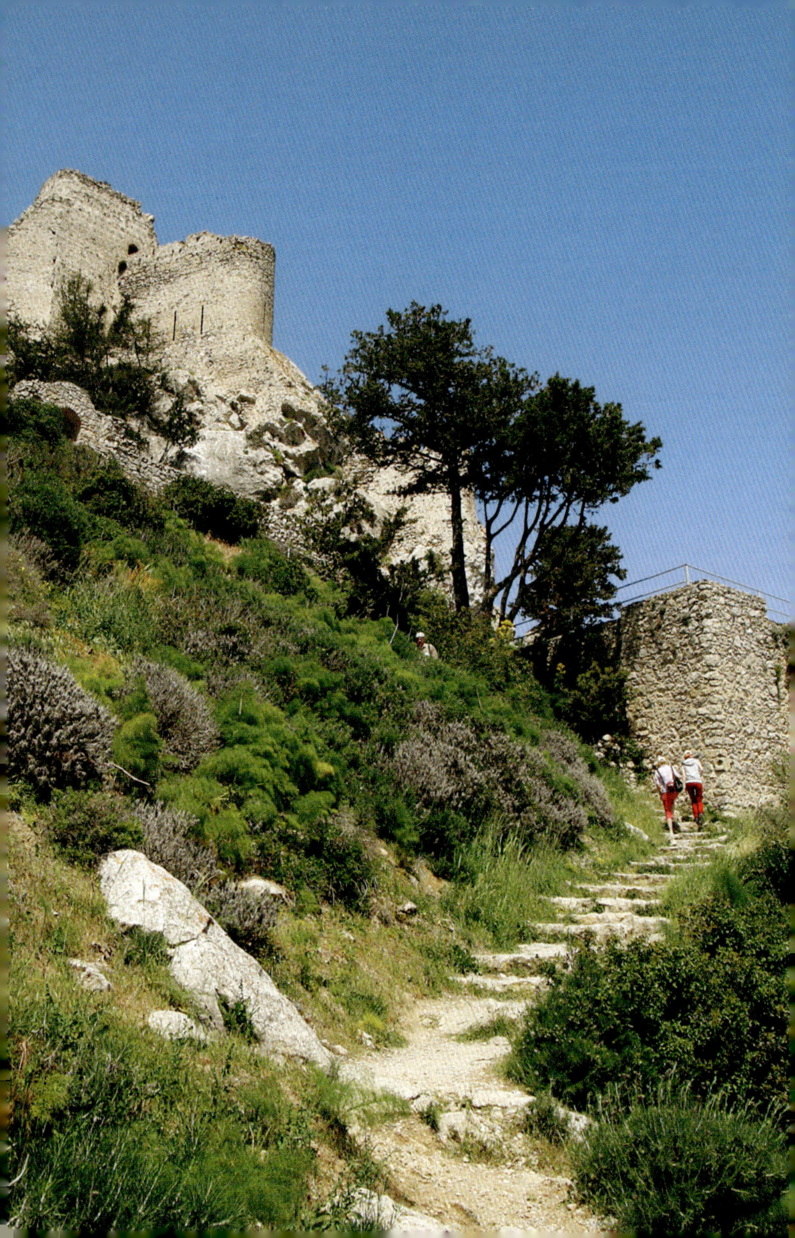

Das mittelalterliche Burgentrio im Fünffingergebirge

Der gut 1000 m hohe Beşparmak (griech. Pentadaktylos) prägt weitgehend das Landschaftsbild im Norden. Touristisches Aushängeschild der Bergkette sind drei wildromantisch auf spitze Felshügel gesetzte Kreuzritterburgen. Von Girne aus ist **St. Hilarion** am schnellsten erreichbar. Die nach einem Eremiten benannte Einsiedelei wurde ab dem 10. Jahrhundert von den Byzantinern zu einer Bergfeste ausgebaut und diente später dem Adelsgeschlecht der Lusignan als Sommerresidenz. Ein steiler Treppenweg führt zur Oberburg hinauf, in der das »Fenster der Königin« die ultimative Aussicht auf die Küste freigibt, an klaren Tagen kann man auf die bis ins späte Frühjahr hinein verschneiten Gipfel des Taurus auf dem türkischen Festland schauen.

Von der Straße von Girne nach Değirmenlik zweigt von der Passhöhe ein schmales Teersträßchen zum Fuß der Kreuzritterburg **Buffavento** (ital. bufera di vento = Windsturm) ab. Ein gut ausgebauter Serpentinenweg (Tour 42) führt zur 954 m hoch gelegenen Ruine hinauf.

Zusammen mit St. Hilarion und Buffavento bildete die Ritterburg von **Kantara** im Mittelalter eine Verteidigungskette gegen vom Meer heranrückende Angreifer. Durch die exponierte Lage konnten von dem Burgentrio die Schiffe frühzeitig gesichtet werden. Von Kantara wurde außer der Nordküste auch der Zugang zur Karpaz-Halbinsel überwacht. Heute ist die auf einem 630 m hohen felsigen Plateau gelegene, von den Venezianern geschleifte Burg eine der besten Aussichtswarten auf den Pfannenstiel. Und natürlich ist auch das Panorama auf die gestaffelte Kette des Beşparmak selbst eine Augenweide.

Der **Forst von Alevkaya** in den Kammlagen des Beşparmak ist mit seinen Picknickplätzen ein beliebtes Naherholungsziel und zugleich ein attraktives Wandergebiet. Anlaufpunkte sind ein im Forsthaus untergebrachtes kurioses Herbarium sowie die armenische Klosterruine Sourp Magar (Tour 45).

Famagusta und Salamis

Bis zur Inselteilung 1974 war **Famagusta** (türk. Gazimağusa, griech. Ammochostos) der größte Hafen Zyperns und mit der Hotelstadt Varosha mit mehr als 15.000 Gästebetten zugleich das größte Ferienzentrum im östlichen Mittelmeer. Das Hotelviertel entlang der weitläufigen Bucht gleicht heute einer Geisterstadt und verfällt immer mehr. Alle Wirren der Geschichte hat dagegen die Altstadt von Famagusta überdauert. Von der bereits vor 2300 Jahren von dem ägyptischen König Ptolemäos II. gegründeten Stadt blieb die venezianische Stadtbefestigung erhalten, welche den Stadtkern mit einem drei Kilometer langen doppelten Mauerring umschließt. Wichtigster Sakralbau und eine der größten Sehenswürdigkeiten Zyperns ist die

Aufstieg zum Burghügel von Kantara (Tour 46).

im Stil der Gotik um 1326 erbaute ehemalige Nikolauskathedrale. Bis zur türkischen Eroberung 1571 wurden in ihr die zyprischen Könige gekrönt. Die neuen Herren bauten sie dann zur heutigen Lala-Mustafa-Paşa-Moschee um. Die gotische Westfassade überragt ein Minarett – christliche Tradition verbindet sich hier mit muslimischer Gegenwart.
Direkt neben der Küstenstraße entlang der sanft geschwungenen Bucht von Famagusta liegen die Ruinen der antiken Großstadt **Salamis**. Sie war eine der wichtigsten Hafenstädte der Levante, bis der Hafen versandete und nach der Aufgabe der Stadt die Häuser unter Dünen verschwanden. Das vor mehr als 3000 Jahren gegründete Stadtkönigtum soll während der Blütezeit im 8. Jahrhundert v. Chr. von etwa 100.000 Menschen bewohnt worden sein. Will man den Historikern Glauben schenken, war Salamis damit eine der größten Städte der antiken Welt.
Die einstige Größe lässt sich noch an dem Theater ablesen, das Platz für 16.000 Zuschauer bot. Von den etwa 150 gefundenen vorchristlichen Königsgräbern ist das Grab Nr. 50 das bekannteste. In die von einem Tonnengewölbe überbaute, etwa 2300 Jahre alte Grabkammer führte ursprünglich ein 28 m langer unterirdischer Zugang, in dem Waffen und Amphoren für den Toten gefunden wurden.
Westlich des Ausgrabungsbezirks von Salamis lohnt das archäologische Museum im **Kloster Barnabas** den Besuch. In der Klosterkirche erzählen Fresken von der Barnabas-Legende. Der zyprische Nationalheilige und Weggefährte des Apostels Paulus hatte maßgeblichen Anteil an der Christianisierung der Insel. Barnabas wurde nahe Salamis von Juden gesteinigt, seither wird er als Märtyrer verehrt.

Der Karpaz im äußersten Nordosten

Wenn es noch so etwas wie einen Geheimtipp auf Zypern gibt, dann sind es die weitläufigen, bislang kaum erschlossenen goldgelben Strände auf der Halbinsel Karpaz (griech. Karpasia), die wie ein weit ausgestreckter Finger nach Osten zeigt. Schon vor der politischen Teilung lag der fast 100 km lange, doch nur wenige Kilometer breite »Pfannenstiel« der Insel im geografischen Abseits und war jahrzehntelang militärisches Sperrgebiet. Und auch nach dem zaghaften Annäherungsprozess seit 2003 scheint die Zeit hier stillzustehen. Doch angesichts der ursprünglich gebliebenen Landschaft und der unberührten Strände ist es wohl nur eine Frage der Zeit, bis die Halbinsel aus ihrem Dornröschenschlaf geweckt wird. In welche Richtung die Entwicklung gehen wird, ist noch völlig offen. Touristikplaner träumen von exklusiven Resorts, Umweltschützer fordern vehement einen Nationalpark, an dessen Dünenstränden Meeresschildkröten weiterhin ungestört Eier ablegen und in dem Wildesel und Schafherden durch das wellige Hügelland streifen können.
An der Südküste hat sich **Boğaz** zu einem kleinen Touristenzentrum entwickelt. Mit ein paar Hotels, Fischlokalen und einem akzeptablen kleinen

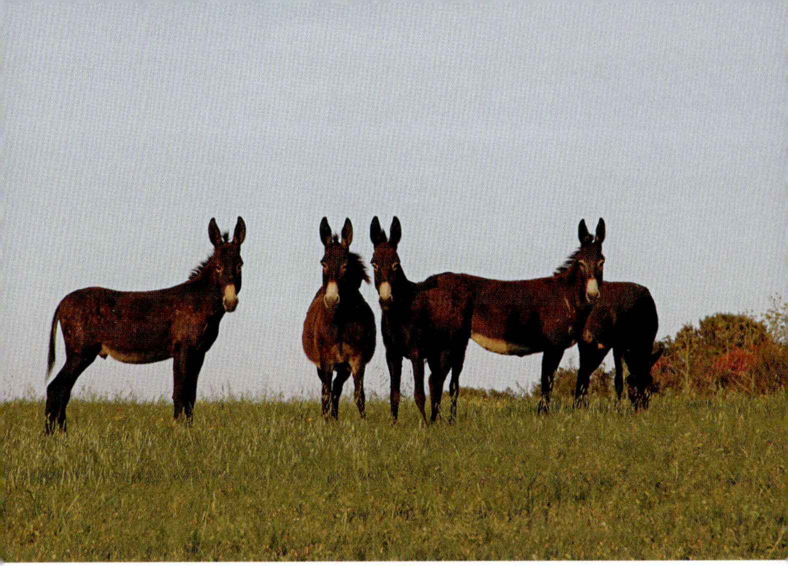

Wildesel auf der Halbinsel Karpaz.

Strand ist der Ort ein guter Ausgangspunkt für Exkursionen auf die Halbinsel. Ein bis zwei Nummern größer geben sich die neuen Hotels ein paar Kilometer weiter östlich in **Bafra** – mit 726 Zimmern ist das Kaya Artemis Resort der größte Hotelkomplex der ganzen Insel.
Für einen Tagesausflug von Südzyperns Ferienzentren, aber auch von Girne, ist die Halbinsel zu weit entfernt. Wer den Karpaz kennenlernen will, mietet sich am besten in einer der wenigen einfachen Unterkünfte in der Gegend von **Dipkarpaz** ein. Das kleine Zentrum dieses sowohl von Türken als auch von Griechen bewohnten Hauportes der Halbinsel bilden die Kirche Agios Synesios, eine Moschee und ein Kaffeehaus. An der Nordküste unterhalb von Dipkarpaz liegt das Kirchlein Agios Filon auf dem Gebiet der archäologisch bislang nicht erschlossenen antiken Stadt Karpasia.
Das nur dünn besiedelte Hügelland erreicht an seinem höchsten Punkt gerade mal 191 m und wird im Süden und Norden von kleinen Buchten und teils weitläufigen Stränden flankiert. Der vielleicht schönste Strand der ganzen Insel ist **Golden Beach** (Tour 50). Nordöstlich von dem fast 3 km langen Dünenstrand ist das **Andreas-Kloster** der letzte Vorposten der Zivilisation. Vor dem **Kap Zafer**, der östlichsten Spitze Zyperns, sollen dem Apostel Andreas und seiner Schiffsmannschaft auf einer seiner Missionsreisen übers Mittelmeer die Trinkwasservorräte ausgegangen sein, bis Andreas den vor Durst schon fast erblindeten Kapitän zu einer Quelle auf dem Kap führte. So erzählt es zumindest eine Legende.

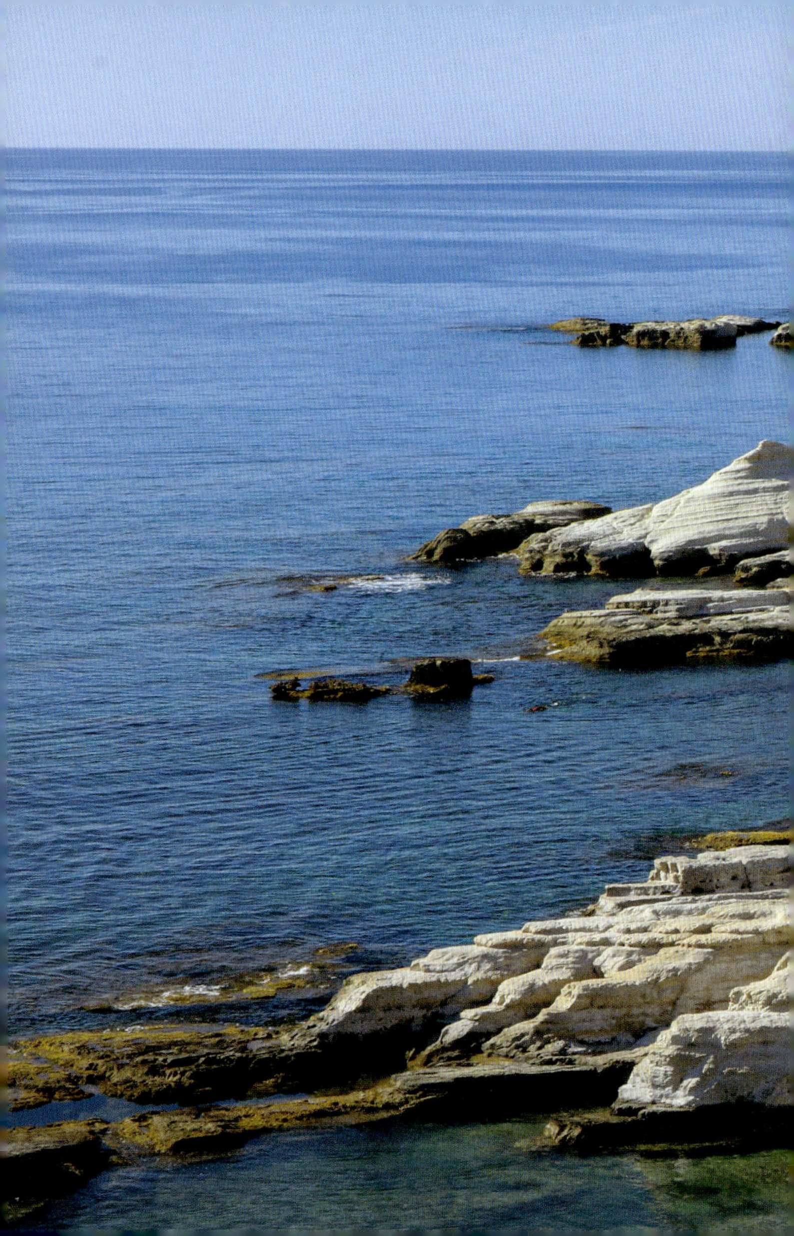

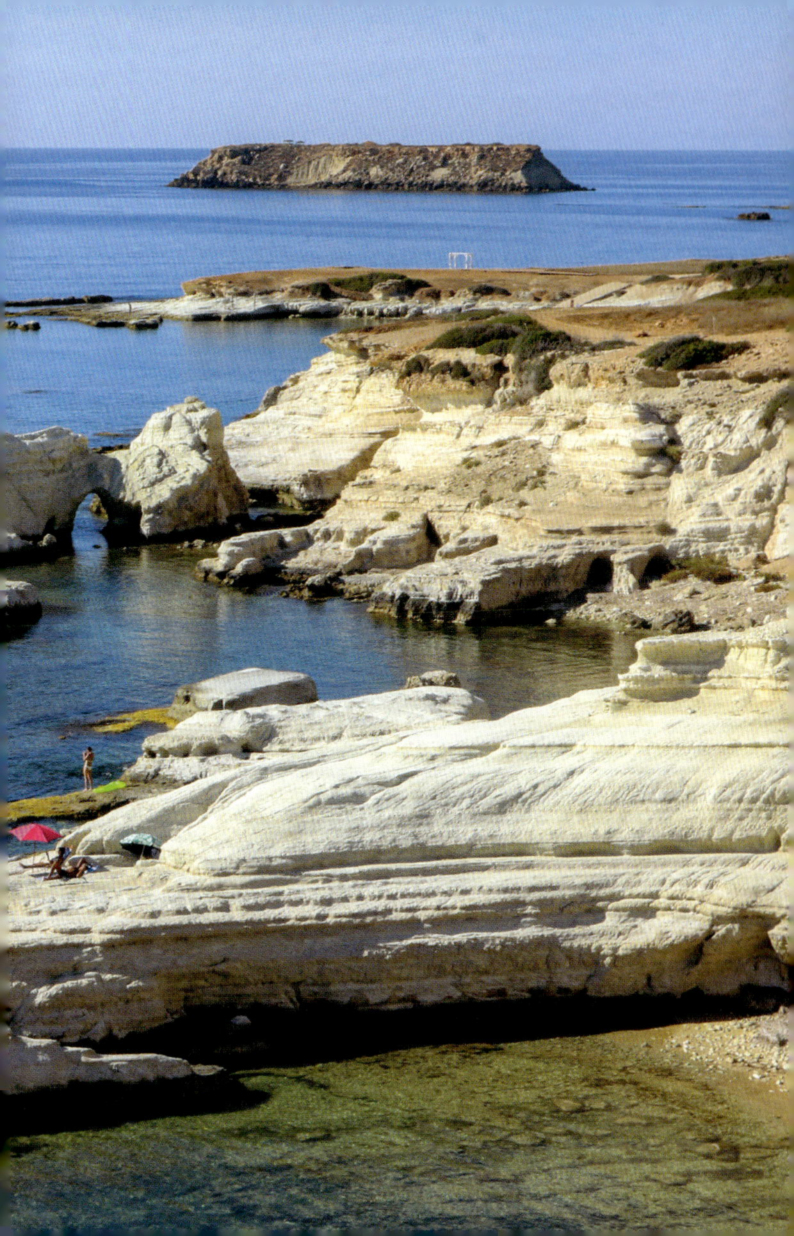

TOP

↗ 400 m | ↘ 400 m | 7.6 km

1 Aphrodite Trail

2.30 h

Auf den Spuren von Zyperns liebster Göttin

Warum nicht mit einer der schönsten Wanderungen Zyperns beginnen? Auf dem von der Forstbehörde angelegten Naturlehrpfad wandern Sie auf mythenreichen Spuren und lernen ganz nebenbei die vielfältige Flora der Akamas-Region kennen. Vom 370 m hohen Moutti tis Sotiras bietet sich zudem eine hinreißende Aussicht auf die zu Füßen liegende Halbinsel. Im April, wenn die Wiesen mit einem Teppich gelb blühender Chrysanthemen überzogen sind, ist der Aphrodite Trail der Frühjahrsklassiker schlechthin!

Ausgangspunkt: Parkplatz an den Baths of Aphrodite, 35 m. Mit dem Pkw oder Taxi von Polis über Latsi nach Baths of Aphrodite. Von Polis aus fährt im Sommerhalbjahr Mo.–Fr. (Sa./So. ganzjährig) der Linienbus 622 im Stundentakt zu den Bädern der Aphrodite.

Anforderungen: Steiler Aufstieg auf teils steinigem Pfad. Beim Abstieg vom Moutti tis Sotiras sollte man trittsicher sein. Wenig Schatten.
Einkehr: Restaurant Baths of Aphrodite am Ausgangspunkt, mit aussichtsreicher Terrasse.

Vom Parkplatz an den Bädern der **Aphrodite** ❶ gehen wir neben dem Souvenirkiosk durch das große Eingangstor in den Botanischen Garten hinein (frei zugänglich); rechts haltend bringt uns ein gepflasterter Weg nach 150 m zum legendären Bad der Liebesgöttin. In der von einer Quelle gespeisten Gumpe soll sich in grauer Vorzeit Aphrodite mit Akamas und Adonis vergnügt haben. Ein mächtiger Feigenbaum beschattet den romantischen Ort.
Direkt vor dem Tümpel folgen wir dem Schild »Nature Trail«. Wir queren das Bachbett des Argaki tou Pyrgou und verlassen durch eine kleine Pforte wieder den »Bäderbezirk«. Ein paar Schritte nach der Pforte treffen wir auf den staubigen Küstenfahrweg zum Kap Arnaoutis. Unmittelbar bevor der Pfad auf den Küstenweg stößt, steigen wir an einer Infotafel zur Flora scharf links auf schmalem Pfad hangaufwärts. Gut 100 m darauf gehen wir an einer Gabelung wiederum links. Nach einem Rechtsknick erlaubt eine Sitzbank unter einer jungen Kiefer eine wunderbare Aussicht auf den Golf von Chrysochou und die im Frühjahr sattgrünen Wiesen eines direkt unter uns liegenden Wohnmobilplatzes.

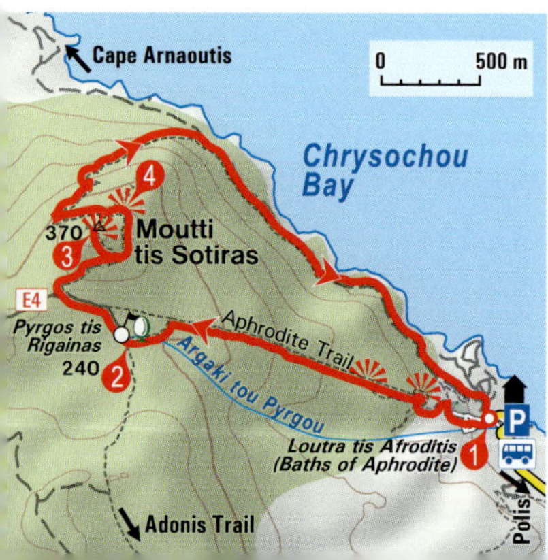

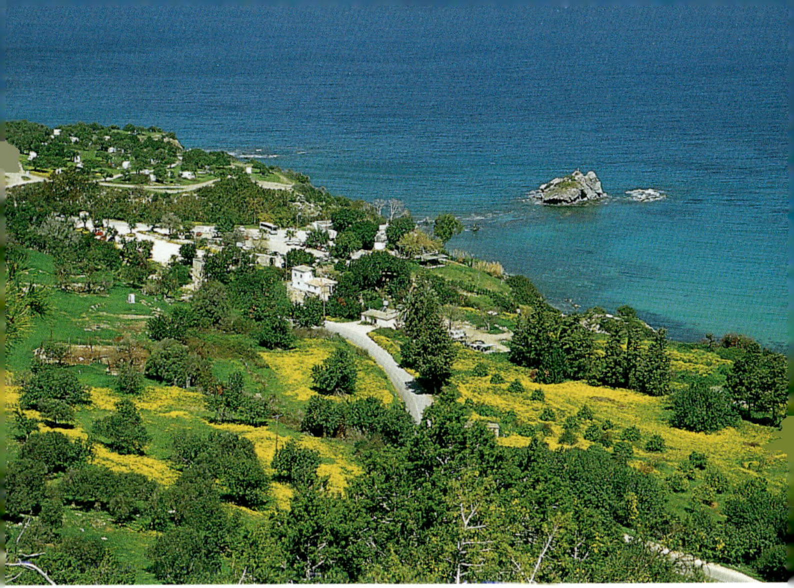

Chrysanthemenblüte an den Bädern der Aphrodite.

Nach einem kleinen Plateau steigen wir auf steinigem Pfad und teils über Felsplatten in einer langen Geraden durch ein lichtes Kiefern-Wacholder-Wäldchen den Südosthang des Moutti tis Sotiras auf. Ein links einmündender Weg wird passiert, eine Viertelstunde darauf kommt eine weitere aussichtsreiche Sitzbank wie gerufen. Der größte Teil des Anstiegs auf dem ruppigen Pfad liegt nun hinter uns. Etwa 5 Min. nach einem durch einen Zaun geschützten kleinen Areal für das endemische Zyprische Brandkraut (*Flomis cypria*) gehen wir nicht geradeaus weiter auf den Tafelberg zu, sondern links (die Stelle wird leicht überlaufen!) und erreichen 3 Min. später an einer mächtigen Galleiche (*Quercus infectoria*) **Pyrgos tis Rigainas** ❷, 240 m. Der Legende nach soll sich hier Aphrodite nach dem Bade ausgeruht haben. Im Mittelalter entstand an diesem Ort ein Kloster, von dem jedoch lediglich ein paar Mauerreste und eine kleine Kapelle die Zeit überdauerten.

Vor der Klosterruine gehen wir am Schild »Aphrodite Nature Trail« den Schotterweg aufwärts (links Adonis Trail). Der Weg hält genau auf den Moutti tis Sotiras zu. An der Gabelung 4 Min. darauf wandern wir leicht links haltend auf dem

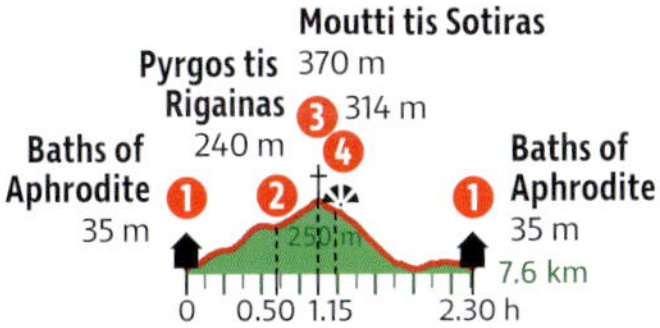

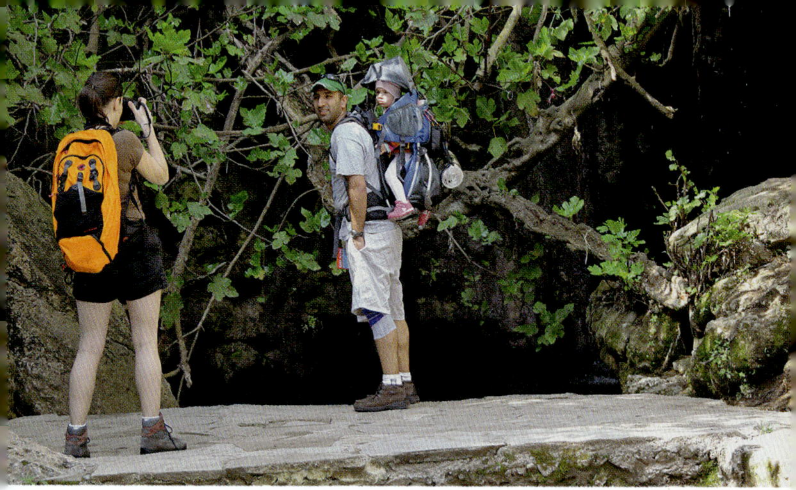

Fototermin vor dem Feigenbaum an den Bädern der Aphrodite.

Hauptweg weiter bergan. Gut 200 m danach wird der Schotterweg in einer leichten Linkskurve geradeaus in einen Pfad verlassen, der sich die Flanke des Sotiras hinaufschlängelt. Der Pfad berührt nach etwa 75 m einen Karrenweg, wir bleiben zunächst auf dem Pfad, bis dieser ein paar Minuten später in den Karrenweg einmündet. An einer Gabelung knapp 5 Min. später gehen wir links in Richtung Moutti tis Sotiras, 15 m darauf endet der ausgebaute Weg an einem Wendekreis. Von dort bringt uns ein hinter zwei Metallpfosten beginnender Pfad in wenigen Minuten zum **Moutti tis Sotiras** ❸, 370 m. Vom Gipfelplateau genießen wir eine imposante Sicht über die ausgefranste Nordküste von der Halbinsel Akamas bis zum Kap Arnaoutis. Vorsicht am Rand – das Plateau fällt abrupt ab!

Wir gehen wieder zum Wendeplatz zurück und folgen unterhalb von diesem nun links dem Trail, der durch Wacholderbüsche an der Nordflanke des Berges entlangläuft. Nochmals lädt ein herrlicher **Aussichtspunkt** ❹, nun mit zwei Sitzbänken, zu einer beschaulichen Rast. Der Saumpfad zieht leicht ausgesetzt in Serpentinen zur Küste hinab, führt nach dem Abstieg wenige Meter oberhalb des staubigen Küstenfahrweges parallel zu diesem weiter und senkt sich schließlich soweit ab, dass beide Wege zusammentreffen. Der staubige Fahrweg bringt uns zu den Bädern der Aphrodite zurück. An der Stelle, an der wir auf dem Hinweg von den Bädern kommend kurz den Küstenweg berührt haben, gehen wir geradeaus und erreichen am Kiosk wieder Parkplatz und Bushaltestelle an den **Bädern der Aphrodite** ❶.

Panorama vom Moutti tis Sotiras auf die Halbinsel Akamas, aufgenommen am Wegpunkt 4.

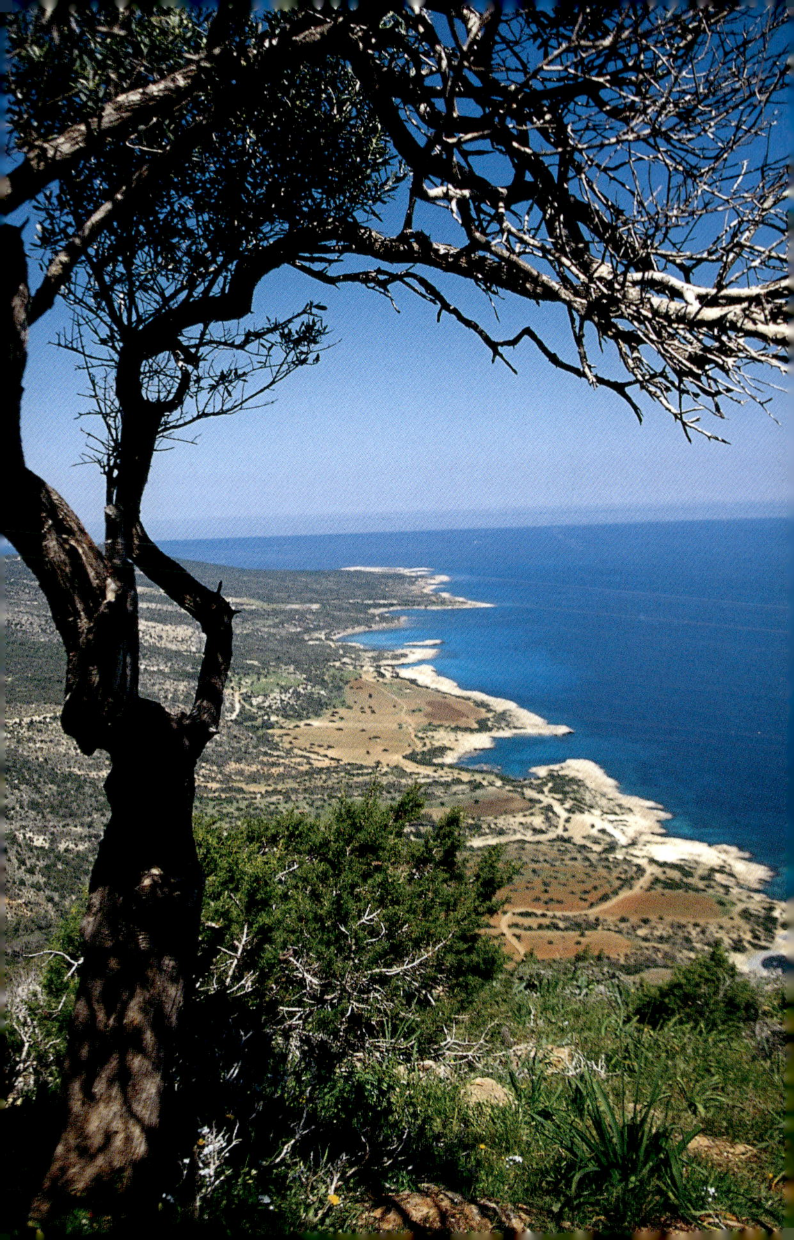

↗ 320 m | ↘ 320 m | 7.4 km

2 Adonis Trail

2.30 h

Stille, waldreiche Runde über die Akamas-Halbinsel

Bildhübsch soll der Jüngling Adonis gewesen sein. Nach dem Liebhaber der Aphrodite ist ein Naturlehrpfad auf der Akamas-Halbinsel benannt, dessen erste Etappe bis zum verfallenen Kloster Pyrgos tis Rigainas mit dem Aphrodite Trail identisch ist. Die Route führt durch von immergrüner Macchia und lichtem Kiefernwald begrünte wellige Hügel und macht mit der abwechslungsreichen Vegetation der unbewohnten Halbinsel bekannt.

Ausgangspunkt: Parkplatz an den Baths of Aphrodite, 35 m. Mit dem Pkw oder Taxi von Polis über Latsi nach Baths of Aphrodite. Von Polis aus fährt im Sommerhalbjahr Mo.–Fr. (Sa./So. ganzjährig) der Linienbus 622 im Stundentakt zu den Bädern der Aphrodite.
Anforderungen: Gut ausgebauter, mitunter steiniger Wanderpfad mit anfangs steilem Aufstieg und leicht ausgesetztem Pfad im Abstieg.
Einkehr: Restaurant Baths of Aphrodite am Ausgangspunkt.
Kombi-Tipp: An der Quelle Kefalovrisia kann die Rundwanderung auf dem Smigies Trail angeschlossen werden.

Vom Parkplatz an den **Bädern der Aphrodite** ❶ gehen wir neben dem Souvenirkiosk durch das große Eingangstor in den Botanischen Garten hinein (frei zugänglich); rechts haltend bringt uns ein gepflasterter Weg nach 150 m zum legendären Bad der Liebesgöttin. Direkt vor dem Tümpel folgen wir dem Schild »Nature Trail«. Wir queren das Bachbett des Argaki tou Pyrgou und verlassen durch eine kleine Pforte wieder den »Bäderbezirk«. Ein paar Schritte nach der Pforte treffen wir auf den staubigen Küstenfahrweg zum Kap Arnaoutis. Unmittelbar bevor der Pfad auf den Küstenweg stößt, steigen wir an einer Infotafel zur Flora scharf links auf schmalem Pfad hangaufwärts. Gut 100 m darauf gehen wir an einer Gabelung wiederum links. Nach einem Rechtsknick erlaubt eine Sitzbank unter einer jungen Kiefer eine wunderbare Aussicht auf den Golf von Chrysochou und die im Frühjahr sattgrünen Wiesen eines direkt unter uns liegenden Wohnmobilplatzes.

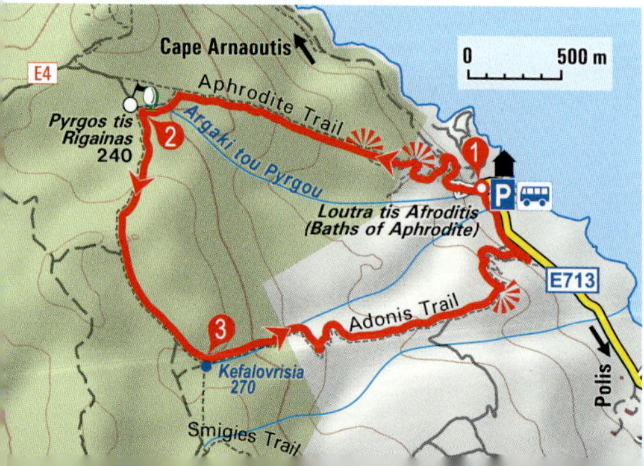

Nach einem kleinen Plateau steigen wir auf steinigem Pfad und teils über Felsplatten in einer langen Geraden durch ein lichtes Kiefern-Wacholder-Wäldchen den Südosthang des Moutti tis Sotiras auf. Ein links einmündender Weg wird passiert, eine Viertelstunde darauf kommt eine weitere aussichtsreiche Sitzbank wie gerufen. Der größte Teil des Anstiegs auf dem ruppigen Pfad liegt nun hinter uns. Etwa 5 Min. nach einem durch einen Zaun geschützten kleinen Areal für das endemische Zyprische Brandkraut (*Flomis cypria*) gehen wir nicht geradeaus weiter auf den Tafelberg zu, sondern links (die Stelle wird leicht überlaufen!) und erreichen 3 Min. später an einer mächtigen Galleiche (*Quercus infectoria*) **Pyrgos tis Rigainas** ❷, 240 m. Unterhalb der Ruine des mittelalterlichen Klosters, genau rechts neben dem Brunnen hinter einer riesigen Galleiche, zeigt ein Schild »Adonis Nature Trail« den weiteren Wegverlauf an.

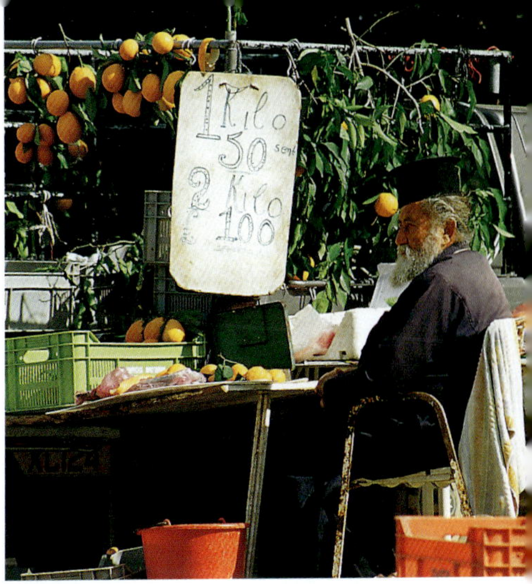

Am Beginn der Wanderwege bei den Bädern der Aphrodite kann man sich noch schnell mit Vitaminen eindecken.

Der Pfad steigt nun durch einen von Erdbeerbäumen durchmischten lichten Wacholderwald bald recht kräftig zu einem **Kamm**, 335 m, auf. Auf der anderen Kammseite mündet der Pfad in einen Forstweg, dem wir links abwärts folgen. Rechter Hand liegt ein Wäldchen mit Kalabrischen Kiefern. Nach knapp 10 Min. wird der Forstweg wieder links in einen Pfad verlassen. Dieser bringt uns zur Quelle **Kefalovrisia** ❸, 270 m. An der ausgeschilderten Kreuzung mit zwei Sitzbänken könnte man geradeaus auf dem Smigies Trail weiterwandern. Wir gehen jedoch an dem Brunnen links abwärts auf dem Adonis Trail weiter. Der Pfad führt an einem ausgetrockneten Bachlauf durch ein schönes Tal, am Wegrand blühen im Frühjahr das Zyprische Alpenveilchen (*Cyclamen cyprium*) und andere Wildblumen. Während des Abstiegs ignorieren wir alle links und rechts abgehenden Wege. An einem **Aussichtspunkt** mit einer Bank können wir bereits den Ausgangspunkt der Tour, den Parkplatz an den Bädern der Aphrodite, sehen. Eine Viertelstunde darauf mündet der Weg in die E 713, auf der wir links zu den **Bädern der Aphrodite** ❶ zurückkommen.

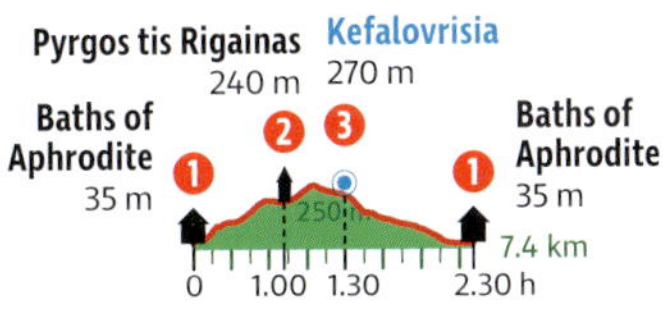

↗ 440 m | ↘ 440 m | 20.3 km

3 Von den Bädern der Aphrodite zum Kap Arnaoutis

5.30 h

Zur Liebesquelle in den nordwestlichsten Inselzipfel

Der lange Küstenweg ist der einzige Zugang zum Kap Arnaoutis an der Nordwestspitze der unbewohnten Halbinsel Akamas. An dem abgelegenen rauen Flecken brechen sich die von Westen mitunter ungestüm heranrollenden Wellen, doch auf dem Weg dahin gibt es tolle Badeplätze und wunderbare Ausblicke auf die von glasklaren Buchten und Landzungen gegliederte Küste. Die im Mythos erwähnte »Liebesquelle« auf halbem Weg zum Kap mag allerdings enttäuschen. Aufpassen sollte man trotzdem, denn dem Wasser werden wundersame Dinge nachgesagt: Jeder, der es trinkt, verliebt sich augenblicklich in die nächste Person, die er trifft. Einziger Wermutstropfen der Tour: Der staubige Fahrweg bis Fontana Amorosa wird in der Hauptsaison viel von Jeeps und Quads befahren.

Ausgangspunkt: Parkplatz an den Baths of Aphrodite, 35 m. Mit dem Pkw oder Taxi von Polis über Latsi nach Baths of Aphrodite. Von Polis aus fährt im Sommerhalbjahr Mo.–Fr. (Sa./So. ganzjährig) der Linienbus 622 im Stundentakt zu den Bädern der Aphrodite.
Anforderungen: Bequeme Wanderung auf breiten Wegen, doch lang und ohne Schatten. Für den Abstecher am Kap sollten Sie trittsicher sein. Badesachen, Sonnenschutz und ausreichend Trinkwasser mitnehmen!
Einkehr: Unterwegs keine, Restaurant Baths of Aphrodite am Ausgangspunkt (schöne Terrasse, mittelmäßige Küche).
Tipp: Um dem Allradverkehr (der teils ruppige Fahrweg ist im normalen Pkw nicht befahrbar) nach Fontana Amorosa zumindest auf dem Hinweg auszuweichen, empfiehlt es sich, möglichst früh aufzubrechen.

Am **Parkplatz** ❶ an den **Bädern der Aphrodite** geht am Souvenirkiosk die Straße in eine ungeteerte Piste über, ein Schild weist in Richtung »Fontana Amorosa«. Der Weg verläuft oberhalb von einem Wohnmobilpark durch Johannisbrotbäume und steigt zunächst auf 40 bis 60 m Höhe an. Immer auf dem Hauptweg gehend, bleiben links zwei Abzweige zum Aphrodite Trail unbeachtet. Vor uns begeistert die ausgefranste Küste: Kalkbänke schieben sich wie Finger ins Meer, dazwischen liegen türkisfarbene Badebuchten. Ein Blickfang sind erodierte Felstürme und die Vogelinsel Agios Georgios. Links über uns thront das schroff abfallende, felsige Gipfelplateau des Moutti tis Sotiras, 370 m.
Nach etwa 45 Min. flacht die Halbinsel ab. Auf einem Pfad kann zu einem sichelförmigen **Kieselstrand** ❷ abgestiegen werden. Mindestens ebenso reizvoll ist 20 Min. darauf der kurze Abstecher zur nur 50 m entfernten sandigen Minibucht **Blue Lagoon** ❸, mit einem von Felsen gerahmten Sandstrand. Nach gut anderthalb Stunden signalisiert eine weit geschwungene Bucht mit dem vorgelagerten Inselchen Khamili, dass es nach **Fontana**

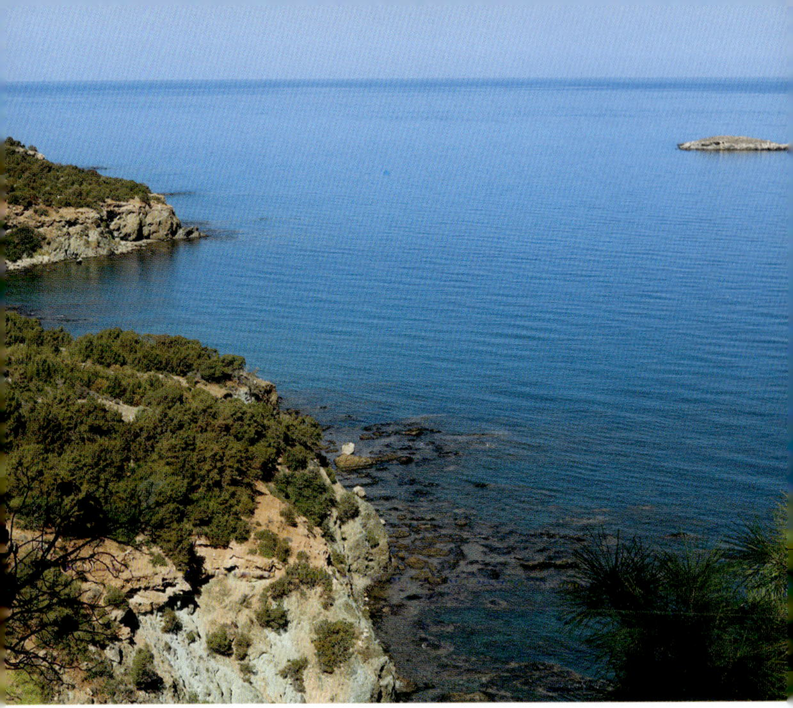

Felsige Buchten am Weg zum Kap Arnaoutis.

Amorosa ❹ nicht mehr weit ist. Von der Liebesquelle ist allerdings bis auf eine Infotafel nichts zu sehen.
Kurz nach Fontana Amorosa wird ein zu einem kleinen Schrein rechts abgehender Weg passiert. Ein Warnschild »Danger« weist auf Militärgebiet hin. Der rotbraune Weg bringt uns in die nächste Bucht, in der rostige Wrackteile eines schon vor Jahrzehnten gestrandeten Frachters am Ufersaum liegen. Es geht weiter durch von Wacholder und stachliger Kugelbuschvegetation befestigte Dünen. Kurz vor unserem Ziel steht ein weiterer Schrein, 5 Min. darauf bringt uns die Piste am **Kap Arnaoutis** ❺ zu einem felsigen

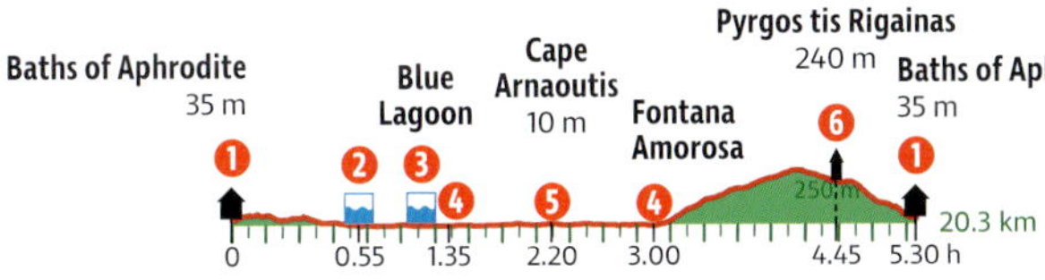

Hügel mit einem meterhohen Steinmann. Als Zugabe für schwindelfreie und trittsichere Wanderer lohnt vom Kap Arnaoutis ein **Abstecher** über die gezackte Abbruchkante der Kliffküste (hin und zurück etwa 40 Min.). Weglos geht es auf ein hoch auf einem Bergrücken liegendes allein stehendes Haus zu. Auf halber Höhe bietet sich ein imposantes Panorama auf die von bizarren Buchten gegliederte wildromantische Westküste.

Vom Kap Arnaoutis folgen wir dem vom Hinweg bekannten Weg zurück zur **Fontana Amorosa** ❹. Etwa 75 m nach der Infotafel verlassen wir den Küstenweg nach rechts (E4-Schild) und gehen gut 20 m darauf links. Nach einer großen **Ziegenfarm** zieht der Weg geradeaus weiter als erodierte Piste durch eine lichte Wacholder-Kiefern-Vegetation aufwärts. Nach 25 Min. wird ein Linksabzweig passiert, 10 Min. später auf einem Bergrücken ein ausgeschildertes **Wegdreieck** erreicht. Während der E4 geradeaus in Richtung Pegeia weiterläuft, wandern wir links in Richtung Neo Chorio. Bald auf 300 m Höhe genießen wir nun prächtige Rückblicke auf das Kap. Wir bleiben auf dem Hauptweg, der in einer Schleife auf den Moutti tis Sotiras zuhält. Mit seinem geräumigen Gipfelplateau sieht dieser wie ein Tafelberg aus. An einem weiteren Wegdreieck treffen wir wieder auf den E4 und gehen links über eine Kuppe, nach der sich der Blick wieder auf den vor uns liegenden Golf von Chrysochou öffnet.

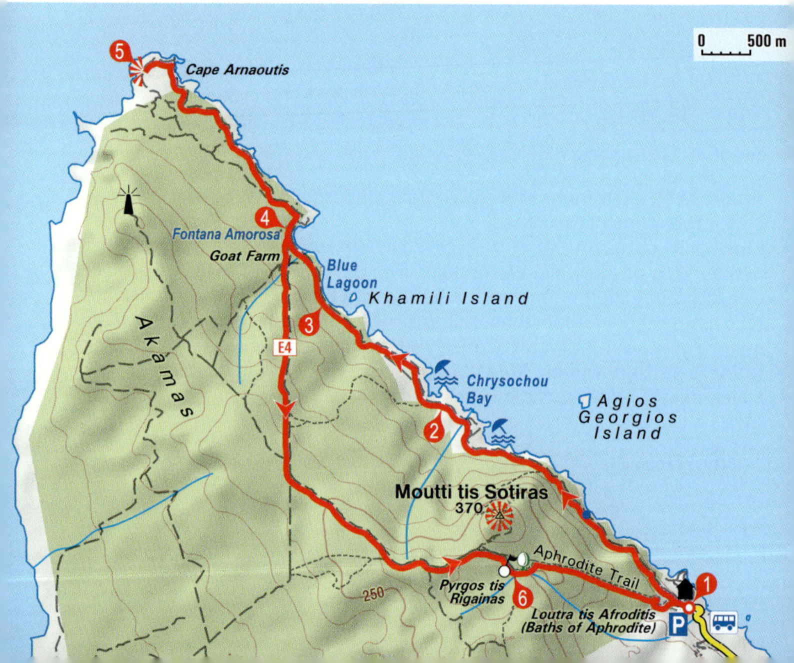

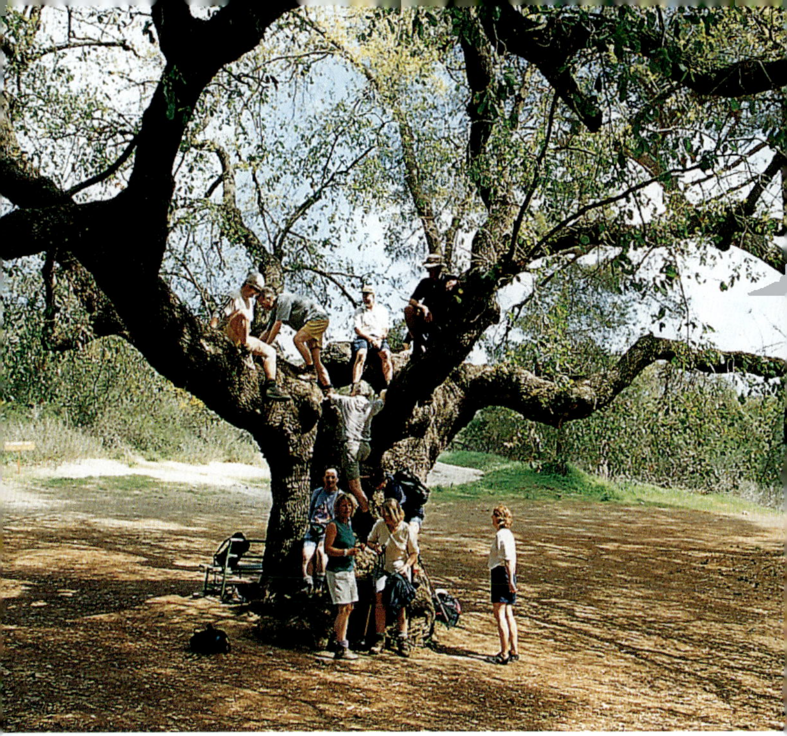

Die Eiche von Pyrgos tis Rigainas kann eine ganze Wandergruppe aufnehmen.

10 Min. nach dem letzten Wegdreieck lässt man einen links zum Moutti tis Sotiras hinauflaufenden Weg unbeachtet, 100 m darauf wird der Aphrodite Trail erreicht, der ebenfalls links zum Moutti zieht. Sofern wir keinen Abstecher auf den Berg machen wollen, bleiben wir auf der Staubstraße. Am Wegrand machen nun Schilder mit der Vegetation bekannt, u. a. finden sich hier Ginster, Johannisbrot- und Mastixbäume.

An der nächsten Verzweigung halten wir uns rechts und erreichen kurz darauf die bescheidenen Reste des Klosters **Pyrgos tis Rigainas** 6. Ein paar Schritte unterhalb der Klosterruine folgen wir vor der großen Galleiche mit Sitzbank links weiter dem Aphrodite Trail, der bald aussichtsreich in einer langen Geraden zu den Bädern der Aphrodite hinabführt und in Höhe des Wohnmobilparks wieder auf den Küstenweg trifft, der uns zum **Parkplatz** 1 an den **Bädern der Aphrodite** bringt. Wer noch einen Schlenker zu den Bädern machen will, folgt dem Pfad rechts und erreicht nach 40 m die romantische Gumpe.

↗ 240 m | ↘ 240 m | 7.4 km

4 Smigies Trail

2.10 h

Die Naturlehrpfade am Picknickplatz Smigies

Der mit Grillstellen, Wasseranschluss, Spielplatz und WC voll erschlossene Picknickplatz liegt in einer Senke zwischen den jeweils gut 400 m hohen Hügelkuppen von Smigies und Pissouromoutti. An Sommerwochenenden ist der Rastplatz in dem schattigen Kiefernwäldchen ein beliebtes Ausflugsziel der Zyprer. Direkt am Picknickplatz beginnen zwei reizvolle Naturlehrpfade.

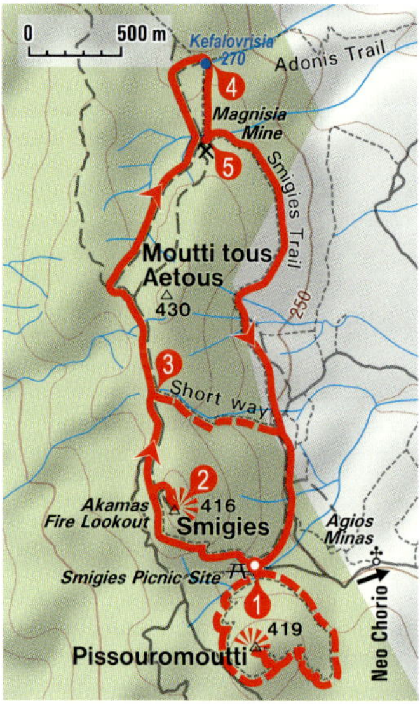

Ausgangspunkt: Smigies Picnic Site, 270 m. Von Polis fährt man mit dem Pkw oder Taxi über Latsi in Richtung Baths of Aphrodite und hält sich 4 km davor geradeaus nach Neo Chorio. Auf der Umgehungsstraße lässt man den Ort links liegen und hält sich in Richtung Smigies Excursion Area. Nach einer Kapelle geht das Sträßchen in einen unbefestigten Fahrweg über, auf dem nach 700 m der Picknickplatz erreicht wird.
Anforderungen: Schmale, gut begehbare und mit Pfeilen markierte Pfade und Waldwege.
Einkehr: Alexis Coffee Shop an der Dorfstraße in Neo Chorio, mit leckeren kleinen Gerichten und idyllischer Terrasse nach hinten hinaus.
Variante: An dem Betonweg oberhalb der Grillhütte am Picknickplatz Smigies beginnt an einer Infotafel ein Pfad auf den aussichtsreichen Gipfel des Pissouromoutti, 419 m. Die Gehzeit beträgt insgesamt 40 Min., der Höhenunterschied 150 m.

Der längere der beiden Trails beginnt an der Infotafel an der Nordseite des **Smigies Picnic Site ❶**. Von dort nehmen wir einen gut ausgebauten Pfad, der sich aus dem Wäldchen heraus und dann im Zickzack die Flanke des Smigies hinaufschlängelt. Zistrosen, Phönizischer Wacholder und Kleinfrüchtiger Affodill säumen den Weg. Zunächst blicken wir auf die Chrysochou-Bucht und dann auf die Westküste von Akamas.
Nach gut 15 Min. trifft der Pfad auf eine Schotterpiste, rechts empfiehlt sich ein kurzer Abstecher zum **Akamas Fire Lookout** auf dem **Smigies ❷**, 416 m. Brandausguck, Sendemast und Gipfel sind zwar eingezäunt, doch ein überdachter Pavillon bietet sich zumindest für eine kurze Pause an.

Wieder zurück am Abzweig gehen wir 500 m danach an der Gabelung geradeaus weiter. Bei einem **Holzschild** 3 (»Short way«) ließe sich der Rundweg abkürzen und in einer halben Stunde zurück zum Picknickplatz wandern. Wir gehen geradeaus (»Long way«) und knapp 10 Min. darauf an einer weiteren Verzweigung links auf dem Hauptweg weiter. An der Gabelung knapp 150 m danach nehmen wir den rechten Weg abwärts und halten uns 10 Min. später, kurz nach einem verfallenen Haus, links bergab. Durch vom Wind gebeutelte Kiefern können wir rechts den turmartigen Hochofen einer aufgelassenen Magnesiummine ausmachen, an der wir nochmals auf dem Rückweg vorbeikommen werden. Nun heißt es aufgepasst: 15 m nach dem Schild Nr. 14 (Terpentinpistazie) gehen wir geradeaus. (Sofern man sich den folgenden kleinen Rundweg sparen will, geht man hier scharf rechts auf dem Pfad weiter.) An dem Wegdreieck 4 Min. darauf halten wir uns rechts und erreichen nach knapp 200 m die Quelle **Kefalovrisia** 4. (Hier könnte man geradeaus auf dem Adonis Trail zu den Bädern der Aphrodite absteigen; links kommt man nach Pyrgos tis Rigainas zum Aphrodite Trail.)

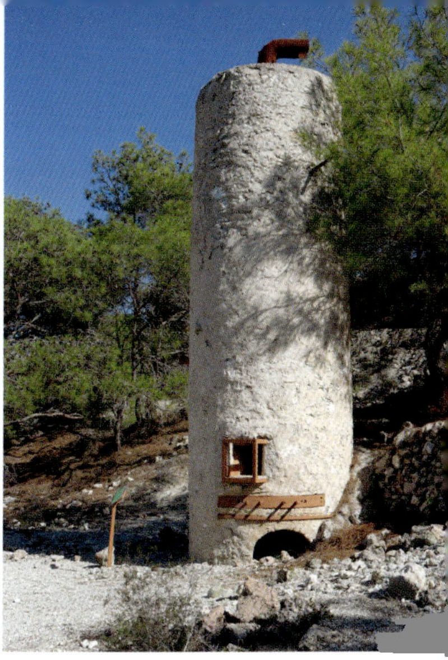

Brennofen der Magnesiummine.

An der ausgeschilderten Kreuzung an der Quelle folgen wir rechts haltend weiter dem Smigies Trail über das Trockenbett und gelangen nach gut 5 Min. wieder zu der Stelle nahe dem Schild Nr. 14. Kurz vor diesem halten wir uns nun links und kommen an der nächsten Gabelung nach gut 100 m rechts zur **Magnesiummine** 5. Neben dem Ofen kann man einen Blick in die in den Berg getriebenen Stollen werfen.

Wieder auf dem Hauptpfad zieht dieser an der Ostseite des Bergrückens entlang und erlaubt bald wieder prächtige Aussichten auf den Golf von Chrysochou. Der Pfad mündet in einen breiten Forstweg, dem wir geradeaus folgen (von rechts kommt der »Short way« herunter). An der Gabelung 5 Min. darauf gehen wir rechts genau auf den wie einen Schiffsbug vor uns stehenden Pissouromoutti zu, bis schließlich wieder der **Smigies Picnic Site** 1 erreicht ist.

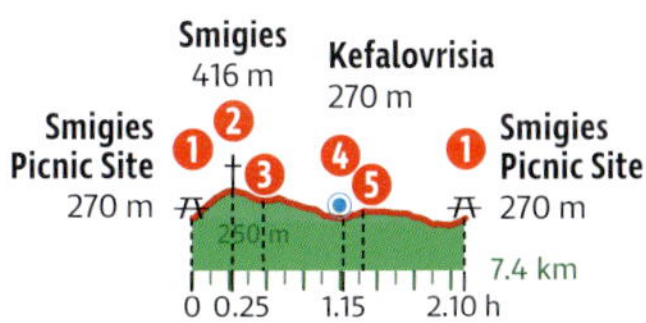

TOP

5 Avakas-Schlucht

↗ 240 m | ↘ 240 m | 8.3 km

3.30 h

Durch den imposantesten Canyon Zyperns

Der Avakas-Fluss entspringt im Kalksteinplateau von Laona. Auf seinem Weg zum Meer hat er einen tiefen Canyon in den weichen Kalkstein gegraben und die Hochebene praktisch in zwei Hälften geteilt. Die senkrecht aufragenden Wände wecken Assoziationen an andere Schluchten im Mittelmeerraum, etwa die berühmte Samaria-Schlucht auf Kreta oder den Torrent de Pareis auf Mallorca.

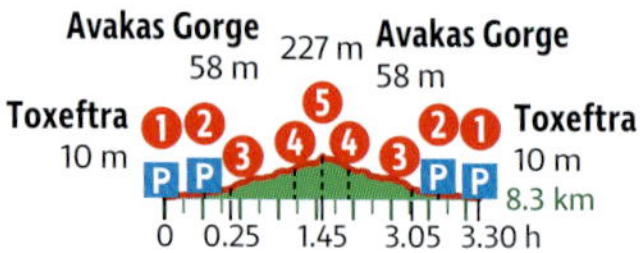

Ausgangspunkt: Parkplatz Toxeftra, 10 m. Mit dem Pkw von Pafos oder Polis kommend biegt man in Pegeia von der E 709 nach Agios Georgios ab. Dort fährt man geradeaus auf dem mit »Akamas Peninsula« ausgeschilderten Sträßchen weiter. Nach der Taverne White River geht die Straße in eine holprige Staubstraße über. Man folgt dieser noch einen weiteren Kilometer bis zum Parkplatz Toxeftra, an dem ein Felsblock für die Viklari Tavern (The last Castle) wirbt. (Alternativ kann von dem Felsblock auch zu Wegpunkt 2 gefahren werden. Dazu nimmt man die ruppige Zufahrt zur Viklari Tavern, fährt nach 0,6 km an der Gabelung am Fuß der Taverne rechts abwärts in den Talgrund und erreicht dort links haltend den Jeep-Parkplatz).
Bei guter Planung ist die Anfahrt auch mit dem Bus möglich. Von Pafos aus fährt die Linie 615 nach Coral Bay, dort weiter mit Linie 616 bis zum Akamas-Abzweig in Agios Georgios. Zusätzliche Gehzeit hin und zurück knapp 1 Std.
Anforderungen: Im steinigen Schluchtbett gilt es, viele Male auf glitschigen Steinen einen Bach zu queren, was im Frühjahr je nach Wasserstand gute Trittsicherheit erfordert. Auf kurzen Kraxeleien müssen mitunter die Hände zu Hilfe genommen werden. Vor allem nach Regenfällen herrscht erhöhte Steinschlaggefahr, zudem kann dann der Wasserstand des Avakas zu hoch sein.
Einkehr: Viklari Tavern.
Variante: Sofern man nicht wieder auf dem Weg durch die Schlucht zurückgehen will, kann die Tour auf breiten Fahrwegen zu einem langen Rundweg ausgebaut werden, für den ab den beiden Sitzbänken 5 gut 2.30 Std. veranschlagt werden müssen (Gesamtgehzeit gut 4.30 Std.). Die letzten 35 Min. verlaufen auf der mitunter stark befahrenen Staubstraße entlang der Küste. Der Weg ist nicht markiert, zahlreiche Gabelungen verlangen Aufmerksamkeit. Aus der Schlucht kommend hält man sich an den Bänken 5 leicht links und geht zunächst auf einem Feldweg durch ein breites Hochtal. 100 m nach einer Kuppe bleibt ein links abgehender Weg unbeachtet, an der nächsten Gabelung geht man links und quert ein Bachbett. Vor einer Ziegenfarm schwenkt der Weg scharf nach rechts. An der Verzweigung 5 Min. später bleibt man links haltend auf dem Hauptweg und erreicht etwa 20 Min. nach Wegpunkt 5 nach kurzem, kräftigem Anstieg die Staubstraße Kato Arodes – Lara, 310 m. Dem zunächst mehr oder weniger die Höhe haltenden Fahrweg wird links gefolgt; nach weiteren 20 Min. kommt man an einer

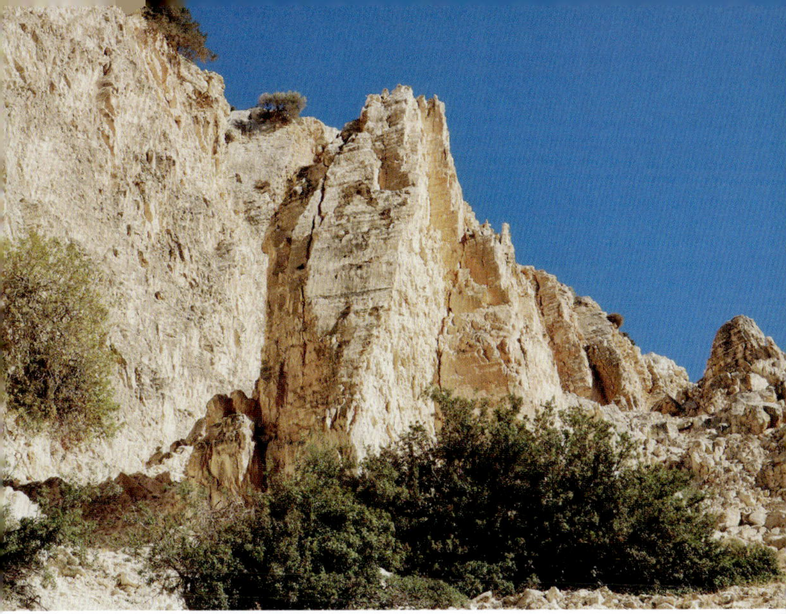

Auf halbem Weg steht ein markanter Felsturm vor der Schluchtwand.

zweiten Ziegenfarm vorbei. Das Meer nun immer vor Augen geht man knapp 5 Min. nach den Stallungen geradeaus und 3 Min. später ebenfalls geradeaus. Man bleibt nun auf der stetig abwärtsführenden Hauptpiste, bis etwa 70 Min. nach der zweiten Ziegenfarm die Küstenstraße erreicht wird (rechts möglicher Abstecher zum 0,8 km entfernten Restaurant Lara Beach). Links kommt man auf der viel befahrenen und ziemlich staubigen Küstenstraße nach einer guten halben Stunde nach Toxeftra zurück.

Am Parkplatz **Toxeftra** ❶ folgen wir dem Fahrweg landeinwärts und verlassen diesen bereits nach 20 m in einen Feldweg. Dieser quert zweimal ein Bachbett. Nach 15 Min. wird eine Piste nach links gekreuzt und knapp 100 m darauf ein **Jeep-Parkplatz** ❷, 35 m, erreicht, an dem es neben Infotafeln einen Trinkwasserbrunnen gibt. Der Parkplatz wird rechts liegen gelassen, wir gehen durch eine Schranke und wandern auf anfangs noch bequemem Weg am Ufer des Avgas Potamos entlang. Ein üppiger Galeriewald aus Platanen, Zypressen und Oleander säumt die Ufer, etliche Pflanzenarten sind auf kleinen Tafeln mit ihrem botanischen Namen ausgewiesen.
Am Eingang der **Avakas-Schlucht** ❸, 58 m, warnt ein Schild vor Steinschlag. Der Weg verengt sich nun zu einem Pfad, der etliche Male das Bachbett quert. Auch die Schlucht wird enger, das »Nadelöhr«, sprich die schmalste Stelle des Canyons, passieren wir bereits 10 Min. nach dem Ein-

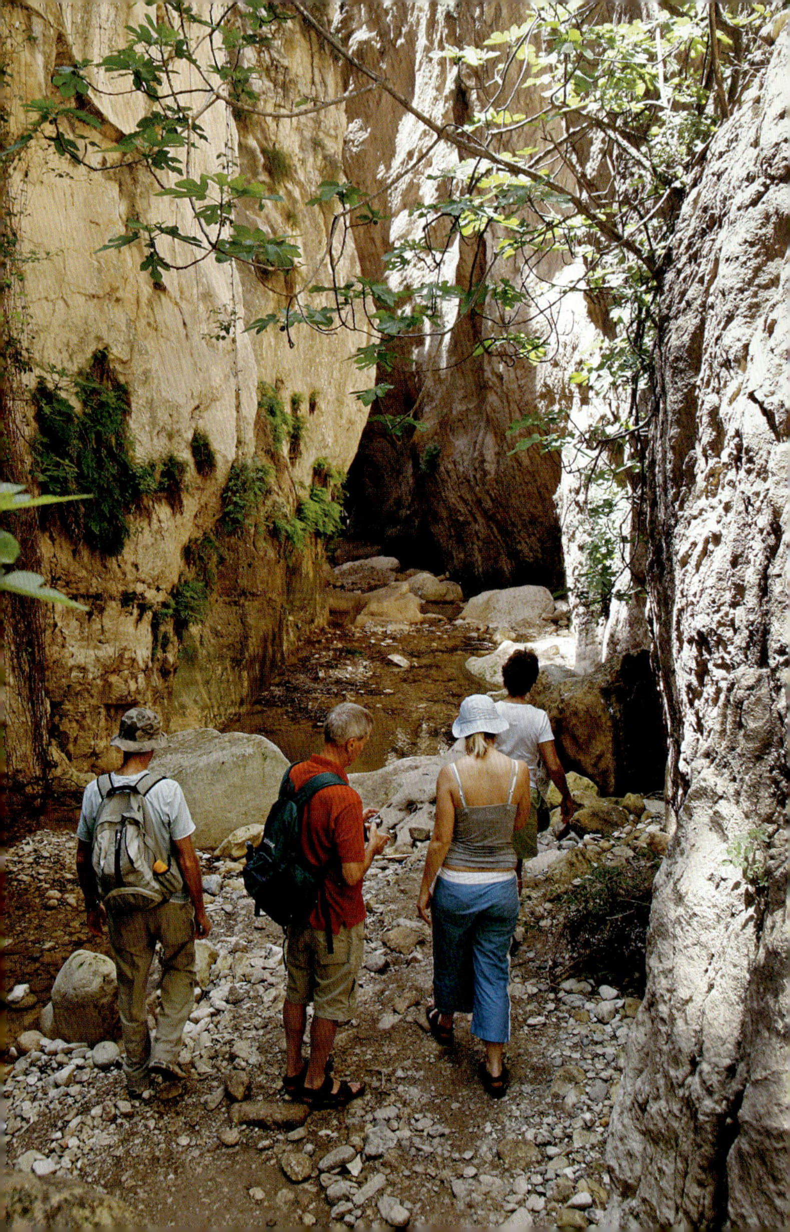

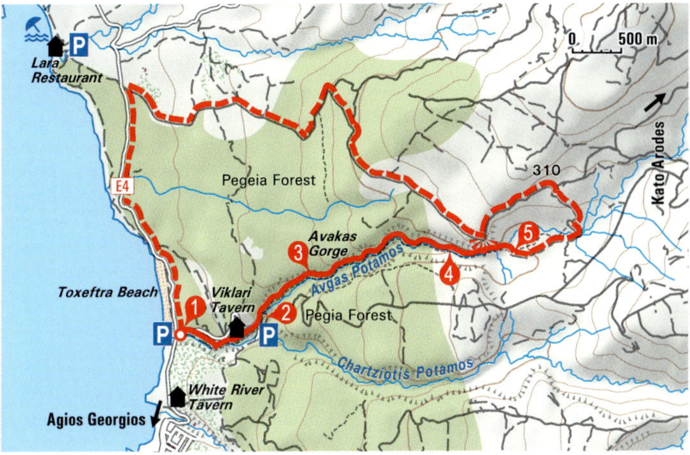

gang. Imposant ist hier ein über unseren Köpfen zwischen den Felswänden eingeklemmter kugelrunder Felsblock. Die steil aufragenden Wände stehen hier so dicht beisammen, dass nur diffuses Streulicht einfällt. Gelegentlich versperren Felsbarrieren den Weg, die überklettert werden wollen. Nach einer guten halben Stunde fällt der Blick zur Linken auf einen gut 10 m hohen markanten Felsturm. Ein Pfad ist nur noch bruchstückhaft vorhanden, wir steigen über Geröllzungen hinweg, mal geht es links, mal rechts des Bachbettes entlang, mal mitten hindurch. Etwa 10 Min. nach dem Felsturm versperrt ein an die 5 m hoher **Felsblock** den Weg. Hier steigen wir nicht rechts den steilen, gerölligen Pfad auf, sondern umgehen den Felsen an seiner linken Seite, wozu es einer kleinen Kraxelei bedarf.
Bald nimmt der Pfad wieder Konturen an. Unvermutet stoßen wir auf das **Wrack eines Lkw-Anhängers** ❹, 163 m, das schon seit Jahrzehnten vor sich hin rostet. Wie mag das Fahrzeug hierhergekommen sein? Doch wohl nur von oben! Gut 10 Min. darauf wird eine meterhohe **Vermessungssäule** mit einer aufgemalten 48 erreicht. Wir gehen von hier noch 100 m in der sich nun etwas weitenden Schlucht weiter, bis ein deutlicher Pfad auf den rechten Schluchtrand hinaufführt. Oben angekommen halten wir leicht rechts auf zwei **Sitzbänke** ❺, 227 m, unter zwei Azaroldornbäumen (*Crataegus azarolus*) zu. Sofern wir uns nicht für die Variante entscheiden, ist dies unser Umkehrpunkt von dem nach einer Rast wieder durch die Schlucht zum Parkplatz **Toxeftra** ❶ zurückgegangen wird.

Die senkrecht aufstrebenden Kalksteinwände in der Avakas-Schlucht lassen nur einen engen Durchschlupf offen.

↗ 60 m | ↘ 60 m | 6.5 km

6 Lara Beach

1.50 h

Über ein verkarstetes Küstenplateau zum Schildkrötenstrand

Wer beim Landeanflug nach Pafos auf der richtigen Seite im Flieger sitzt, gewinnt bereits einen ersten Eindruck von der exponiert ins Meer geschobenen Halbinsel Akrotiri. Auch während des Abstiegs von der Laona-Ebene zeigt sich der menschenleere Küstenstrich von seiner besten Seite. Aus der Nähe betrachtet, stellt sich das von wunderschönen Stränden eingefasste Karstplateau allerdings als eine recht ruppige Angelegenheit heraus. Doch die beiden unverbauten Strände sind traumhaft!

Ausgangspunkt: Lara Beach, 1 m. Von Pafos bzw. Polis kommend biegt man in Pegeia von der E709 nach Agios Georgios / Akamas Peninsula ab. In Agios Georgios folgt man der Ausschilderung Richtung Akamas. An einer Taverne geht der Teerbelag in eine holprige Staubstraße über, die bei vorsichtiger Fahrweise auch im normalen Pkw befahrbar ist. Man folgt dieser 3,8 km, bis links eine ausgeschilderte Piste zum Lara Restaurant führt. Parkmöglichkeit nach 0,8 km (Schild 0,5 km) am Restaurant.

Anforderungen: Obschon fast völlig flach, ist die Tour über das ruppige Karstplateau kein Spaziergang. Badesachen mitnehmen, kein Schatten.

Einkehr: Das Lara Restaurant mit luftiger Terrasse direkt über dem Strand.

Hinweis: Die beiden Strände von Lara sind Schildkrötenreservate, sie werden von der Grünen Schildkröte (*Chelonia mydas*) und der Unechten Karettschildkröte (*Caretta caretta*) zur Eiablage aufgesucht. Von Mai bis August sollte man den Gelegen nicht zu nahe kommen.

Unberührt – Lara Beach an der Westküste von Zypern.

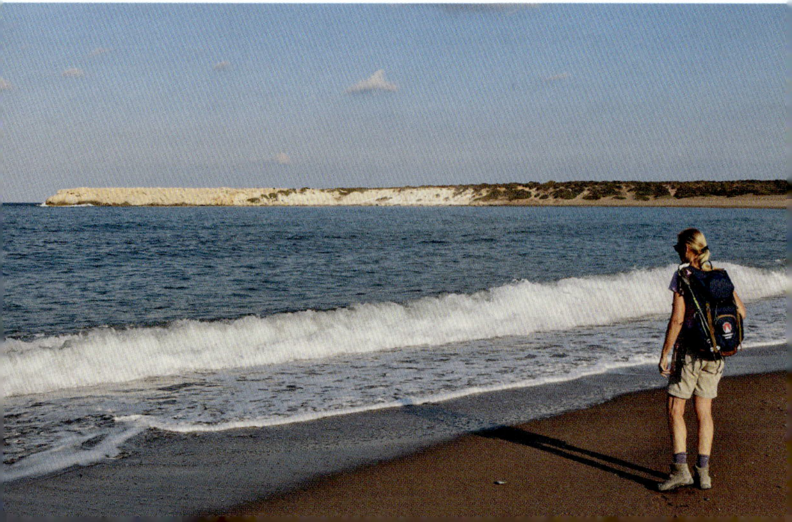

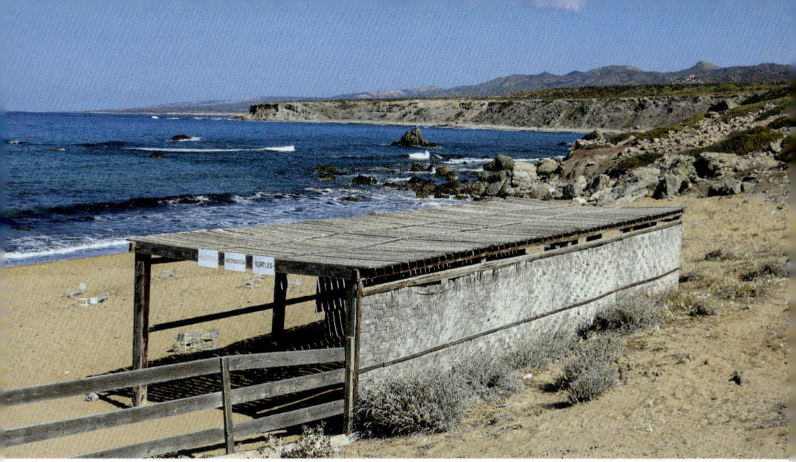

Die Schildkrötenstation am Nordstrand von Lara.

Die Wanderung beginnt an der Terrasse des Fischlokals am **Lara Beach 1**. Wir gehen die Treppe zum Strand hinab und schlendern am Spülsaum des Strandes entlang. Kleine runde Aluminiumgestänge kennzeichnen die Nistplätze von Schildkröten, man sollte sie aus gebührendem Abstand betrachten. Am nördlichen Ende der sichelförmigen Bucht führt ein erodierter Weg die Steilküste zur **Akrotiri Lara** hinauf. Auf der Halbinsel oben angekommen wenden wir uns auf einer Piste zunächst nach links und gehen an einem Hubschrauberlandeplatz vorbei zur südlichsten Spitze des verkarsteten **Kliffs 2**. In kleinen Karstmulden kristallisiert hier Meerwasser zu Salz.

Am Westrand des ausgefransten, flachen Küstenplateaus wandern wir mehr oder weniger weglos nach Norden. Wer es nicht ganz so holprig mag, findet 50 bis 75 m landeinwärts eine Fahrspur durch die anspruchslose kniehohe Igelpolstervegetation. Vom nordwestlichsten Punkt der Halbinsel öffnet sich der Blick

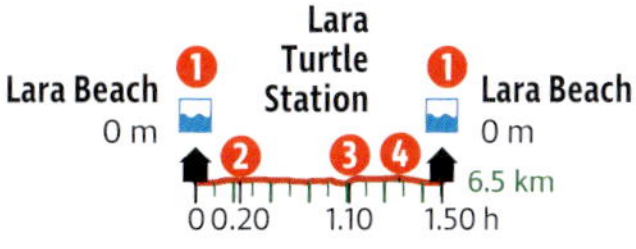

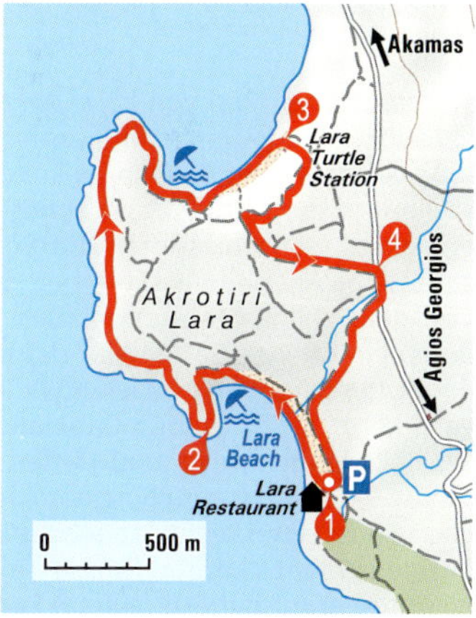

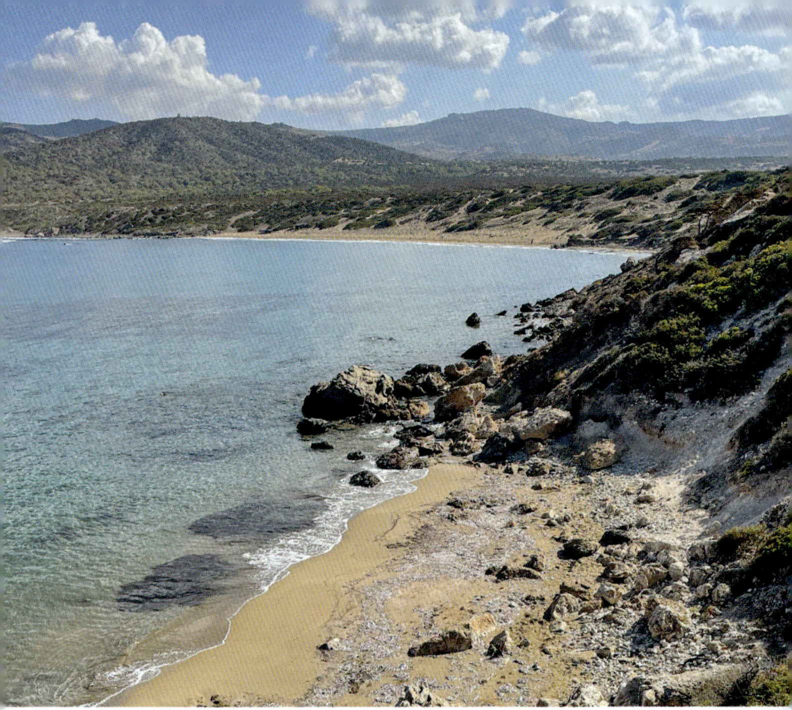

Außerhalb der Hauptsaison hat man die Badeplätze an der Halbinsel Lara oft für sich alleine.

auf den Nordstrand von Lara. Wir treffen auf eine Fahrspur, die zunächst etwa 75 m vom Klippenrand entfernt entlangführt und sich dann der Abbruchkante nähert. Auf einem links abgehenden, bald sandigen Pfad kann schließlich zum Nordstrand abgestiegen werden. Dort halten wir auf die drei etwas vernachlässigten Hütten der **Lara Turtle Station** 3 zu, in denen eine kleine Ausstellung die Arbeit des Schildkrötenprojekts dokumentiert. Von der Schildkrötenstation führt ein Bohlenweg die Böschung hinauf, durch ein offenes Gatter wird das eingezäunte Areal verlassen. Wir folgen der Piste rechts und bleiben etwa 10 Min. nahe der Einzäunung des Reservats, bis zu einer großen Gabelung mit zwei Müllcontainern. Hier gehen wir links landeinwärts und treffen nach weiteren 10 Min. auf die **Staubstraße** 4 Akamas–Agios Georgios. Wir folgen dieser rechts, passieren nach 20 m einen rechts abgehenden Weg und biegen 30 m darauf rechts in einen anfangs breiten Fahrweg ein. Durch Wiesen wandern wir in 10 Min. zu unserem Ausgangspunkt am **Lara Beach** 1 zurück.

↗ 100 m | ↘ 100 m | 6.1 km

1.50 h

Zu den Meeresgrotten von Kantarkasti

7

Beschauliche Küstentour am Kap Drepano

Ausgangspunkt der Wanderung ist die neobyzantinische Kirche Agios Georgios am Kap Drepano, einem flachen Landvorsprung an der Westküste. Die dem Schutzheiligen der Hirten geweihte Wallfahrtskirche ist wegen der Votivgaben aus Wachs sehenswert. Die Route führt an einem von Wasser und Wind bizarr geformten Küstenstrich entlang. Die Meeresgrotten am Ziel der Wanderung scheinen wie von Menschenhand in die Steilküste geschlagen zu sein. Nur schade, dass die bis noch vor wenigen Jahren unberührte Küste immer mehr von Villen in Beschlag genommen wird.

Ausgangspunkt: Agios Georgios, 25 m. Mit dem Bus fährt man von Pafos mit der Linie 615 nach Coral Bay, von dort weiter mit der Linie 616 zur Kirche Agios Georgios. Autofahrer parken direkt an der Kirche.

Anforderungen: Die Tour verläuft überwiegend auf kaum befahrenen Straßen und Kieselsteinwegen, ein Pfad durch die Klippen erfordert etwas Trittsicherheit. Kein Schatten! Badesachen mitnehmen.

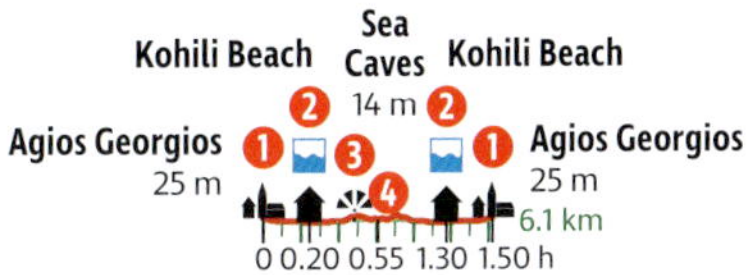

Einkehr: Restaurant und Kiosk an der Kirche Agios Georgios; unterwegs die zum 5-Sterne-Hotel Cap St Georges gehörende Strandbar Kohili (etwas teurer, doch der Frappé ist sehr lecker).

Die Wanderung beginnt an der Kirche Agios Georgios am Kap Drepano.

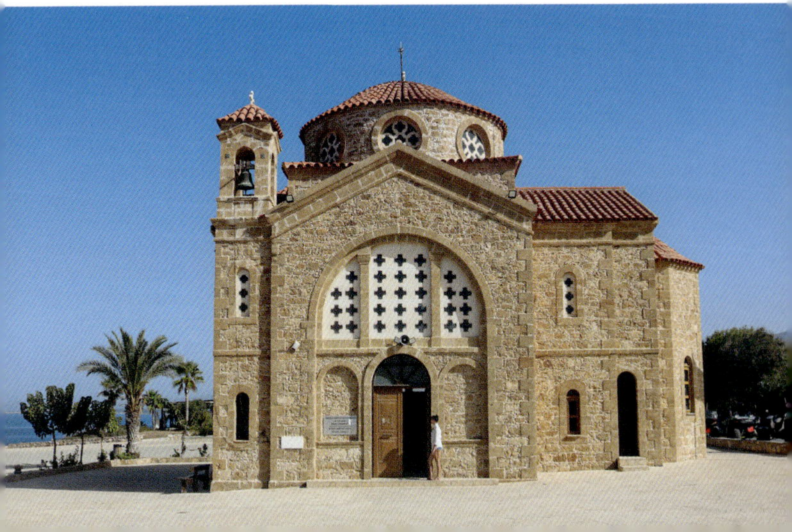

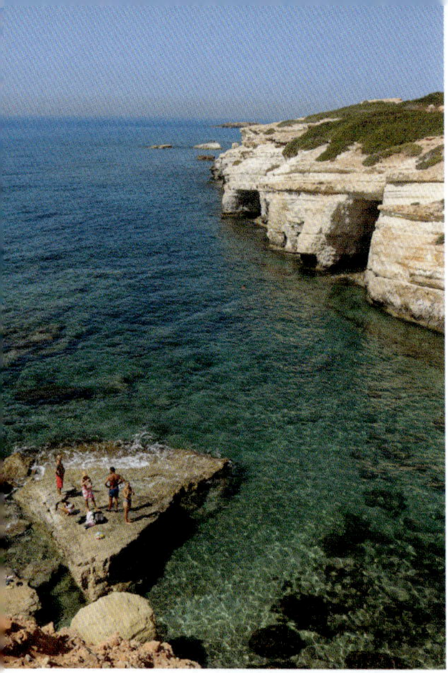

Der Badefelsen vor den Meeresgrotten.

Vom Parkplatz und der Bushaltestelle an der Kirche **Agios Georgios ❶** folgen wir der Hafenzufahrt abwärts und schauen dabei auf den durch eine Mole geschützten kleinen Strand hinab. Nach 200 m verlassen wir die Straße in einer scharfen Rechtskehre links in einen mit Kieseln ausgelegten schmalen Weg. Dieser zieht etwas oberhalb der Küste entlang und erlaubt einen reizvollen Ausblick auf die vorgelagerte Felseninsel Geronisos. Wer im Herbst unterwegs ist, mag kaum glauben, dass im Frühjahr die Wiesen von einem bunten Wildblumenflor überzogen sind.

Der Weg mündet nach gut 10 Min. vor einer Villenkolonie auf ein Sträßchen, dem geradeaus gefolgt wird. An einem Kreisverkehr mit einem Olivenbaum in der Mitte gehen wir ebenfalls geradeaus, bis die Straße nach 150 m links zu dem großen Hotelkomplex Cape St. Georges hinaufführt. Wir wenden uns hier nach rechts in einen mit Pollern für den Verkehr gesperrten Weg, der an prächtigen alten Olivenbäumen entlangführt (sie wurden eigens für das Luxushotel hierher verpflanzt). Nach 50 m knickt der Weg kurz vor dem Meer nach links zur Strandbar Kohili ab, von der man in wenigen Schritten zum auch Maniki Beach genannten **Kohili Beach ❷** hinabkommt. Der schmale Privatstrand des Hotels Cap St. Georges ist frei zugänglich, spätestens auf dem Rückweg sollten wir uns diesen für eine Badepause vormerken!

Von der Terrasse der Strandbar flanieren wir über den mit kleinen Flusskieseln ausgelegten Promenadenweg und schauen dabei auf das vorgelagerte Inselchen Manikis. Der Weg wird von Rosmarin- und Oleanderhecken gesäumt und schwenkt dann vor der von Kalksteinfelsen geformten Küstenlinie landeinwärts (zwischen den Felsen gibt es kleine Badestellen). An der Gabelung nach 75 m gehen wir rechts weiter und wandern unterhalb einer Villensiedlung entlang. Eine Zypressenallee und ein kleiner Olivenhain werden passiert, der Flusskieselweg geht in einen Pfad über, der leicht ansteigend durch weiße Kalkklippen führt. Mit bizarr erodierten Kalktürmchen und Felsbrücken könnte der Küstenstrich gut als Kulisse für einen Fantasyfilm herhalten. Besonders zauberhaft ist die **Aussicht ❸**, 25 m, kurz vor dem höchsten Punkt der Klippen.

Ein paar Schritte vor der Einzäunungsmauer des **Villenviertels Sea Caves** mündet der Pfad auf einen Parkplatz. An der Mauer der ersten Villa beginnt rechts an vier Pfosten ein gefliester Promenadenweg, der die Siedlung an der zum Meer gelegenen Seite umläuft. Wir befinden uns nun direkt über den **Kantarkasti-Grotten**. Doch um diese einzusehen, müssen wir noch zum nächsten Landvorsprung gehen, dessen Kalkplateau von einer roten Erdschicht abgedeckt wird. Der zuletzt steinige Weg mündet auf eine Teerstraße, der man rechts haltend am Rand der Steilküste für gut 100 m zu einer Aussicht folgt, von der sich das beste Panorama auf die **Sea Caves** ❹ ergibt. Nicht gerade ein romantischer Rastplatz, dafür mit vollem Blick auf die Meeresgrotten. Je nach Gusto kann mit etwas Trittsicherheit ausgestattet auf einem Trampelpfad zu einem Badefelsen (siehe Bild) abgestiegen werden. Nach einer Pause geht es auf demselben Weg nach **Agios Georgios** ❶ zurück.

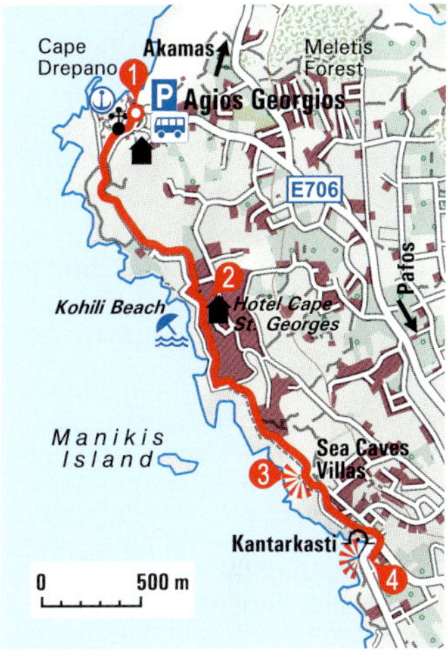

Blendend weiß – auf der Klippenküste nahe den Meeresgrotten.

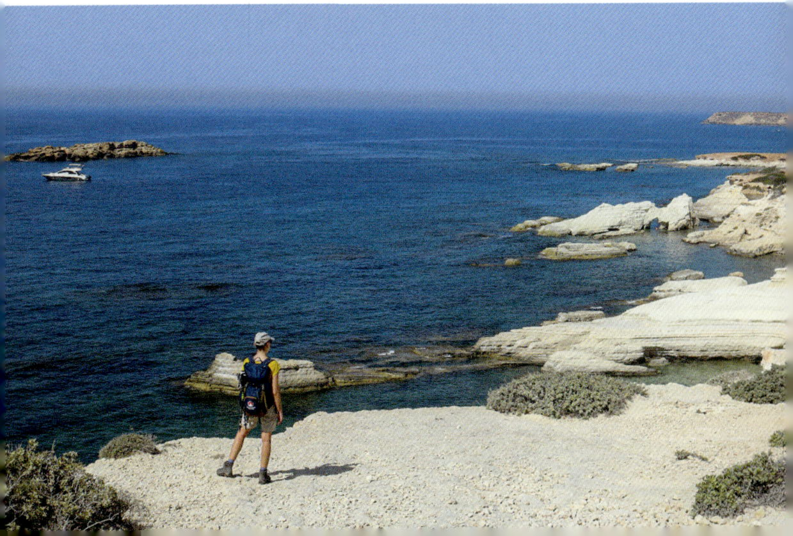

↗ 190 m | ↘ 190 m | 8.6 km

8 Staudamm Argaka

2.00 h

Kleiner Rundweg über dem Golf von Polis

Schade, wie so viele Regionen am Mittelmeer bleibt auch Zypern von Buschbränden nicht verschont. 2016 traf es die Region um den Staudamm Argaka. Die Macchie hat seither zwar wieder kräftig ausgeschlagen, im Frühling blüht es allerorten, doch die Spuren des Feuers werden noch etliche Jahre sichtbar bleiben. Dennoch ein beschaulicher Rundweg, der bislang wenig begangen wird.

Ausgangspunkt: Argaka, 150 m. Von Polis folgt man der Küstenstraße E 704 in Richtung Kato Pyrgos und biegt nach 10 km kurz nach einer EKO-Tankstelle rechts in Richtung Village Centre ab. Nach 2 km fährt man in Argaka an der Kreuzung am oberen Ortsrand geradeaus und erreicht dann 1 km danach eine rechts abgehende Erdstraße, an der man vor einem Brunnen parken kann. Keine brauchbare Busanbindung für Wanderer.
Anforderungen: Ausschließlich breite, ungeteerte Wirtschaftswege, wenig Schatten.
Einkehr: Santa Barbara Beach Bar (Tel. +357 96958290) an der E 704 nordöstlich der Ortszufahrt.

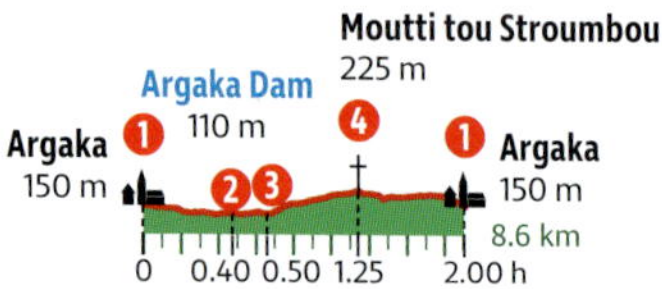

Oberhalb von **Argaka** ❶ gehen wir an dem Brunnen in eine Erdstraße hinein. Ein lichter Kiefernwald überstand hier unbeschadet das Feuer, doch schon nach gut 5 Min. werden die Spuren des Buschbrandes offensichtlich. Sofern man im Frühjahr unterwegs ist, können am Wegrand Affodill und der Kopfige Thymian entdeckt werden, im Herbst zeigen sich die meterhohen Blütenkerzen der Meerzwiebel. Auch die eine oder andere Mittelmeerzypresse überlebte den Brand, die Erdstraße fungierte hier als Feuerschneise.

Der Weg senkt sich in ein Tal ab, an einer Gabelung gehen wir links und erreichen kurz darauf die **Staumauer Argaka** ❷, 110 m. Dort gibt es einen Pavillon mit Sitzbank, von der sich ein reizvoller Ausblick über das tiefblaue Wasser des lang gestreckten Stausees öffnet.

Die Erdstraße führt am linken (nördlichen) Ufer zu einer weiteren Bank und erreicht ein paar Minuten später, kurz vor der südöstlichsten Seespitze, die Flurbezeichnung **Kaminia** ❸, 110 m, an der sich der Weg gabelt. Auf einer Tafel sind hier alle Pflanzenarten gelistet, die am Naturlehrpfad zu sehen sind bzw. vor dem Feuer zu sehen waren. In Kaminia gehen wir nun links weiter und steigen auf der Piste relativ kräftig hangaufwärts, wobei sich

Dreimal blau! Hinter dem Stausee zeigen sich Meer und Himmel.

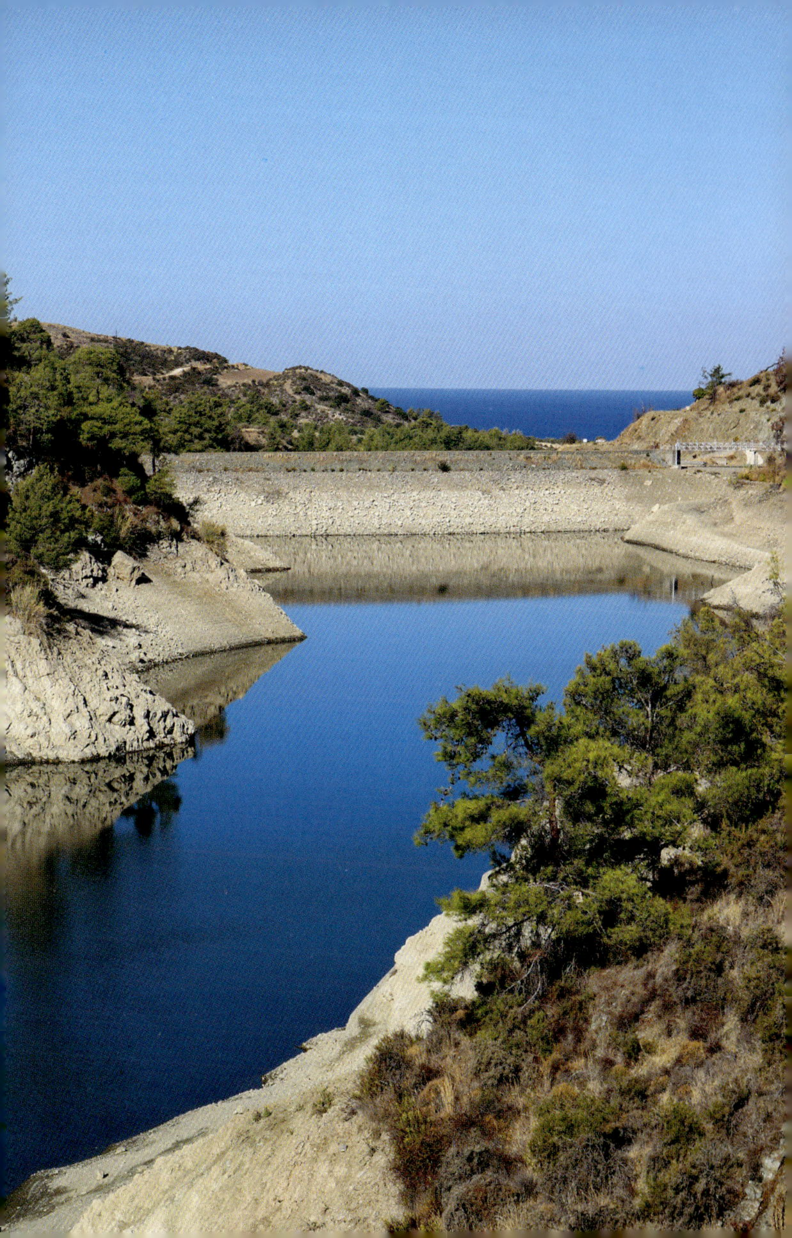

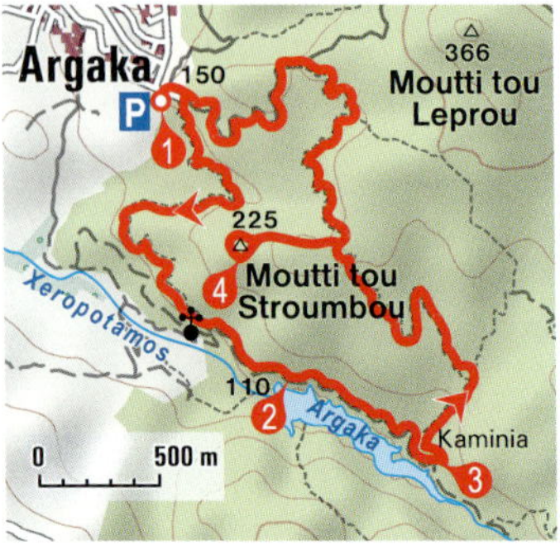

abermals eine tolle Aussicht über die Staumauer und hinter dieser bis zum Meer ergibt.

Auf der Hauptpiste bleibend, wird ein links abzweigender, erodierter Erdweg passiert, etwa 200 m danach gehen wir an einer Verzweigung scharf links weiter. Wir kommen durch einen Sattel und schauen vor uns auf eine Hügelkuppe, auf der ein weiterer Pavillon steht. Sofern wir zu diesem hinauf wollen, gehen wir an einem Brunnen links und stehen dann gut 5 Min. später auf dem **Moutti tou Stroumbou** ❹, 225 m. Der kleine Abstecher zu dem schattigen Rastplatz wird mit einer feinen Aussicht auf den Golf von Polis und die Akamas-Halbinsel belohnt.

Wieder an der Gabelung am Brunnen folgen wir dem Hauptweg weiter abwärts, gehen nach leichtem Auf und Ab an einer großen Gabelung geradeaus und an der folgenden Kreuzung ebenfalls geradeaus, bis schließlich wieder der Brunnen oberhalb von **Argaka** ❶ erreicht wird.

Der Pavillon auf dem Moutti tou Stroumbou verspricht eine aussichtsreiche Pause.

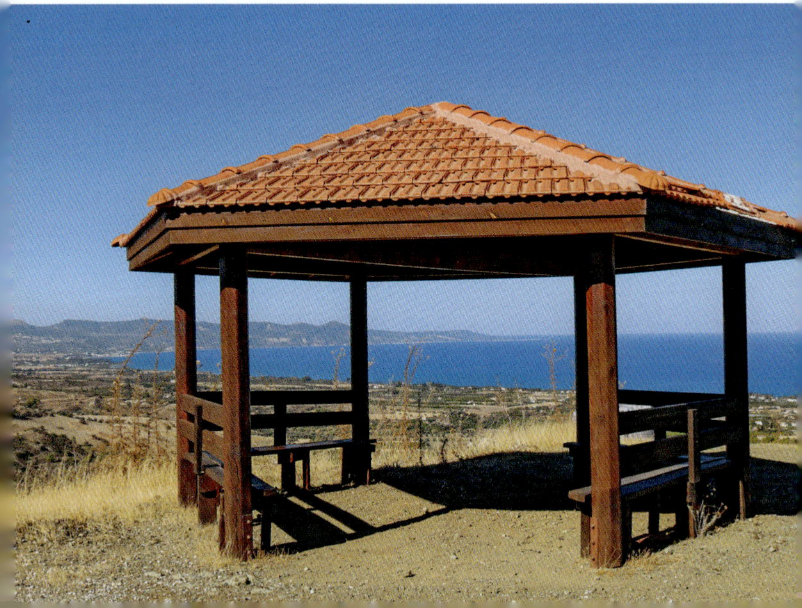

↗ 280 m | ↘ 280 m | 9.5 km

2.40 h

Gialia Trail 9

Talwanderung im stillen Hinterland von Polis

Die nördlichste Wanderung, die Sie in Südzypern machen können! Der reizvolle Naturlehrpfad führt durch das Flusstal der Gialia, in dem es früher einen schmalen Kanal gab, mit dessen Wasser mehrere Mühlen angetrieben wurden. Beste Zeit für den kurzweiligen Rundweg ist der Frühling, doch auch im Herbst entfaltet das vornehmlich mit Kalabrischen Kiefern und Platanen begrünte Tal seinen Reiz. Ein lohnender Abstecher führt zu einer georgischen Klosterruine.

Ausgangspunkt: Wanderparkplatz Gialia, 110 m. Von Polis folgt man der Küstenstraße E 704 in Richtung Kato Pyrgos und biegt vor dem Ortseingangsschild Agia Marina rechts in die F 739 nach Gialia ab. 600 m nach Val's Place hält man sich rechts in Richtung Monastery Chrysogialiotissa (links geht es zum Restaurant Mylos) und erreicht 1 km darauf den kleinen Parkplatz mit Wandertafel. Ab Busterminal Polis mit Linie 643 A nach Gialia (Sa. 2-mal täglich, an den übrigen Tagen keine brauchbare Verbindung für Wanderer). Der Bus hält an der Hauptstraße E 704, von dort sind es auf der kaum befahrenen Straße 2,3 km bis zum Beginn des Rundwegs.
Anforderungen: Gut markierter Rundweg, der erste Teil auf einem naturnahen Pfad, der Rückweg überwiegend auf breiten Wirtschaftswegen. Bis auf einen kurzen, steilen Anstieg zu Beginn keine längeren An- und Abstiege. Nach Niederschlägen im Frühjahr müssen eventuell bei der Querung des Gialia-Flusses die Schuhe ausgezogen werden. Schattiger Hinweg, viel Sonne auf dem Rückweg.
Variante: Wer sich für Kirchengeschichte interessiert, sollte den Abstecher zur georgischen Klosterruine Panagia Chrysogialiotissa einplanen (hin und zurück 1 Std.). Das auch Heilige Gottesmutter von Gialia genannte Kloster wurde zwischen 970 und 979 vom georgischen König David Kuropalates (ca. 930–1001) errichtet. Es war ein bedeutendes Bildungszentrum und galt als eines der reichsten Klöster Zyperns. Von Erdbeben mehrfach stark beschädigt, wurden die Ruinen 2006–2010 freigelegt und mit einem schützenden Dach überzogen. Interessant ist auch die Kirche Agios Nikolaos, sie steht 200 m nordöstlich von der Klosterruine. Autofahrer, die vom Wegpunkt ❸ nicht zu Fuß zu dem archäologischen Bezirk gehen möchten, können nach der Rückkehr zum Wanderparkplatz auch den Wagen nehmen (die Staubstraße ist mit einem normalen Pkw befahrbar).
Einkehr: Taverne Mylos (Tel. +357 26342676) und Val's Place (valsplacecyprus.com, Tel. +357 96511179).

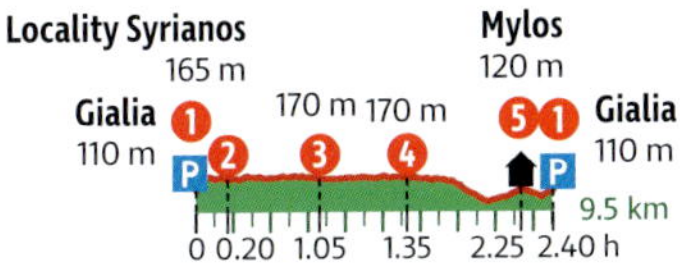

Vom Parkplatz in **Gialia** ❶ steigen wir neben der Wandertafel den mit Rundhölzern gestuften Wanderweg aufwärts. Der Pfad führt ein Seitental hinauf durch einen lichten Mischwald aus Kalabrischen Kiefern mit einge-

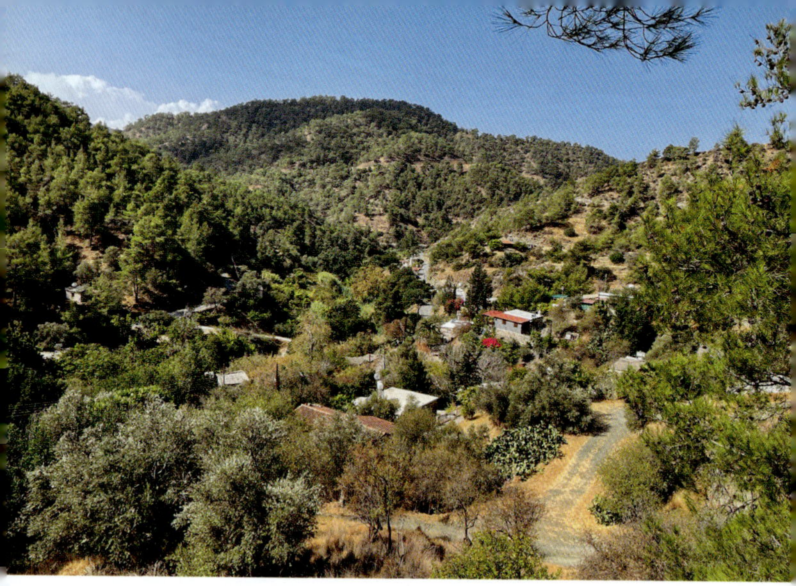

Immergrüne Hügellandschaft über dem Tal von Gialia.

streuten Storax- und Kreuzdornsträuchern. Kurz nach einer ersten Sitzbank ist bereits das steilste Stück des Rundwegs geschafft. Von einer weiteren Bank schaut man zu einem in einer großen Brandschneise gelegenen Pavillon auf der anderen Talseite, an dem wir auf dem Rückweg vorbeikommen werden.

Der schöne Höhenweg führt ein gutes Stück über dem Talgrund entlang. An der **Locality Syrianos** ❷, 165 m, treffen wir auf einen breiten Waldweg, dem wir rechts folgen. Etwa 100 m weiter setzt sich der Naturpfad fort und quert kurz darauf einen Forstweg. Nach einer Brandschneise können wir ein Stück eines alten Wasserkanals sehen, der ursprünglich den ganzen Weg begleitete, heute jedoch größtenteils zugeschüttet ist – Wanderfreunde, die die portugiesische Insel Madeira kennen, fühlen sich an eine Levada erinnert.

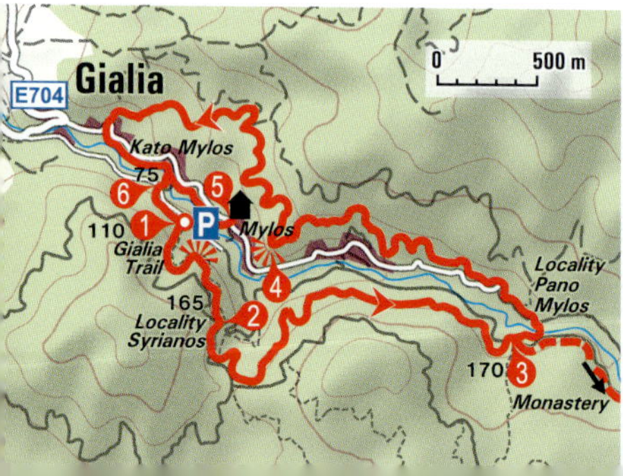

Eine weitere Brandschneise wird gequert, danach mündet der Pfad in die vom Tal heraufkommende **Staubstraße** ❸, 170 m. Die Straße führt zum

Kloster Chrysogialiotissa (Variante), wir queren sie an einer Infotafel und kommen auf einem Karrenweg sogleich an einem kleinen Wasserdepot vorbei und gehen dann zur betonierten Furt am **Gialia-Fluss**, 170 m, hinab. Nach dem Fluss steigt der Karrenweg zur **Locality Pano Mylos** auf, von der Wassermühle ist allerdings nichts mehr zu sehen. Der Weg mündet etwa 250 m darauf am Ortsschild Pano Gialia in eine Teerstraße, die auf der nördlichen Talseite talauswärts führt. Die Straße verlassen wir nach 100 m an einem Haus mit Flachdach nach rechts in einen Schotterweg.

Nach Ausblicken auf die im Tal verstreuten Häuser des Weilers Gialia wird schließlich der auf dem Hinweg gesichtete **Pavillon** ❹, 170 m, erreicht, von dem der Blick über den Talausgang bis hin zum Meer reicht.

Knapp 20 Min. nach dem Pavillon verlassen wir in einer scharfen Linkskehre den Schotterweg in einen schmalen Pfad (Wanderschild). Die ersten Meter führen gestuft durch schattigen Kiefernwald an einem trockenen Bachtal entlang abwärts. Wir kommen über eine weitere Brandschneise. Ein aufwärts führender Weg wird passiert, es geht abermals über eine Brandschneise, wenig später mündet der Pfad in die geteerte Talstraße, der wir links in Richtung Restaurant Mylos folgen. 10 Min. darauf weist vor einem Flachdachhäuschen ein Wanderschild rechts in einen Betonweg hinein, der in den Talgrund hinabführt. Für eine Einkehr folgen wir jedoch der von Granatapfel-, Mandel- und Zitrusbäumen gesäumten Straße für knapp 5 Min. und steigen dann zu dem oberhalb der Straße versteckt gelegenen Restaurant **Mylos** ❺, 120 m, auf.

Nach der Rast gehen wir auf der Straße wieder bis zu dem Flachdachhaus zurück und queren dann auf dem betonierten Weg den **Talgrund** und das Flussbett. In **Kato Mylos** ❻, 75 m, ist auf der anderen Uferseite noch das große Aquädukt einer Wassermühle erhalten geblieben. Von Kato Mylos bringt uns die Straße in wenigen Minuten zum Parkplatz in **Gialia** ❶ zurück.

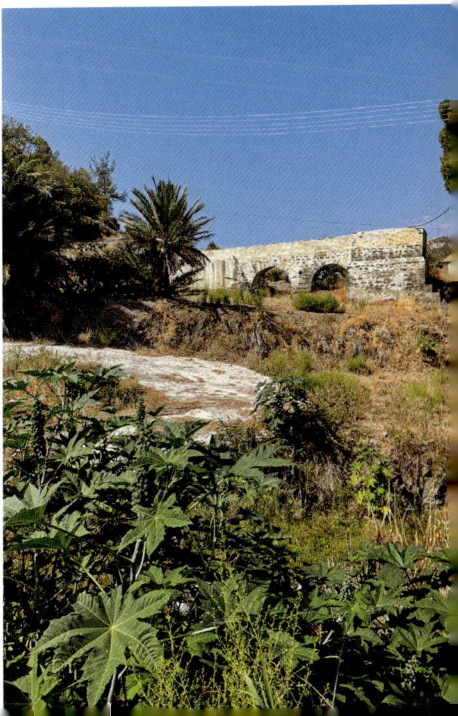

Aquädukt in Kato Mylos.

↗ 140 m | ↘ 140 m | 3.3 km

10 Arnies Nature Trail

1.15 h

Kurzer Spazierweg durch eine liebliche Kulturlandschaft

In dem kleinen Ort Agios Dimitrianos 20 km nordöstlich von Pafos wurde mit Mitteln der Europäischen Union ein Naturpfad durch das reizvolle Umland angelegt. An dem Rundweg gibt es schöne Aussichtsplätze und etliche interessante Kulturbäume zu sehen.

Ausgangspunkt: Agios Dimitrianos an der E 703 zwischen Stroumpi und Panagia. Parkmöglichkeit an der Ortseinfahrt nahe der Wandertafel, 540 m. Der Ort liegt an der Buslinie 637 Pafos – Panagia (Mo.–Sa. 4-mal täglich).

Anforderungen: Spazierweg mit kurzen steilen An- und Abstiegen auf teils betonierten und geteerten Wegen. Der Rundweg ist mit Pfeilen markiert.
Einkehr: Coffee Shop in Agios Dimitrianos.

Auf der **E 703** ❶ an der Ortszufahrt nach Agios Dimitrianos gehen wir von der Infotafel, 540 m, rechts den Betonweg abwärts und kommen sogleich an drei Echten Zypressen *(Cupressus sempervirens)* vorbei. Nach den Zypressen gabelt sich der Weg. Rechts geht es zur Kapelle Agios Georgios, wir gehen geradeaus steil abwärts und schauen auf die terrassierten Felder und kleinen Weinberge im oberen Ezousa-Tal.

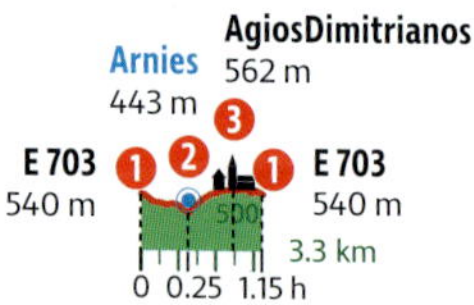

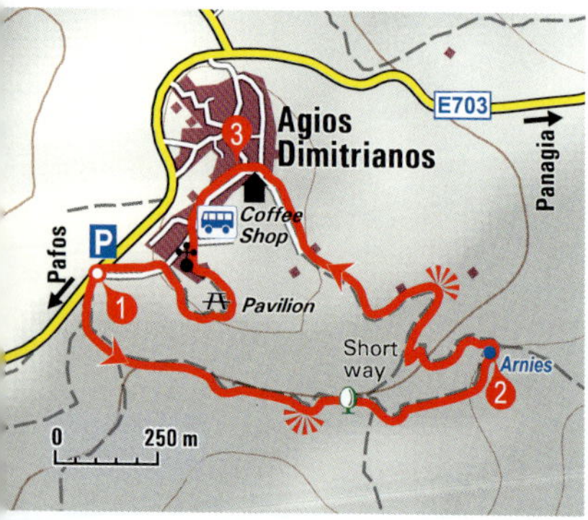

Im Folgenden bleiben zwei rechts abgehende Wege unbeachtet. Kurz nach einem uralten Olivenbaum teilt sich der Trail in einen »Short way« und einen »Long way« auf. Wir wählen den etwas längeren Weg, halten uns also zunächst rechts und nach ein paar Schritten links abwärts in ein reizvolles Tal. Beim Abstieg genießen wir den Ausblick auf die Vorberge des Troodos-Gebirges. Nach einer knappen halben Stunde wird die Quelle **Arnies** ❷, 443 m, erreicht, welche dem Naturpfad den Namen gab. Unterhalb der Trinkwasserquelle wuchert ein Dickicht aus Riesenschilf (*Arundo donax*), im Frühling macht ein weiß blühender Storaxbaum (*Styrax officinalis*) auf sich aufmerksam. 15 m nach der Quelle steigen wir links den gestuften Weg auf. Nach kurzem, steilem

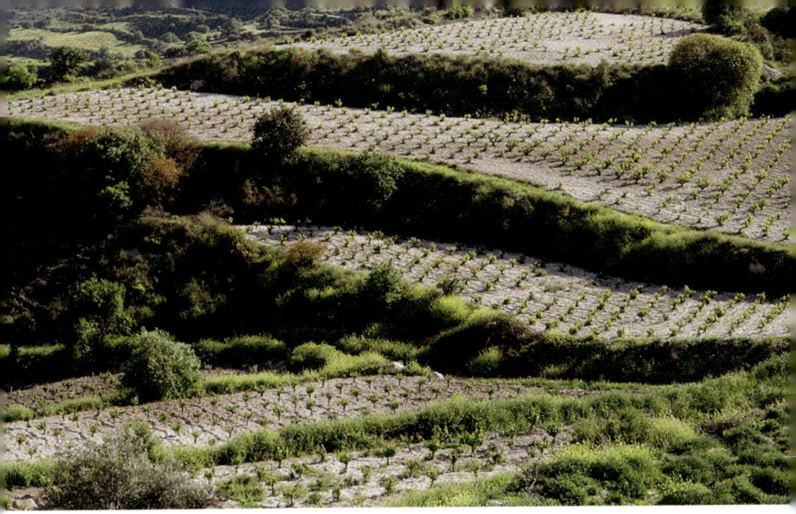

Terrassierte Weinberge im Tal von Agios Dimitrianos.

Wiederaufstieg treffen wir auf einen Querweg, wir folgen diesem links und erreichen 20 m darauf den »Short way«. Hier gehen wir nun rechts auf wieder betoniertem Weg weiter und kommen sogleich an einer Ziegenfarm vorbei. An einem Haus schwenkt der Weg dorfeinwärts, am Wegrand reifen Mandeln, Feigen, Maulbeeren und etwas Wein.

In **Agios Dimitrianos** ❸, 562 m, der Weg ist mittlerweile geteert, halten wir uns an der ersten Gabelung links. Nach wenigen Schritten wird ein Coffee Shop an der Dorfstraße erreicht. Dieser links folgend kommen wir zu einer großen Kreuzung (Bushaltestelle), von der es zur **Dorfkirche** nicht mehr weit ist. Hinter der Kirche lässt sich, vorbei an der Grotte des hl. Dimitrianos und dem Friedhof, noch ein Schlenker durch den Gemeindepark machen. Nach dem Friedhof bleibt ein links abgehender Weg unbeachtet, kurz darauf haben wir von einem Pavillon nochmals eine feine Aussicht auf Tal und Berge. Ein paar Schritte unterhalb von dem Pavillon führt der Weg am südlichen Dorfrand entlang und zur **E 703** ❶ zurück.

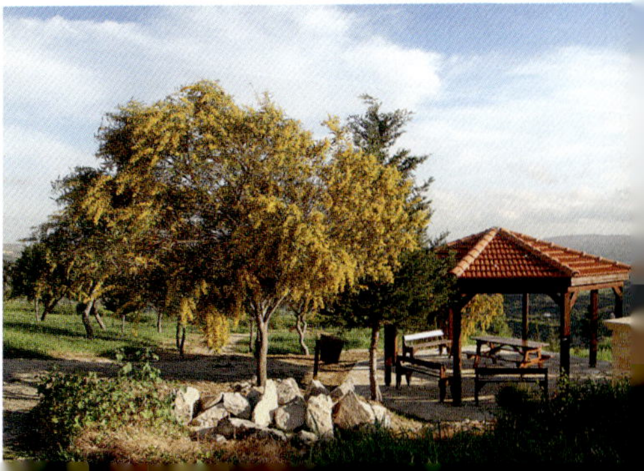

Im April blühen Akazien am Aussichtspavillon in Agios Dimitrianos.

↗ 350 m | ↘ 350 m | 7.4 km

11 Der Vouni Trail auf den Prophetenberg, 1143 m

2.30 h

Auf aussichtsreichem Höhenweg durch die Weinberge von Panagia

Von dem Bergdorf Pano Panagia führt ein Rundweg mit tollen Weitblicken zum Brandausguck Vouni hinauf. Auf gut 1100 m Höhe wird hier einer der besten Weine Zyperns kultiviert. Am Weg liegt eine kleine Kapelle, zum Kloster Chrysorrogiatissa mit Einkehr und sehenswerter Ikonensammlung bietet sich ein Abstecher an.

Ausgangspunkt: Kirche Agios Georgios in Pano Panagia, 840 m. Von der B 7 zwischen Pafos und Polis zweigt man in Stroumpi in die E 703 nach Pano Panagia ab. Dort fährt man Richtung Chrysorrogiatissa bis zur großen byzantinischen Kirche am Ortsrand, Parkmöglichkeit am Straßenrand. Von Pafos wird Panagia von der Buslinie 637 täglich 4-mal angefahren (außer Sonntag).

Anforderungen: Rundweg ausschließlich auf breiten Wirtschaftswegen, das letzte Stück auf schmalem, kaum befahrenem Sträßchen. Da die Markierungen wiederholt entfernt und erneuert wurden, werden im Text zur Sicherheit alle Verzweigungen genannt.

Einkehr: Cafeteria an der F 622; Klostertaverne Chrysorrogiatissa mit Panoramaterrasse.

In **Pano Panagia** ❶ gehen wir an der Wandertafel neben der Kirche Agios Georgios das Teersträßchen steil bergauf. Wir kommen an einem Sportplatz vorbei, an dem das Sträßchen in einen Betonweg übergeht, bevor es weiterhin steil durch einen Mandelhain und Weinberge an der Nordflanke des Vouni aufsteigt.

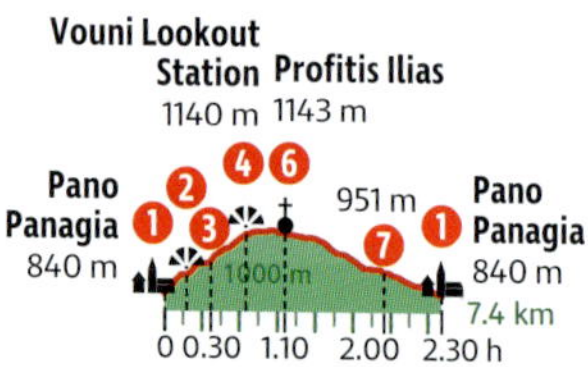

Nach knapp 10 Min. folgen wir an einer Kreuzung rechts dem geschotterten Weg weiter aufwärts zu einem 5 Min. entfernten **Pavillon** ❷, 933 m, von dem sich ein zauberhafter Ausblick über die Dächer von Pano Panagia und den Kannaviou-Staudamm öffnet.

Von dem Pavillon gehen wir wieder 50 m zurück und steigen auf dem weißen Schotterweg weiter auf. An der Gabelung 150 m folgen wir Pfeilen nach halbrechts aufwärts. 5 Min. später halten wir uns links, 2 Min. darauf geht es geradeaus und so-

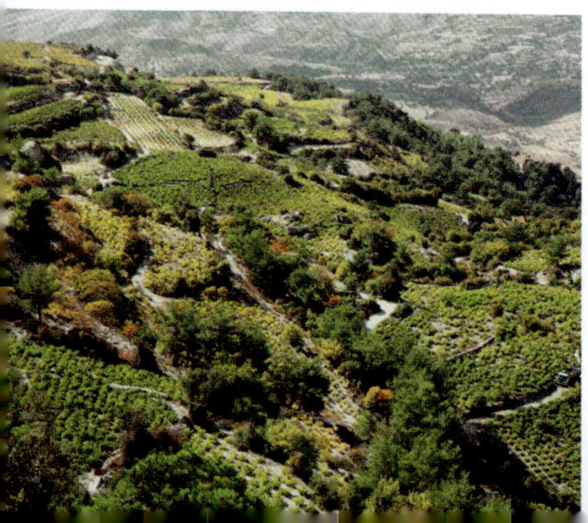

Die Weinberge von Panagia.

gleich an einer überdachten Sitzbank vorbei. Nach weiteren 2 Min. informiert an einer Gabelung mit zwei weiteren **Sitzbänken** 3 eine Tafel über die lokale Flora, hier gehen wir links und 10 m darauf abermals links ziemlich steil hangaufwärts. Auch 5 Min. später halten wir uns schräg links. Das steilste Wegstück ist nun geschafft. Der Brandausguck auf dem Vouni kommt in Sicht, doch bevor dieser erreicht wird, holt der Weg nochmals zu einer Rechtskehre aus. Die Feuerwacht auf dem **Vouni** 4, 1140 m, es gibt dort eine große Picknickbank, wartet mit einem großen Panorama auf: Im Nordosten zeigt sich der Olympos im Troodos-Gebirge, im Westen die Akamas-Halbinsel.

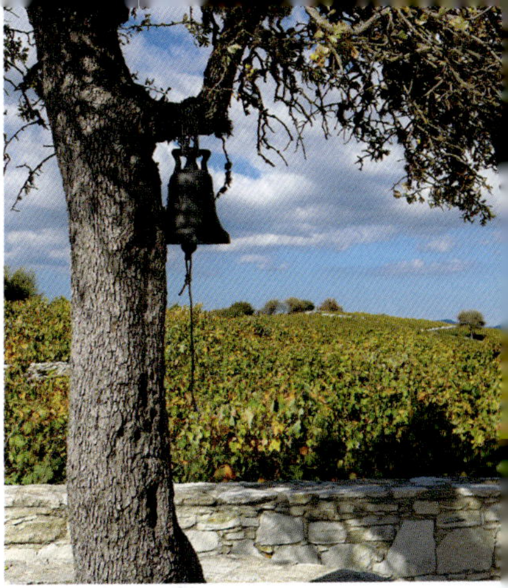

Die Kirchenglocke von Profitis Ilias.

Ein paar Schritte unterhalb des Ausgucks folgen wir nun dem Höhenweg über den lang gezogenen Bergrücken durch ausgedehnte Weinfelder. Knapp 10 Min. nach dem Vouni gibt vor einem weiteren **Pavillon** 5, 1153 m, eine Tafel darüber Auskunft, welche Rebsorten hier kultiviert werden.

Immer auf dem Hauptweg bleibend wird die Kapelle **Profitis Ilias** 6, 1143 m, erreicht, die Kirchenglocke hängt in einem danebenstehenden Azaroldornbaum (*Crataegus azarolus*). Nun geht es stetig bergab. An der ersten, nicht markierten Gabelung nach der Kapelle wenden wir uns nach rechts, knapp 10 Min. später gehen wir auf dem Hauptweg links weiter. Der Weg läuft nun ziemlich steil hangabwärts, eine steile Stelle ist betoniert. Etwa 100 m nach dem Betonstück gehen wir links; nach Westen schauen wir auf das Kloster Agia Moni hinab.

Bald wieder betoniert trifft unser Weg auf ein **Teersträßchen** 7, wir folgen ihm nach rechts auf das in Sicht kommende Pano Panagia zu. (Wer noch den lohnenden Abstecher zum Kloster Chrysorrogiatissa machen will, geht hier links). Das Sträßchen trifft kurz vor dem Ortseingang von **Pano Panagia** auf die Landstraße, die uns nach einem Coffee Shop wieder zur Kirche **Agios Georgios** 1 bringt.

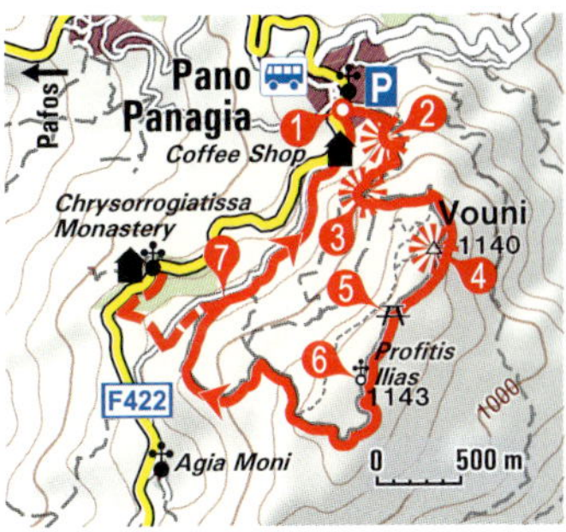

↗ 10 m | ↘ 10 m | 4.7 km

12 Weltkulturerbe Pafos

1.15 h

Spaziergang am Rande der weltberühmten UNESCO-Stätten

Die beiden weitläufigen archäologischen Parks sind ein Glücksfall für Pafos, nicht nur weil sie mit ihren freigelegten römischen Mosaiken und Nekropolen Besucher aus der ganzen Welt anziehen, sondern mitten in der boomenden Ferienstadt auch von der Bebauung ausgespart blieben. Nur einen Steinwurf vom Hafen entfernt macht sich unberührtes Brachland breit, auf dem im März Kronenmargeriten und Klatschmohn um einen Platz an der Sonne wetteifern. Ein Spazierweg führt dicht an den archäologischen Stätten entlang – störend ist allein der Maschendrahtzaun.

Ausgangspunkt: Hafen (Port) in Kato Pafos. Busse fahren die Ferienstadt u. a. mehrmals täglich von Polis und Limassol an. Autofahrer parken auf dem großen Parkplatz am Hafen.
Endpunkt: Tombs of the Kings in Pafos. Rückfahrt zum Hafen bzw. in Richtung Coral Bay mit Buslinie 615 (verkehrt im 10-Minuten-Takt).
Anforderungen: Bequemer Spazierweg auf überwiegend gefliester Uferpromenade. Badesachen mitnehmen.
Einkehr: Lighthouse Beach Bar in Kefalos Beach Village.

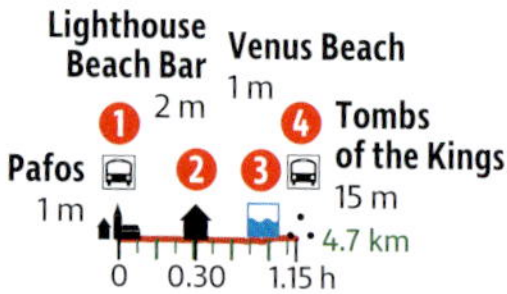

Sehenswert: Das Hafenkastell hat täglich 8.30–17 Uhr geöffnet, im Sommer bis 19.30 Uhr, die Welterbestätten des Archäologischen Parks und der Königsgräber täglich 8.30–17 Uhr (im Sommer bis 19.30 Uhr).

Das türkische Kastell von Pafos blickt auf eine 500-jährige Geschichte zurück.

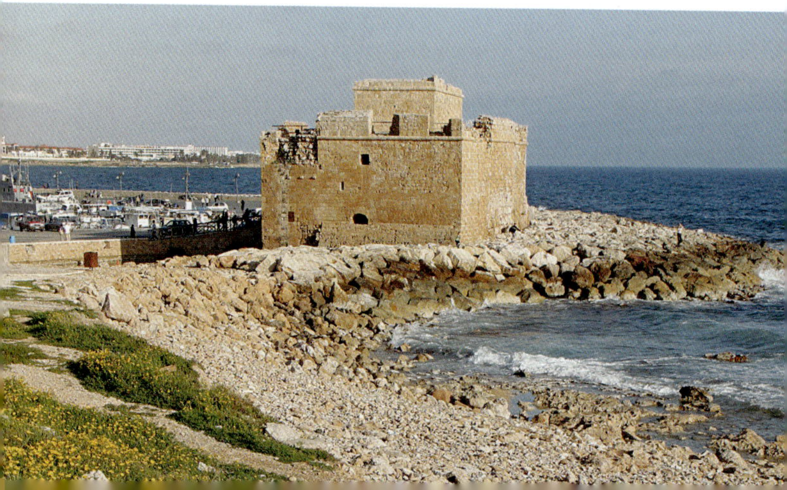

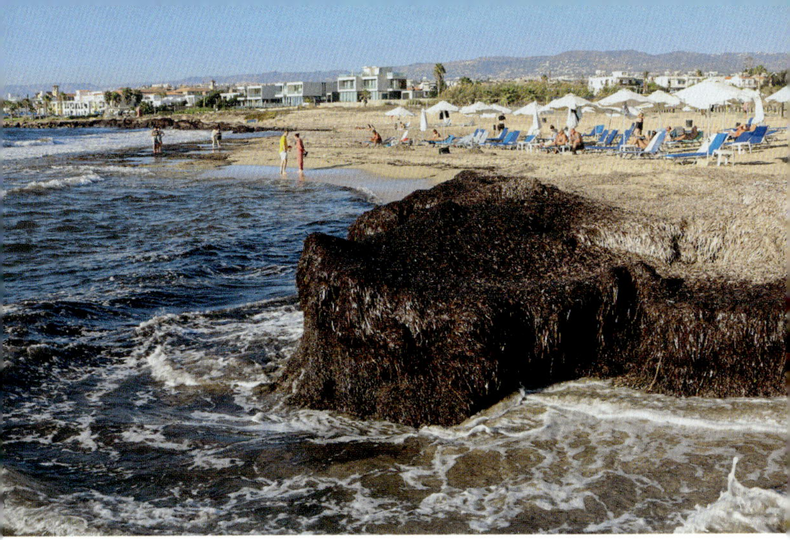

Der Strand an der Lighthouse Beach Bar, im Vordergrund eine meterhohe Seegrasbank.

Die Wanderung beginnt in **Pafos ❶** am Hafen vor dem Eingang des Pafos Archeological Park. Wir schlendern auf der Hafenpromenade durch die Terrassenbestuhlung etlicher Tavernen zum schon in Sichtweite gelegenen Hafenkastell. An der von den Türken 1592 erbauten Festung schwenkt die Uferpromenade nach rechts und führt direkt am eingezäunten Areal des Archäologischen Parks entlang. Nach 10 Min. knickt der Weg nach Norden ab und gibt den Blick auf den stark besiedelten Großraum von Pafos frei, wir wandern davon jedoch unberührt an dem unverbauten Küstenstrich entlang.

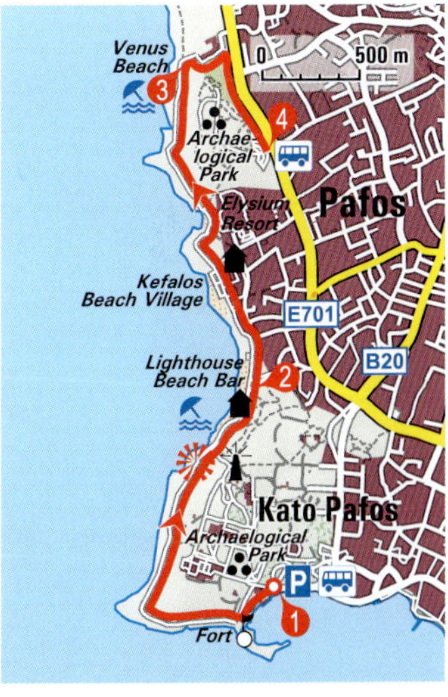

Kurz nach dem auf einer Anhöhe thronenden Leuchtturm wird an einem kleinen Sandstrand die **Lighthouse Beach Bar ❷**, erreicht, der beste Platz für eine kleine Pause. 5 Min. danach kommen wir in bebautes Gebiet, die Promenade führt hier an noblen Strandvillen und ei-

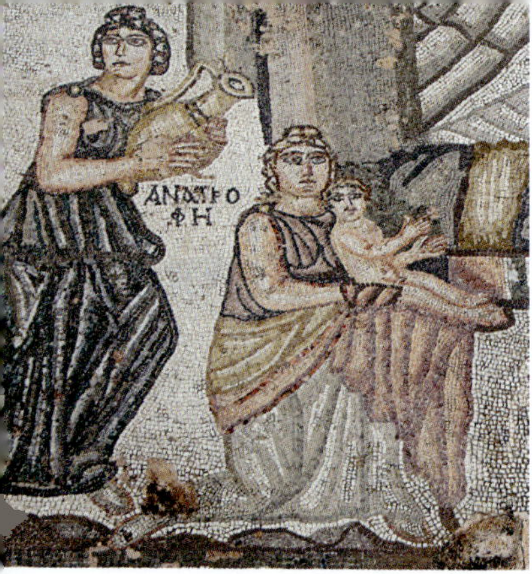

Das weltberühmte Achilles-Mosaik zeigt den kleinen Achilles, wie er von seiner Mutter in wundertätiges Flusswasser getaucht wird, um ihn unverwundbar zu machen.

nem kleinen Bootsanleger vorbei Die Gärten der angrenzenden Hotels reichen bis ans Ufer heran, vor dem Kefalos Beach Village macht ein stattlicher Palmenwald auf sich aufmerksam. Das Restaurant des Resorts ist öffentlich, die Liegestühle sind allerdings für Hotelgäste reserviert.

Nach dem noblen 5-Sterne-Hotel **Elysium** endet der geflieste Weg vor der Einzäunung der Königsgräber (Tombs of the Kings). Wir folgen dem Pfad an der meerzugewandten Seite der Ausgrabungen zum **Venus Beach** ❸. Von dem durch eine Mole geschützten Strand führt ein meterbreiter Pflasterweg zum Strandhotel Venus Beach hinauf und vor diesem rechts haltend zwischen dem Hotelgebäude und der Einzäunung der Königsgräber zur Hauptstraße (Tafon ton Vasileon), auf der rechts haltend nach knapp 10 Min. der Eingang der **Tombs of the Kings** ❹ erreicht wird, die Bushaltestelle liegt direkt gegenüber.

Ein bisschen steril, doch trotzdem schön – der Palmenhain von Kefalos Beach.

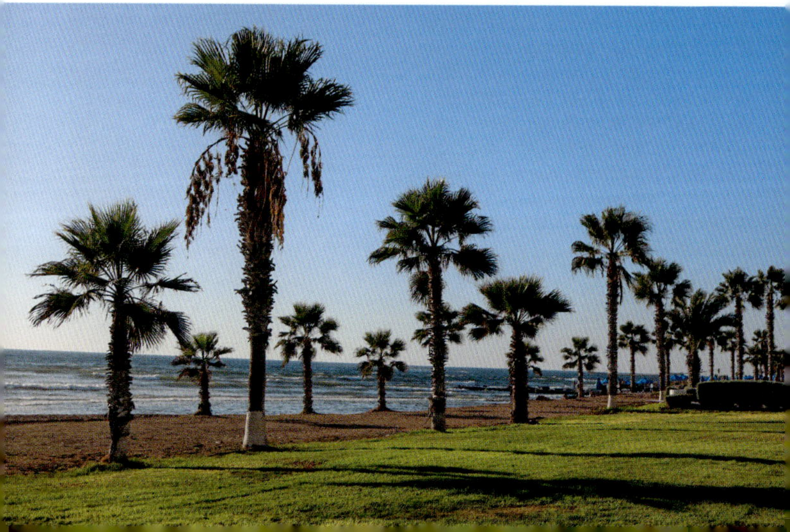

↗ 200 m | ↘ 200 m | 8.5 km

3.00 h

Ezousa Trail 13

Von Episkopi durch das Tal des Ezousa-Flusses

Episkopi liegt beschaulich am Ausgang des Ezousa-Tals am Fuß eines mächtigen Monolithen (Rock of Episkopi), der in Anlehnung an die berühmten Sandsteinfelsen in Thessalien auch »Meteora von Zypern« genannt wird. Vor allem im Frühjahr ist der von einem Umweltzentrum initiierte Rundweg durch das Flusstal ein Genuss, wenn Abertausende von Wildblumen um einen Platz an der Sonne wetteifern.

Ausgangspunkt: Episkopi Environmental Information Centre, 245 m. Gute Busanbindung ab dem Busterminal Karavella in Pafos mit Linie 609 (Mo.–Fr. 4-mal täglich, Sa. 2-mal täglich). Autofahrer folgen in Pafos an dem riesigen Verkehrskreisel am Beginn bzw. Ende der A 6 der ausgeschilderten E 710 in Richtung Konia und fahren von dort weiter bis zum Parkplatz am Informationszentrum am Ortseingang von Episkopi.
Anforderungen: Einfache Rundwanderung ohne längere An- und Abstiege auf ungeteerten Wirtschaftswegen, zu Beginn und am Ende kurze Passagen auf Teerstraßen. Im Frühjahr müssen zur Querung des Flusses eventuell die Schuhe ausgezogen werden. Der Weg ist sehr gut ausgeschildert.
Tipp: Vor oder nach der Wanderung lohnt ein Besuch des Environmental Information Centre, zu dem ein kleiner botanischer Garten gehört. (Di.–Sa. 8.30–14, So. 10–14 Uhr, epeicentre.com).
Einkehr: Traditionelles Kaffeehaus im Ortszentrum von Episkopi.

Die Wanderung beginnt am Ortseingang von Episkopi vor dem **Environmental Information Centre** ❶. Wir folgen zunächst einem schmalen Teerweg leicht abwärts, bis dieser an einem Haus geradeaus in einen Betonweg verlassen wird, wobei sich sogleich die Aussicht auf das Tal von Ezousa und den Felsen von Episkopi ergibt. Der 70 m hohe und 250 m lange Kalksteinfelsen gehört zu den mächtigsten Monolithen Zyperns. 100 m danach erlaubt der kleine Vorplatz von **Agios Ilarion** ❷, 230 m, einen tollen Ausblick auf das zu Füßen liegende Dorf Episkopi.
Etwas unterhalb von der Kapelle folgen wir dem Sträßchen rechts

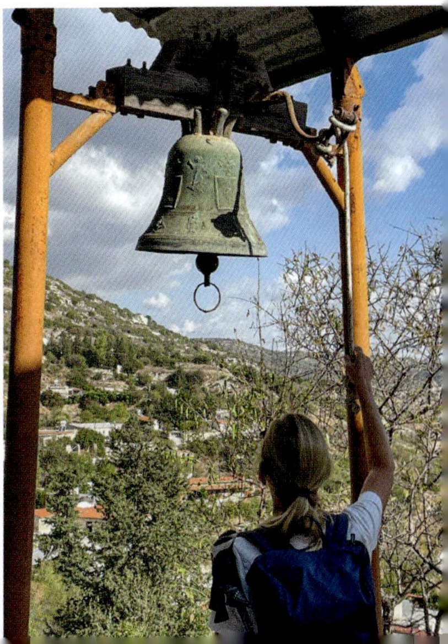

Die Kapelle Ilarion über dem Ezousa-Tal.

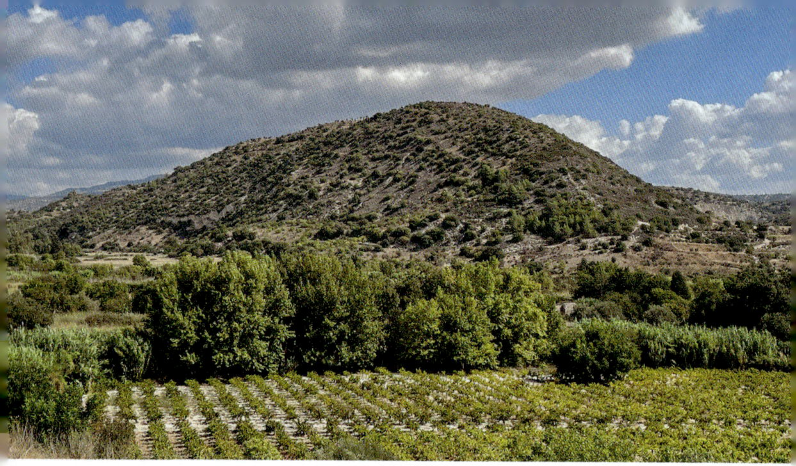

Weinanbau und Obstkulturen im Tal von Ezousa.

weiter abwärts und halten uns 50 m später an der Gabelung links. An der nächsten Gabelung weist ein Wanderschild nach rechts abwärts, an der Querstraße unterhalb davon gehen wir links (E 4-Schild) aus dem Ort hinaus. Die Straße wird 5 Min. später links in einen Betonweg verlassen, der an einer Sitzbank sogleich in einen Schotterweg übergeht.

Der Karrenweg zieht in leichtem Auf und Ab ein gutes Stück über dem Flusstal nach Norden. Wir kommen durch einen kleinen Mandelhain. Eine Bank unter einer großen Platane bietet sich für eine kleine Pause an. Kurz nach Ziegenställen gehen wir an einer Gabelung geradeaus weiter und erreichen wenig später im verlassenen Weiler **Moro Nero** ❸, 240 m, die Kirchenruine **Agios Gennadios**. Vor einem ramponierten Brunnen etwa 100 m nach Moro Nero verabschiedet sich der E 4 nach links, wir wandern hier nun rechts in den von Weinbergen und Olivenbäumen ausgefüllten Talgrund hinab. Eine Furt bringt uns über einen Nebenfluss der Ezousa. An der Gabelung 100 m nach der Furt nehmen wir den rechten Weg und kommen kurz darauf zu einer alten **Wassermühle** ❹.

Nach der Mühle wird das steinige Bachbett der **Ezousa** gequert. Unser Weg läuft nun am Ostufer des im Sommerhalbjahr kaum Wasser führen-

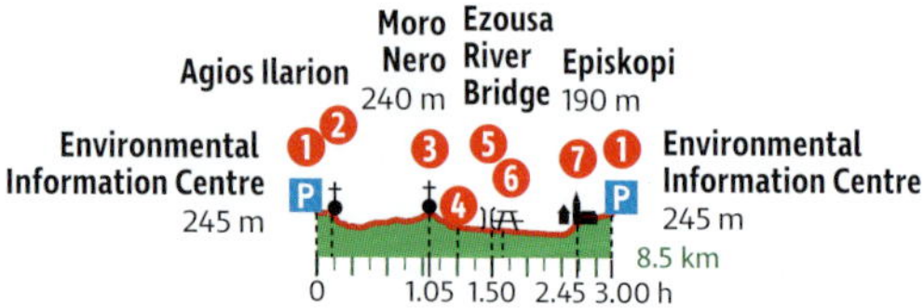

Der Monolith von Episkopi.

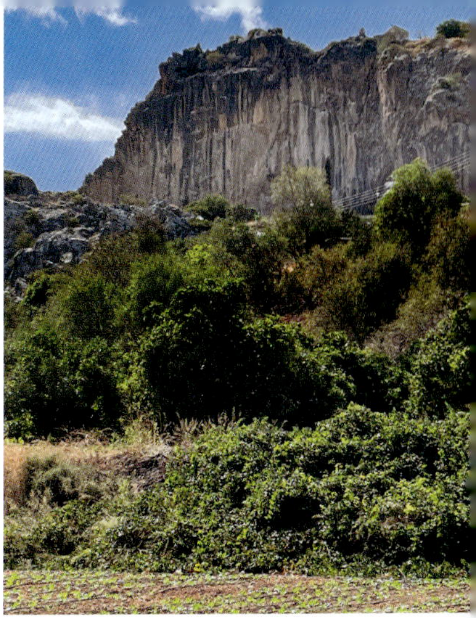

den Flussbettes talauswärts. Dichte Bestände von Schilfrohr sorgen das ganze Jahr über für reichlich Grün. Nach einem Platanenwäldchen und weiteren Weinbergen kommen wir zur **Ezousa-Brücke** 5, 155 m. Wir gehen jedoch nicht über die Stahlbrücke, sondern folgen dem Weg weiter am östlichen Flussufer zu einem knapp 5 Min. entfernten **Picknickplatz** 6, 155 m, an dem man im Schatten von Orientalischen Erlen rasten kann. Ab dem Rastplatz ist der Weg geteert. Auf einer Betonbrücke wechseln wir auf die andere Uferseite. 10 Min. später bleibt ein rechts aufwärts führender Weg unbeachtet, ein paar Minuten darauf erreichen wir an einer großen Flussbrücke eine Landstraße. Wir folgen der Straße rechts auf den Fels von Episkopi zu. Am Ortseingang knickt die Straße scharf nach rechts ab und steigt steil zum Ort auf. Wir gehen in der Rechtskehre jedoch geradeaus abwärts und nehmen dann, ein paar Schritte nach einer Sitzbank, rechts den sehr steilen, schmalen Weg aufwärts, der nach 100 m auf die Dorfstraße mündet – das nette Dorfcafé von **Episkopi** 7, 190 m, liegt gleich rechts. Von dem Café aus passieren wir wieder den steilen Aufstiegsweg und kommen kurz darauf zum Dorfplatz, auf dem neben einer schlichten, aus Bruchsteinen erbauten Kapelle (11. Jahrhundert) Mühlräder und eine alte Ölpresse ausgestellt werden. Die Straße bringt uns vom Fuß des Felsens in 15 Min. wieder zum **Environmental Information Centre** 1 hinauf.

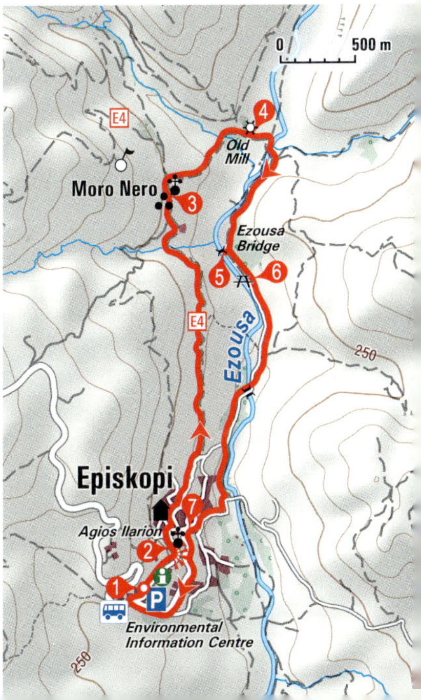

↗ 220 m | ↘ 220 m | 9.0 km

14 Petra tou Romiou

2.30 h

Küstenspaziergang am Geburtsort der Aphrodite

Auf den ersten Blick sind es nur ein paar vom Wasser umspülte Kalksteinfelsen, die zugegeben malerisch direkt vor einem kleinen Strand an Zyperns Südküste liegen. Doch Petra tou Romiou ist der mythenträchtigste Ort der Insel. Nach der Legende entstieg hier die Liebesgöttin Aphrodite dem Meer. Wie Hesiod berichtet, sprossen der Schaumgeborenen Blüten unter den Füßen, die sie über das Wasser trugen. Klar, dass an so einem Schauplatz fast rund ums Jahr Rummel herrscht. Doch von dem jüngst angelegten Naturlehrpfad kann der Geburtsort der schönen Göttin aus ruhiger Warte überschaut werden. Kinder können sich auf einem Spielplatz austoben.

Ausgangspunkt: Petra tou Romiou, 10 m. Der Ort liegt an der B 6 auf halbem Weg zwischen Pafos und Limassol, Parkplatz neben dem Touristenpavillon. Wer über die A 6 anfährt, folgt der ausgeschilderten Abfahrt nach Petra tou Romiou. Von Coral Bay und Pafos fährt von April bis Nov. 3-mal täglich die Buslinie 631 zum Ausgangspunkt (außer So.).

Anforderungen: Einfache Tour auf bequemen Schotterwegen und Pfaden mit leichten An- und Abstiegen. Kaum Schatten, Badesachen mitnehmen. Wenig Rummel am frühen Vor- und späten Nachmittag.

Einkehr: Strandbar am Wanderziel unterhalb vom Picknickplatz; überteuerte Snacks im Touristenpavillon am Ausgangspunkt; Restaurant Petra tou Romiou 300 m östlich an der Straße nach Pissouri.

Am Touristenpavillon **Petra tou Romiou** ❶ informiert am oberen Rand des Parkplatzes eine Wandertafel über den Naturlehrpfad. Von dort halten wir uns rechts und queren sogleich auf einer Holzbrücke ein Trockenbett. Der Pfad läuft auf einen Hügel hinauf und macht dabei mit der mediterranen Küstenflora bekannt. Am Weg stehen Thymiansträucher, Terpentinpistazien und wilde Artischocken. Von einer Bank an einem **Aussichtspunkt** auf dem Hügel können wir auf den Geburtsort der Aphrodite hinabsehen.

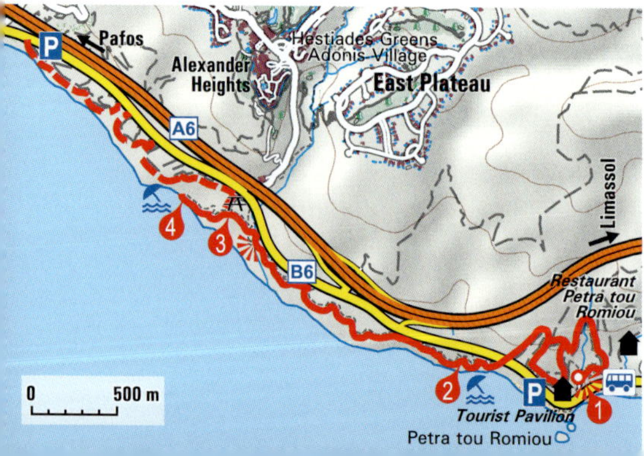

Der Weg zieht weiter landeinwärts, ein Stück vor uns schauen wir auf die große Autobahnbrücke der A6. In einer weiten Linksschleife wird der Taleinschnitt über dem Touristen-

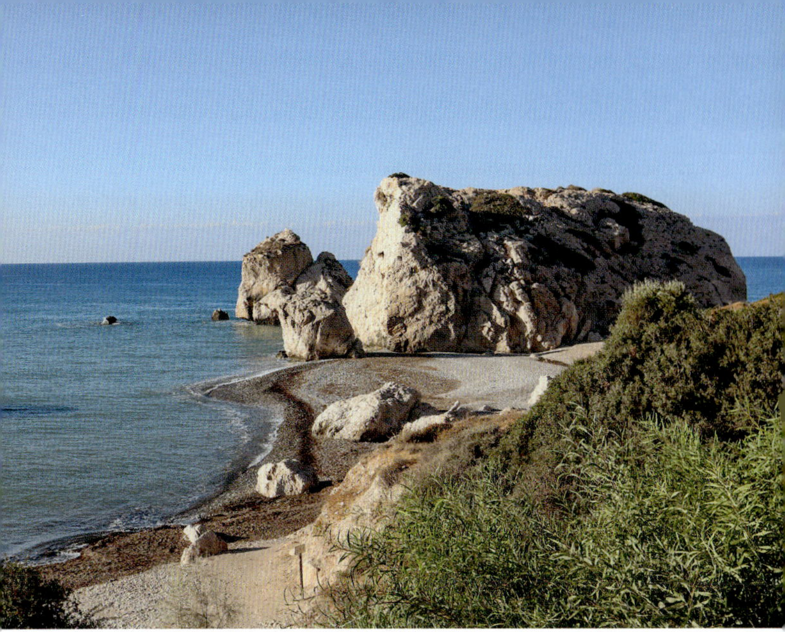

Aphrodites Geburtsort – so ruhig ist es hier nur am frühen Morgen.

pavillon umlaufen. An der Gabelung auf der anderen Talseite geht man links zu einer weiteren Bank über den Aphrodite-Felsen, folgt dem Pfad um eine felsige Kuppe und erreicht wieder den Hauptweg. Der Weg kreuzt dann die B 6 und senkt sich zu einem **Kieselstrand** ❷ ab. Nach einem eventuellen Badestopp wird nach einer Furt abermals die B 6 berührt. An der Verzweigung nach einer zweiten Furt bietet sich links ein kurzer Abstecher zu einer Sitzbank über dem Meer an.

Schließlich wird ein **Picknickplatz** ❸ mit Spielplatz und Trinkwasserbrunnen erreicht, von dem auf gestuftem Pflasterweg zu einem schönen **Badestrand** ❹ abgestiegen werden kann, während der Badesaison hat dort eine Strandbar offen. (Vom Picknickplatz kann man dem Naturlehrpfad noch eine gute halbe Stunde bis zu seinem Ende an einem Parkplatz an der B 6 folgen. Dieses Wegstück bietet jedoch weder landschaftlich noch botanisch viel Neues.)

Auf demselbem Weg wandern wir wieder zurück, bis kurz vor der vom Hinweg bekannten felsigen Kuppe. Dort gehen wir links nach **Petra tou Romiou** ❶.

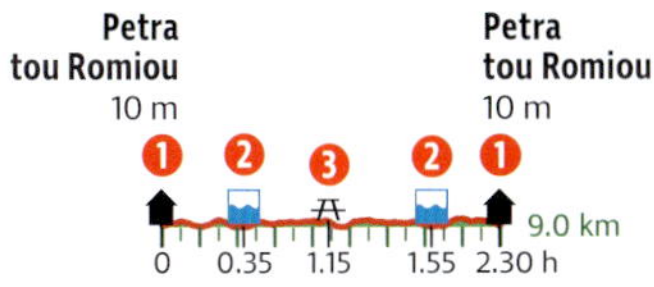

TOP

15 Kap Aspro

↗ 300 m | ↘ 300 m | 9.1 km

3.00 h

Auf einem Küstenhochweg der Superlative

Die vielleicht eindrucksvollste Küstenwanderung Zyperns führt von der weit geschwungenen Bucht von Pissouri auf die Hochebene Trachonas. Am Weg liegen zwei wenig besuchte Badebuchten. Die in blendendes Weiß getauchte Kalksteinküste begeistert durch ihren unberührten rauen Charakter, von dem imposanten Kliff fällt das Land abrupt 200 m ab. Während der vielen schönen Ausblicke sollte man allerdings den stellenweise ausgesetzten Steig im Auge behalten. Ein imposantes Landschaftserlebnis, bei dem man gerne den nicht ganz ins Bild passenden Anblick einer Militärstation in Kauf nimmt.

Ausgangspunkt: Pissouri Bay. Der Badeort liegt zwischen Pafos und Limassol und wird auf einer von der A1 bzw. B6 abgehenden Stichstraße angefahren. Parkplatz oberhalb der Strandpromenade nahe dem Hotel Columbia Beach. Ab Pafos Buslinie 630 (Mo.–Sa. 3-mal tägl.).
Anforderungen: Die Küstentour verläuft auf teils schmalen Saumpfaden und Feldwegen. Zwei stark ausgesetzte Passagen erfordern Schwindelfreiheit und Trittsicherheit, sie sind mit Seilen gesichert. Kein Schatten, ausreichend Trinkwasser und Badesachen mitnehmen!
Einkehr: Captain's Bay mit toller Terrasse am Ausgangspunkt.

In **Pissouri Bay** ❶ folgen wir an der Taverne Captain's Bay der von Akazien und Palmen gesäumten **Strandpromenade** in westlicher Richtung. Am Ende der Promenade gehen wir 75 m nach einer hangaufwärts führenden Teerstraße einen schmalen Betonweg zu einer Piste hinauf, der wir links

Rückblick auf die Bucht von Pissouri.

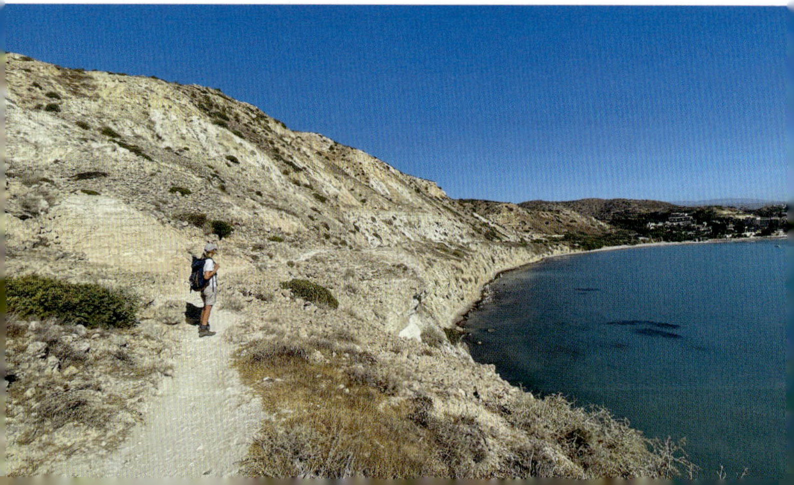

zu einem Wendekreis folgen. Dort beginnt ein zunächst bequemer Pfad durch die weiße Kalksteinküste. Wenige Minuten nach einer Wandertafel kommen nahe hintereinander mehrere kurz ausgesetzte Passagen, an denen der Pfad teils weggebrochen ist, zwei davon sind mit einem Seil gesichert (die zweite Seilstelle kann oberhalb davon umgangen werden). Wenig später lässt sich die weit geschwungene Bucht von Pissouri ganz überblicken.

Der Pfad führt in eine **Schlucht** hinab, an deren Ausgang ein einsamer Badeplatz liegt. Bei der Querung des Trockenbetts halten wir uns nahe am Meer und steigen auf der anderen Seite den schroffen Hang auf.

Der felsige Steig läuft steil zu einer markanten Felsnase hinauf, am Weg liegen bizarr erodierte **Felsbrocken**. Bald oben auf einem **Kamm** ❷ genießen wir ein tolles Panorama auf das Kap Aspro. Weiter leicht ansteigend hält der Pfad auf zwei alleinstehende **Olivenbäume** zu, wobei sich das Meer für kurze Zeit unseren Blicken entzieht.

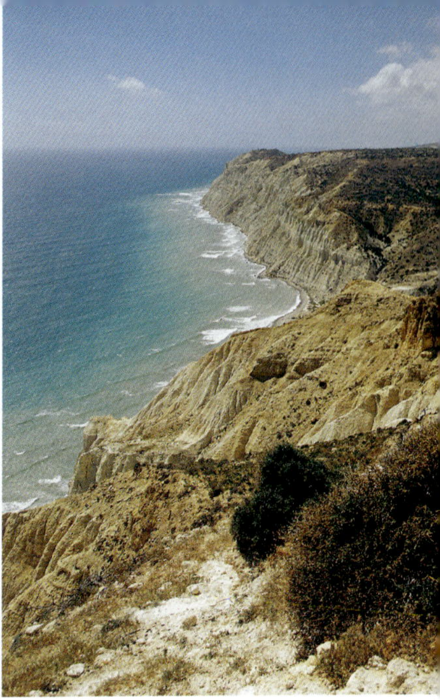

Die Kreideküste am Kap Aspro.

Ein kleiner Olivenhain wird durchwandert. Der Pfad mündet in einen Karrenweg, links haltend bringt uns dieser zu einem **Ziegenpferch** am Rand

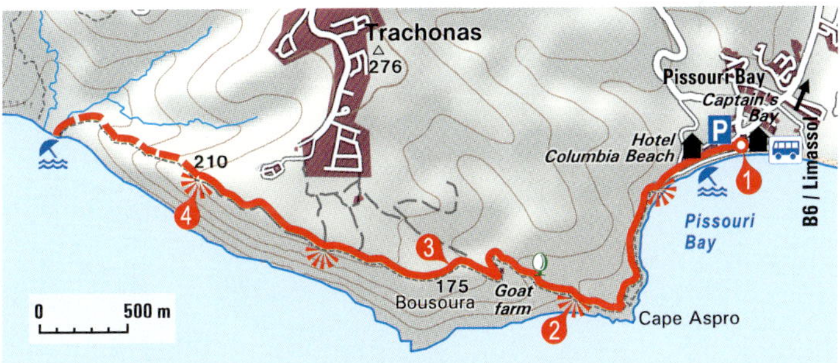

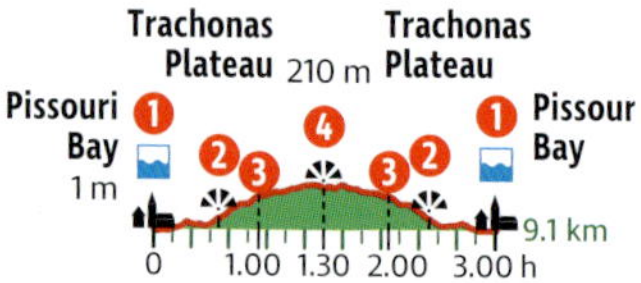

des steil abfallenden Kliffs. Die Stallungen werden an einem Zaun auf der meerzugewandten Seite umlaufen. Hier heißt es nun aufgepasst. Wir folgen vom Pferch aus nicht dem Feldweg, der unterhalb von einem Rücken landeinwärts läuft, sondern steigen nahe der Abbruchkante zum etwa 200 m entfernten **Trachonas Plateau** 3, 175 m, auf (Steinmännchen).

Auf dem Plateau läuft ein gelegentlich mit Steinmännchen markierter Pfad nahe am Kliff entlang. Vor uns können wir einen einige Hundert Meter landeinwärts stehenden Antennenmast sehen, neben dem eine große militärische Anlage liegt. Ein von der Militärstation kommender Feldweg wird erreicht, auf dem wir parallel zum Kliffrand weiterwandern. Man hat hier das Gefühl, sich im Mittelpunkt eines Radarfelds zu bewegen, es empfiehlt sich, die Kamera nicht Richtung Militär, sondern auf das spektakuläre Kap zu richten.

Besonders imposant ist die Aussicht vom Westrand des Plateaus, 210 m, von dem die Hochebene steil zu einer Kiesbucht abfällt. Hier ist unser **Umkehrpunkt** 4 erreicht. (Wer will, kann an der meerzugewandten Seite des relativ steil abfallenden Kammes zu der Kiesbucht absteigen; gelegentlich Steinmännchen. Für den Abstieg und den etwas anstrengenden Wiederaufstieg ist eine gute Stunde einzuplanen.)

Vom Trachonas Plateau wandern wir auf selbem Weg zurück. Spätestens in **Pissouri Bay** 1 ist ein Badestopp Pflicht.

Atemberaubender Ausblick vom Rand des Kliffs.

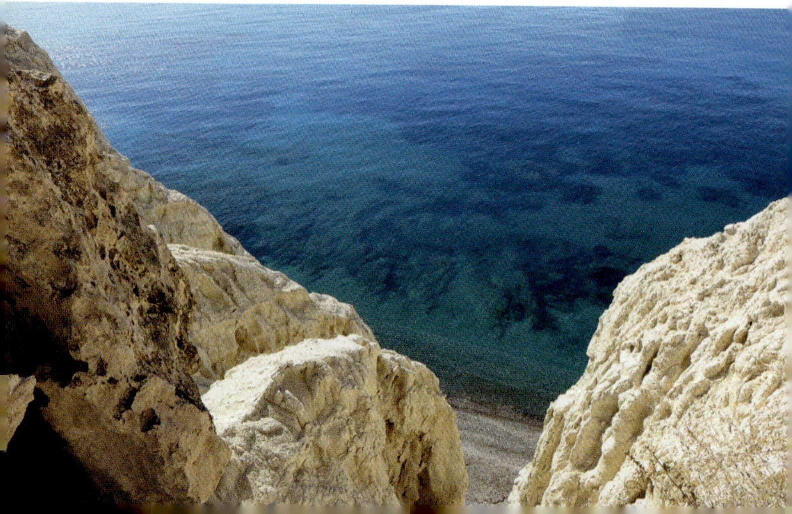

2.40 h

Die Chapotami-Schlucht bei Archimandrita

Im stillen Hinterland der Ferienküste durch die »Oleanderschlucht«

Archimandrita liegt gerade mal 14 km landeinwärts der Küstenautobahn und dennoch scheint man in einem der hintersten Winkel der Insel angekommen zu sein. Im Oberdorf plätschert das Leben gemächlich vor sich hin, vom verlassenen Unterdorf führt ein Weg in die Schlucht des Chapotami hinein. Ein wenig begangener Rundweg durch eine stille Landschaft. Bitte beachten Sie, dass die Passage am Fluss nur im Sommerhalbjahr möglich ist.

Ausgangspunkt: Kirche in Kato Archimandrita, 277 m. Von der B 6 zwischen Pafos und Limassol zweigt man bei Kouklia nach Archimandrita (F 612) ab. 500 m vor dem Ortseingang von Pano Archimandrita folgt man rechts dem schmalen Betonsträßchen ins 2 km entfernte Kato Archimandrita, nach 200 m hält man sich links. Kleiner Parkplatz am Ortseingang vor der Kirche. Frühaufsteher kommen wochentags ab Pafos mit Buslinie 632 um 6.15 Uhr nach Archimandrita (zurück um 15 Uhr); zusätzliche Gehzeit von Pano Archimandrita bis Kato Archimandrita auf kaum befahrener Straße hin und zurück eine gute Stunde.
Anforderungen: Der Weg durch die Schlucht ist in der Regel ab Mai trockenen Fußes begehbar, im Winterhalbjahr führt der Fluss je nach Niederschlägen mitunter knietief Wasser. In der Schlucht ist der Weg stellenweise verwachsen, längere Passagen führen durch das steinige Flussbett. Ansonsten fast ausschließlich breite Feld-, Wald- und Wirtschaftswege, anfangs schattig, im späteren Verlauf der Sonne ausgesetzt. Der Rundweg ist nicht markiert, etliche Verzweigungen verlangen Aufmerksamkeit.
Einkehr: Kaffeehaus in Pano Archimandrita.
Tipp: Besuch der »Cave of the 318 Fathers« in Pano Archimandrita. Von der Dorfstraße der Ausschilderung zu einem 80 m entfernten Parkplatz folgen und auf einem Treppenweg zur Höhle hinab. In ihr befinden sich Schädel von 318 Heiligen, die während der Christenverfolgung ihr Leben lassen mussten.

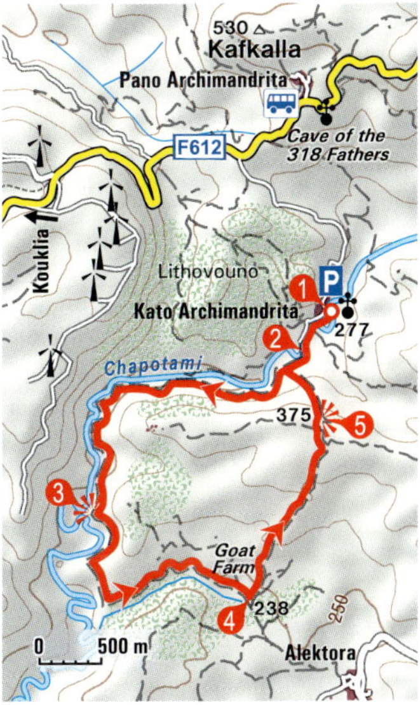

Von der Kirche in **Kato Archimandrita** ❶ folgen wir dem Dorfweg an verfallenen Häusern vorbei. Am unteren Ortsrand gehen wir vor einem Haus mit Torbogen links durch Obstbäume und Weinberge zum **Chapo-**

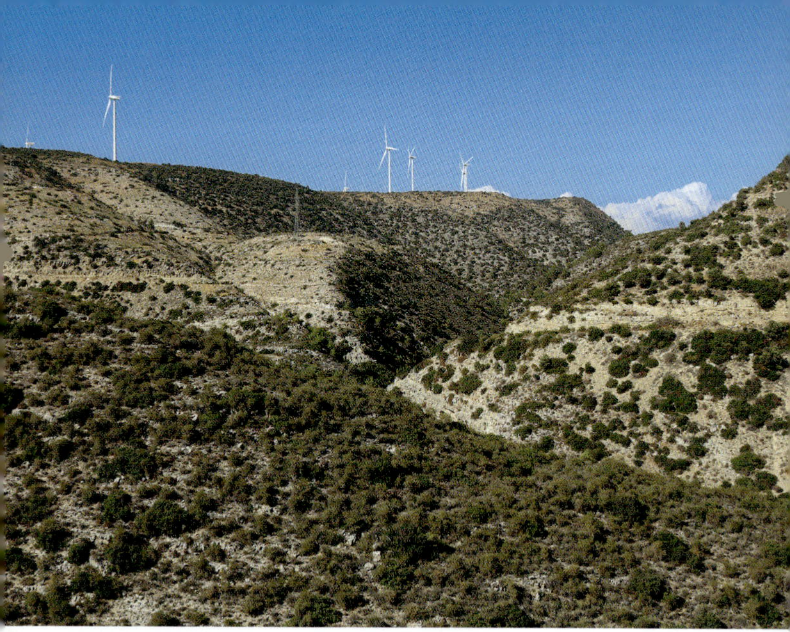

Windräder über der Chapotami-Schlucht.

tami-Fluss ❷ hinab. Der Feldweg quert das Bachbett, an der Kreuzung 20 m danach wenden wir uns nach rechts (auf dem geradeaus führenden Weg werden wir wieder zurückkommen). Der Forstweg läuft zunächst ein gutes Stück oberhalb vom linken Bachufer durch Kiefernwald und senkt sich dann wieder zum im Sommerhalbjahr meist trockenen Bachbett ab und quert dieses. Wir halten uns hier leicht links auf nun etwas schmalerem Weg und queren kurz darauf das Flussbett abermals nach links. Für etwa 150 m geht es direkt im steinigen Bett des Chapotami weiter. Im weiteren Verlauf wechseln sich Wegstücke mit Passagen im Flussbett ab, verlaufen kann man sich nicht.
Schlucht und Flusslauf knicken schließlich nach Süden ab. Wir kommen an eine Stelle, an der zwei Rohre im Flussbett sichtbar werden. Der Fluss wird

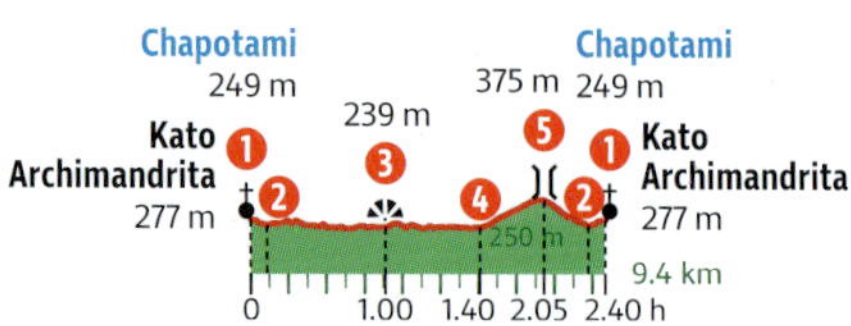

noch zwei weitere Male gequert, bis schließlich ein gut ausgebauter Weg relativ gemächlich an der linken Schluchtseite aufsteigt und bald einen schönen **Rückblick** ❸ auf das grüne Band des Chapotami und die sich darüber drehenden Windrotoren erlaubt. Eine halbe Stunde nach dem Knick nach Süden verlässt unser Weg die Chapotami-Schlucht nach Osten und läuft nun hoch über einem Seitental weiter. Ein links abgehender Weg, in dessen Richtung man einen Hochspannungsmast sehen kann, wird passiert. Nun müssen wir etwas aufpassen, damit wir den richtigen Abzweig nicht verpassen. Wir kommen an einem Weinberg vorbei, hinter dem sich ein Hain mit jungen Olivenbäumen anschließt. 150 m nach dem ersten Linksabzweig geht im spitzen Winkel ein zweiter Weg nach links ab, auch hier gehen wir geradeaus und lassen 20 m darauf einen rechts abgehenden Weg unbeachtet. Nochmals gut 100 m weiter mündet unser Weg in einen breiten **Schotterweg** ❹, 238 m. Hier gehen wir nun links und wandern direkt auf den Strommast zu.

Der Weg steigt relativ kräftig an, unterquert neben dem Mast die Stromtrasse und hält auf einen quer verlaufenden bewaldeten Hügelrücken zu. Knapp 15 Min. nach dem Strommast bleibt ein links abzweigender Weg unbeachtet. An der großen Gabelung gut 100 m danach gehen wir links und passieren etwa 150 m darauf einen auf einen Windrotor zuhaltenden Linksabzweig, bis kurz darauf schließlich eine **Passhöhe** ❺, 375 m, erreicht wird. An dieser öffnet sich erneut der Blick ins Chapotami-Tal und auf Kato Archimandrita. In Serpentinen kommen wir wieder zum **Chapotami-Fluss** ❷ hinab und gehen von dort auf bekanntem Weg zur Kirche von **Kato Archimandrita** ❶ zurück.

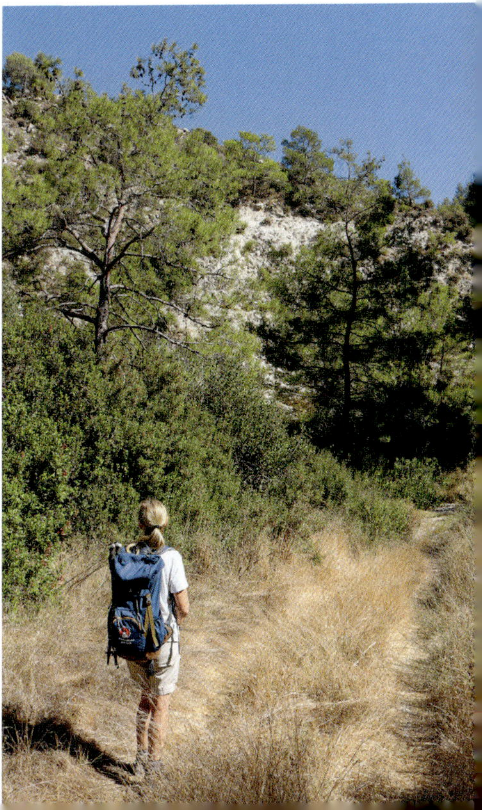

Durch das Schluchtbett führt ein stellenweise gut begehbarer Feldweg.

↗ 150 m | ↘ 150 m | 3.0 km

17 Rund um den Moutti tou Stavrou

1.00 h

Kleiner Höhenrundweg durch die grüne Lunge Zyperns

Das Tal von Stavros liegt inmitten ausgedehnter Waldbestände. Oberhalb des Forsthauses zieht sich ein bequemer kleiner Rundweg durch die immergrüne Region. Vor oder nach der Wanderung lohnt der Besuch des Mufflon-Geheges, in dem Sie einen Blick auf Zyperns endemische Wildschafe werfen können.

Ausgangspunkt: Selladi tou Stavrou, 1026 m. Die Forststation Stavros tis Psokas ist der »Verkehrsknoten« im westlichen Troodos, wo mehrere Straßen und Forstpisten zusammenlaufen. Am schnellsten ist die Anfahrt von Polis (34 km) über Lysos auf der durchgehend geteerten F 733. Im Winter kann die Forststraße bis in den März hinein gesperrt sein. Wer im Troodos (61 km) wohnt, erreicht Stavros auf der geteerten E 912 über Pedoulas und das Kloster Kykkou. Der Wandereinstieg befindet sich in Richtung Kykkou am Straßendreieck Selladi tou Stavrou 3 km oberhalb des Forsthauses, Parkmöglichkeit am Straßenrand.

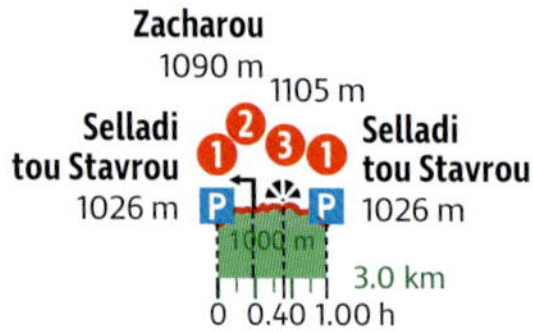

Anforderungen: Einfacher Spazierweg auf gut ausgebauten Pfaden und breiten Waldwegen. Der Rundweg ist nicht markiert, die Orientierung ist dennoch sehr einfach.
Einkehr: Unterwegs keine.

An der Weggabelung **Selladi tou Stavrou** ❶, 1026 m, gehen wir die Steinstufen zwischen der Wandertafel und einer Sitzbank hinauf. Der Waldpfad steigt durch Kiefernwald an und bringt uns zu einer Gabelung an einer weiteren Bank, wir gehen hier rechts und steigen weiter auf (auf dem linken Weg werden wir später zurückkommen).

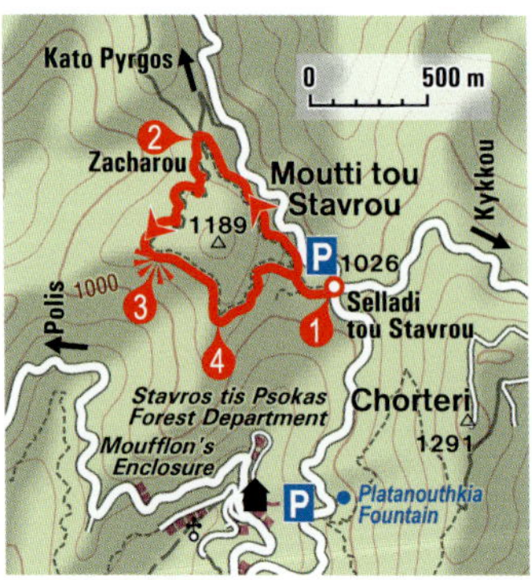

Durch den lichten Kiefernwald schauen wir über die Ausläufer des Troodos bis zur Bucht von Güzelyurt (griech. Morfou) hinab, bei guter Sicht auch auf die Silhouette des Fünffingergebirges in Nordzypern.
Wenige Schritte bevor der Pfad auf die Kreuzung **Zacharou** ❷, 1090 m, trifft, knickt der nun breitere Weg scharf nach links ab. Zur Rechten öffnet sich die Aussicht auf den

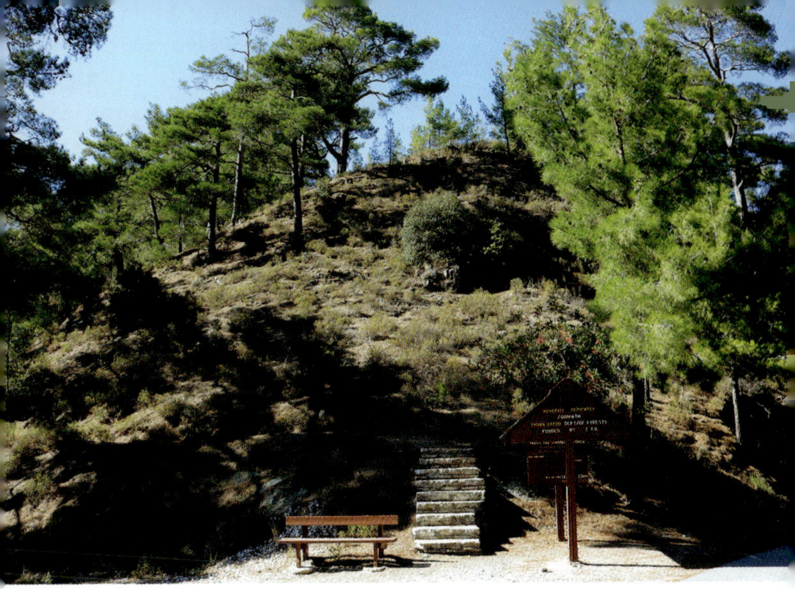

Am Wegeinstieg am Selladi tou Stavrou führen ein paar Stufen in den lichten Kiefernwald hinein.

Zacharou Fire Lookout auf einem benachbarten Gipfel. Gut 10 Min. nach der Kreuzung erreichen wir zwei von Beton ummantelte kleine runde Wasserbehälter. Hier endet der ausgebaute Weg, wir gehen links haltend auf einem Pfad weiter. Von einem **Aussichtspunkt** ❸, 1105 m, ergibt sich sogleich ein Tiefblick in das Tal von Stavros tis Psokas, kurz darauf können wir auch die Halbinsel Akamas ausmachen. An einer **Sitzbank** ❹, von der man auf den Brandausguck auf dem Chorteri schaut, schwenkt der Pfad scharf nach links. Knapp 10 Min. darauf wird wieder die vom Anfang der Runde bekannte Gabelung erreicht, nun rechts haltend kommt man in 5 Min. zum Ausgangspunkt am **Selladi tou Stavrou** ❶ zurück.

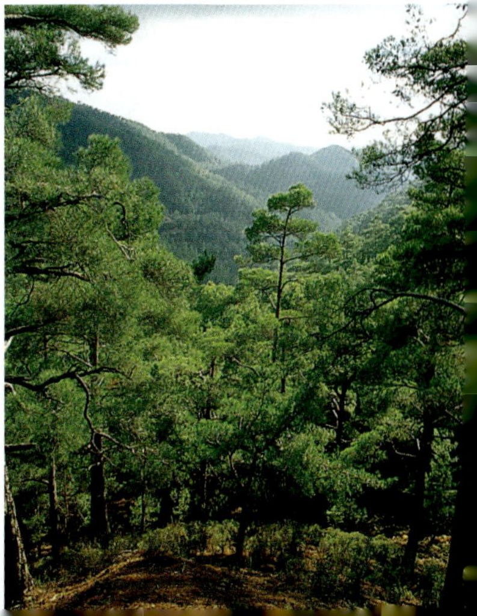

Immergrüne Waldeinsamkeit im Stavros-Tal.

↗ 500 m | ↘ 500 m | 8.4 km

18 Chorteri Nature Trail, 1291 m

2.45 h

Von Stavros tis Psokas zum Brandausguck auf dem Chorteri

Die Waldregion um Stavros gilt im Sommer als der kühlste Platz der Insel. Ein schön angelegter Saumpfad erschließt den Osthang des Stavros-Tals. Die Mühe des steilen Anstiegs wird mit weiten Aussichten belohnt: Vom Brandausguck auf dem fast 1300 m hohen Chorteri lässt sich die ganze Westhälfte Zyperns überblicken.

Ausgangspunkt: Platanouthkia, 930 m. Die Forststation Stavros tis Psokas ist der »Verkehrsknoten« im westlichen Troodos, wo mehrere Straßen und Forstpisten zusammenlaufen. Am schnellsten ist die Anfahrt von Polis (34 km) über Lysos auf der durchgehend geteerten F733. Im Winter kann die Forststraße bis in den März hinein gesperrt sein. Vom dortigen Forsthaus fährt man Richtung Kykkou bis zum 1,7 km entfernten Trinkwasserbrunnen Platanouthkia.
Anforderungen: Schmale Saumpfade und Forstwege mit steilem An- und Abstieg.
Einkehr: Keine Einkehr am Weg.

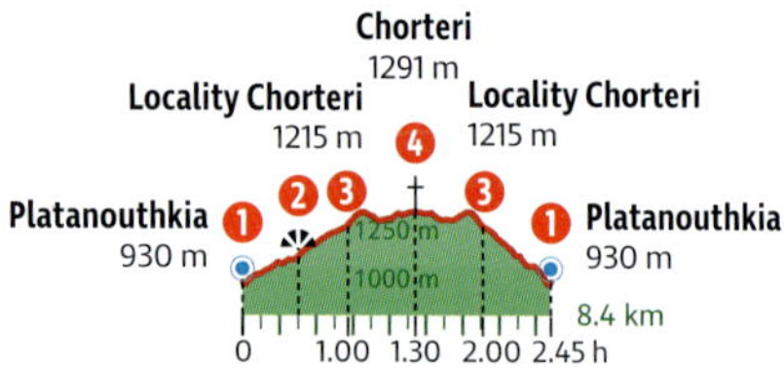

Am Brunnen **Platanouthkia** ❶ markiert eine Wandertafel den Einstieg zum Chorteri Trail. Links davon führen ein paar Stufen hangaufwärts.

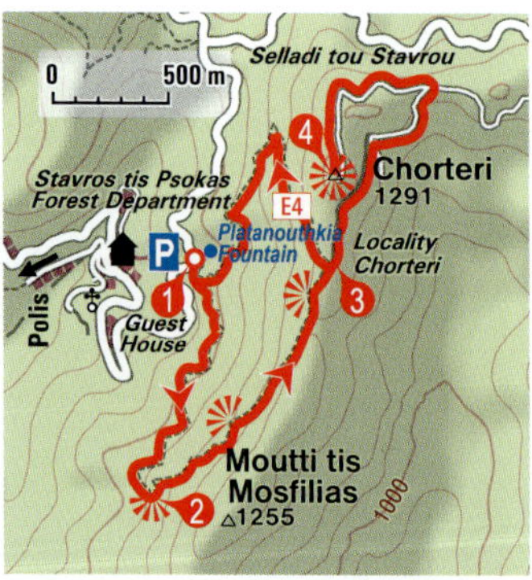

Schon nach 2 Min. teilt sich der Pfad. Durch einen Wald aus Goldeichen, Erdbeerbäumen und Kalabrischen Kiefern steigen wir geradeaus den sehr schön angelegten Saumpfad auf. Von den Bäumen hängen Flechten herab, Moospolster bedecken den Waldboden, ab und an werden Geröllzungen gequert. Von einem **Aussichtspunkt** ❷ schauen wir ins Tal von Stavros und auf die Forststation.

Nach einem weiteren Aussichtspunkt erreichen wir nach knapp einstündigem Aufstieg die **»Locali-**

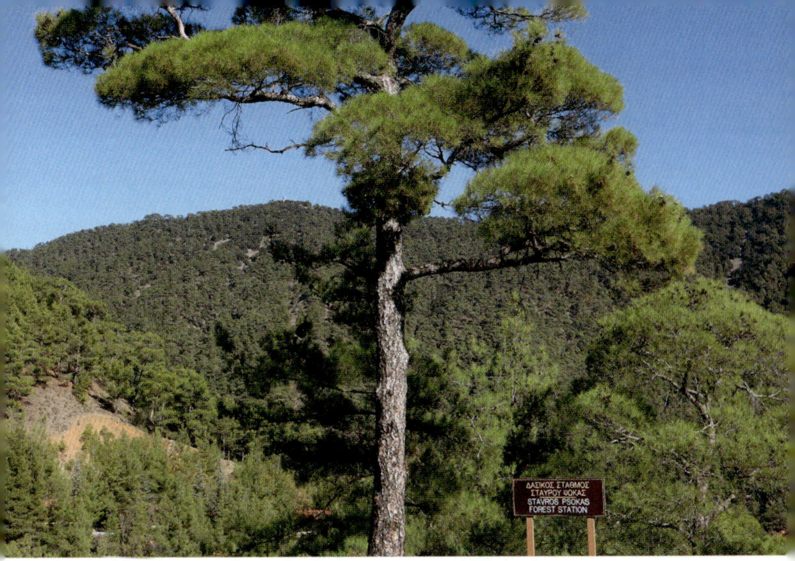

Das Stavros-Tal in den westlichen Ausläufern des Troodos-Gebirges ...

ty Chorteri« genannte **Gabelung** ❸, 1215 m. Links setzt sich der Naturlehrpfad fort, wir machen jedoch zunächst den Abstecher zum Chorteri, gehen also rechts. Nach wenigen Schritten treffen wir auf einen Forstweg, dem wir links einen Bergrücken hinauffolgen (E4-Schild). Vor uns sehen wir das Wanderziel, die Antenne auf dem Chorteri. Doch wir lassen zunächst den Gipfel links liegen, bis sich nach 10 Min. der Weg gabelt. Wir gehen geradeaus weiter und treffen 5 Min. darauf auf einen Querweg. Während der E4 rechts weiterläuft, steigen wir im spitzen Winkel links auf dem breiten Weg zum **Chorteri** ❹, 1291 m, auf. Vom Brandausguck auf dem Gipfel genießen wir ein herrliches Panorama auf die Halbinsel Akamas, den Olympos im Troodos und im Norden auf die lang gestreckte Silhouette des Fünffingergebirges. Wir gehen wieder zur **Gabelung** ❸ zurück und steigen nun rechts steil auf dem Naturpfad zu der vom Hinweg bekannten Verzweigung ab. Rechts haltend gelangen wir von dort wieder zum **Platanouthkia-Brunnen** ❶.

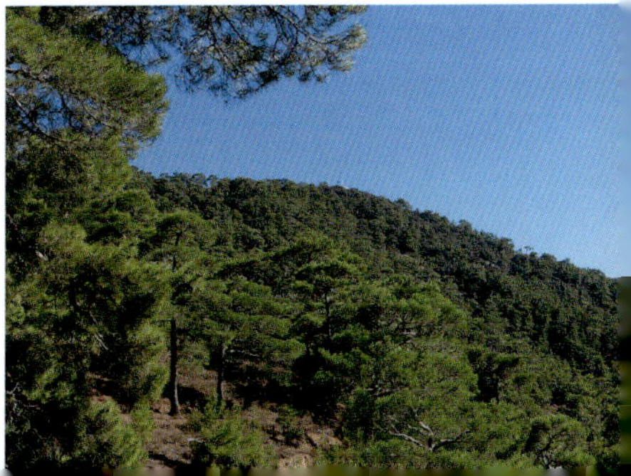

... ist von ausgedehnten Kiefernwäldern überzogen.

↗ 300 m | ↘ 300 m | 6.1 km

19 Vom Zederntal auf den Tripylos, 1362 m

2.10 h

Auf einen Aussichtsgipfel über dem Zedernwald

Das Zederntal ist eines der botanischen Aushängeschilder Zyperns. Es verdankt seinen Namen einer endemischen Unterart der Libanonzeder. In dem Tal finden sich noch größere Bestände dieser einstmals auf der Insel weit verbreiteten, bizarren Nadelbäume. Der Bestand wird auf etwa 130.000 Bäume geschätzt, manche von ihnen sollen über 500 Jahre alt sein. Die bewaldete Bergregion ist zudem ein Refugium für die letzten frei lebenden Wildschafe. Von einem Picknickplatz macht ein aussichtsreicher Aufstieg auf den 1362 m hohen Tripylos mit dem abgeschiedenen Tal bekannt. Trotz der langwierigen Anfahrt eine lohnende Tour, die mit einem Besuch des Klosters Kykkou kombiniert werden kann.

Ausgangspunkt: Rastplatz im Zederntal, 1140 m. Von Platres mit Pkw über Prodromos zum Kloster Kykkou. In Kykkou folgt man der Ausschilderung nach Stavros tis Psokas und biegt gut 7 km nach Kykkou am Selladi tou Staktou links in die ausgeschilderte geteerte Forststraße zum Zederntal ein. Nach weiteren 10 km wird der Parkplatz an der Picknickzone erreicht. Für den von Platres 80 km langen Anfahrtsweg sollten Sie mindestens 1.30 Std. Fahrzeit rechnen. Zeitlich nur unwesentlich kürzer sind die Anfahrten von Polis über Stavros tis Psokas (47 km) und von Pafos (54 km). Von Pafos fährt man auf der E 703 bis Pano Panagia und biegt dort links in die F 726 ab.
Anforderungen: Bequemer Auf- und Abstieg ohne steile Abschnitte auf breitem Forstweg.
Einkehr: Keine am Weg.

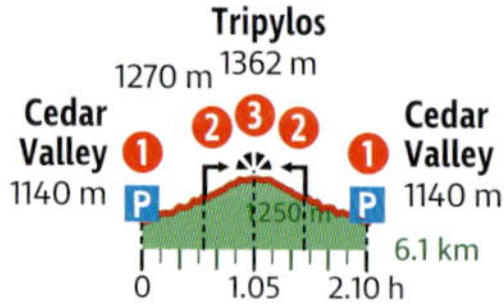

Vom **Parkplatz** ❶ an der Picknickzone im **Zederntal** folgen wir dem mit einer Schranke gesperrten, bergauf führenden breiten Forstweg (E4-Schild). Sogleich erkennen wir, dass die Zedern in ein vielseitiges Ökosystem eingebettet sind, in Gesellschaft wachsen Kiefern, Goldeichen und riesige Platanen. Durch ihre tiefgrünen kurzen Nadeln und die symmetrische Anordnung der Äste zum geradlinigen Stamm sind die Zedern leicht von anderen Nadelbäumen zu unterscheiden. Und eine botanische Besonderheit: Die kleinen Zapfen wachsen vertikal nach oben an den Ästen.

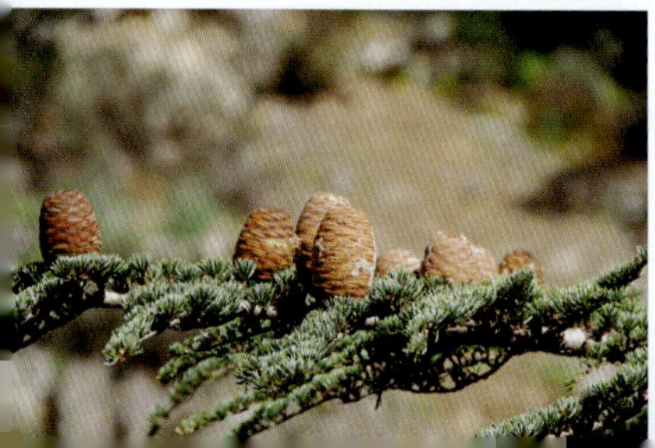

Zypern-Zeder (Cedrus brevifolia).

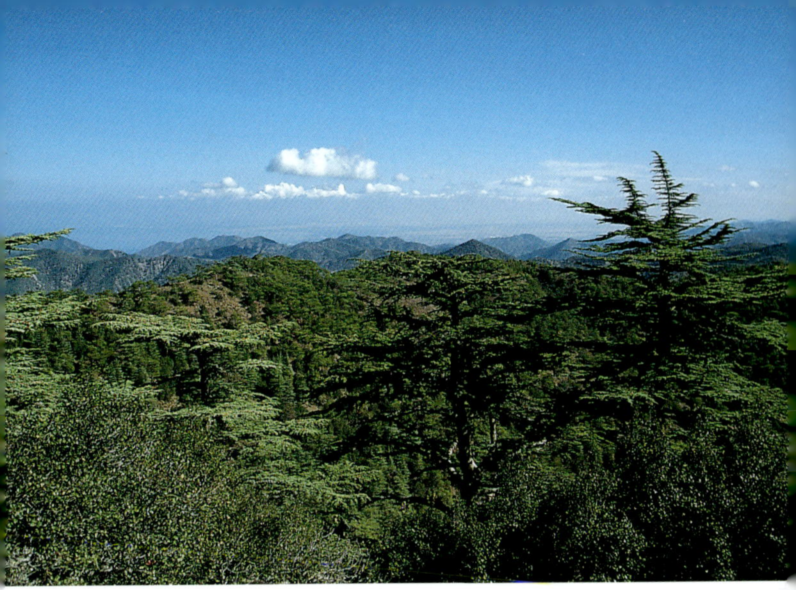

Aussicht vom Tripylos über Zedern auf die Berge in Nordzypern.

An der **Gabelung** ❷ nach einer guten halben Stunde gehen wir den rechten Strang weiter aufwärts. Von hier haben wir einen sehr schönen Ausblick auf den Bergrücken von Panagia im Süden. Im Westen können wir kurz darauf die Halbinsel Akamas und den Golf von Chrysochou erkennen. Der Weg zieht durch prächtige Zedernbestände zum **Tripylos** ❸, 1362 m, hinauf. An dem Brandausguck stehen wir an einer der schönsten Aussichtswarten Westzyperns: Im Norden liegt die Bucht von Güzelyurt (griech. Morfou), im Osten der Olympos, im Westen Akamas und im Süden der »Prophetenberg« Panagia.

Nach der aussichtsreichen Schau gehen wir auf demselben Weg wieder zum **Parkplatz** ❶ zurück.

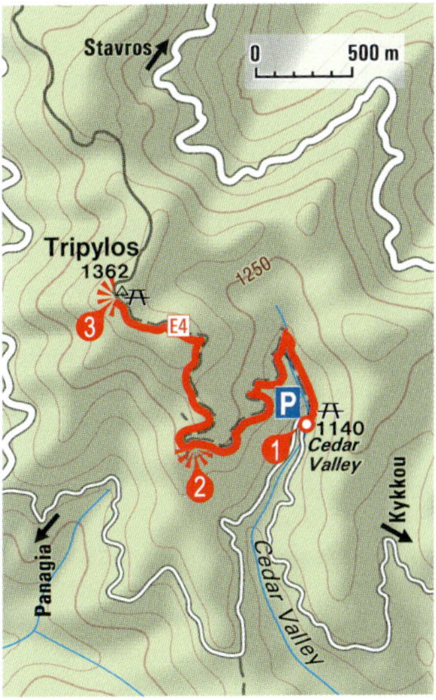

TOP
20

↗ 450 m | ↘ 450 m | 8.3 km

Zu den Kaledonischen Wasserfällen, 1575 m

3.00 h

Auf dem Weg der Nachtigallen am Kryos Potamos

»In Platres lassen dich die Nachtigallen nicht schlafen«, dieser Satz des griechischen Literaturnobelpreisträgers Georgios Seferis machte das Bergdorf im Troodos weit über die Insel hinaus bekannt. Tagsüber können Sie hoffentlich gut ausgeruht von der 1200 m hoch gelegenen Sommerfrische etliche Wanderungen unternehmen. Ein zauberhafter und nicht von ungefähr sehr beliebter Naturlehrpfad läuft am Wildbach Kryos Potamos zu den Kaledonischen Wasserfällen hinauf. Der »kalte Fluss« ist einer der wenigen Bäche Zyperns, der ganzjährig Wasser führt. An seinen Ufern hat sich ein artenreicher Galeriewald angesiedelt.

Ausgangspunkt: Forellenfarm Psilo Dendro an der B8 in Richtung Troodos, 1 km oberhalb der Ortsmitte von Platres, 1200 m. Anfahrt mit Linienbus ab Limassol.
Anforderungen: Teils steile Auf- und Abstiege auf steinigen Pfaden, wobei etliche Male auf Stegen ein Bachbett gequert wird. Im Frühjahr und nach Regenfällen mitunter etwas rutschig.
Einkehr: Restaurant Psilo Dendro, Spezialität sind frische Forellen.

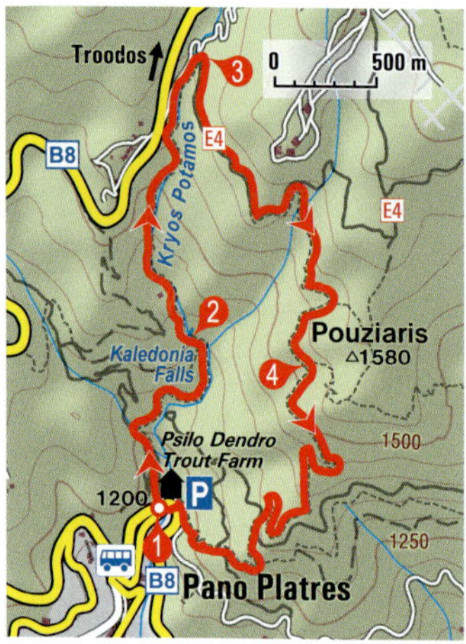

Am Parkplatz vor dem Restaurant **Psilo Dendro** ❶ lassen wir das Lokal rechts liegen und folgen dem anfangs betonierten Weg bergan. Nach 150 m geht der Betonweg in einen Waldweg über, geradeaus weiter erreichen wir nach 75 m eine Infotafel. Die Treppe hinauf folgen wir nun immer dem felsigen Bett des **Kryos Potamos**, der in kleinen Kaskaden talwärts stürzt. Mehrmals wechselt der Pfad auf Holzstegen die Uferseite. Am Km-Schild 2 kann man auf einer überdachten Sitzbank eine kleine Pause einlegen. Von dort steigt der gestufte Pfad bald zu einer Holzbrücke auf, von der nach wenigen Schritten die Hauptkaskade der **Kaledonischen Wasserfälle** ❷, 1330 m, erreicht wird. Das Wasser rauscht aus etwa 15 m Höhe über Felsen herab. Der Wasserfall wird rechts liegen gelassen, an der Gabelung 30 m darauf bleiben wir rechts haltend und die Steinstufen aufsteigend weiter am Ufer des Wildbachs. Täfelchen machen mit der Flora am Weg bekannt, u. a. finden sich Myrte, Geißblatt, Terpentinpistazie und ganz unscheinbar die endemische Venus-Wolfsmilch mit ihren wunderschönen roten Blütenköpfchen.

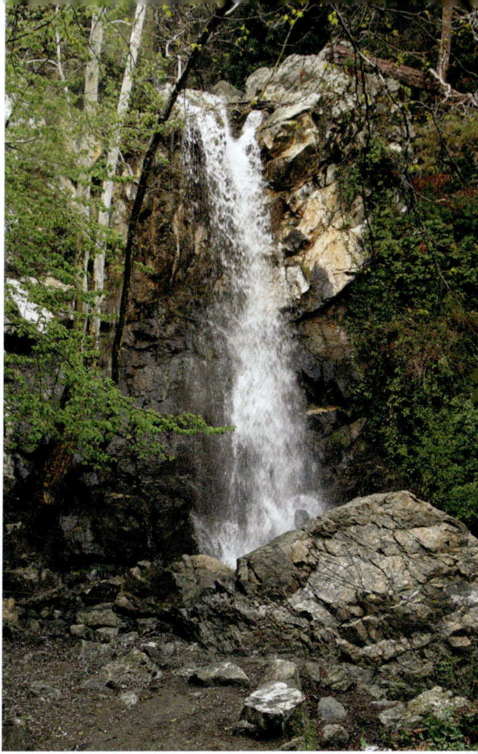

Wasserfall am Kaledonia Trail.

Eine bald steil hangaufwärts führende gestufte Wegpassage ist mit einem Geländer gesichert. Stege und eine weitere Holzbrücke helfen mehrmals über das Bachbett. An einer weiteren Infotafel wird das **Ende des Naturlehrpfades** ❸, 1575 m, erreicht. Vor uns liegt ein Teersträßchen (Old Road), auf dem man nach 2 km Troodos erreichen könnte. Sofern wir nicht auf demselben Weg zurückwollen, gehen wir scharf rechts auf breitem Waldweg in Richtung »Makrya Kontarka« (E4-Schild).

Nach gut 10 Min. mündet von links oben ein Pfad in unseren Weg ein. 50 m später verlassen wir den Waldweg rechts in einen nicht markierten Pfad, der mitunter etwas undeutlich, bald auch sehr schmal und leicht ausgesetzt durch einen Mischwald aus Kiefern und Goldeichen läuft. An einer Verzweigung führt links ein **Pfad zum Pouziaris** ❹, 1500 m, hinauf. Wir steigen jedoch geradeaus weiter ab. Gut 20 Min. später wird eine breite Forststraße schräg gequert. Auf der anderen Seite setzt sich der Pfad fort, an der ausgeschilderten Gabelung 5 Min. darauf halten wir uns rechts, nun ist es noch 1 km bis Psilo Dendro. Ein paar Minuten darauf kreuzen wir abermals eine Forststraße, 10 Min. später treffen wir schließlich an der Forellenfarm **Psilo Dendro** ❶ wieder auf die Straße nach Platres.

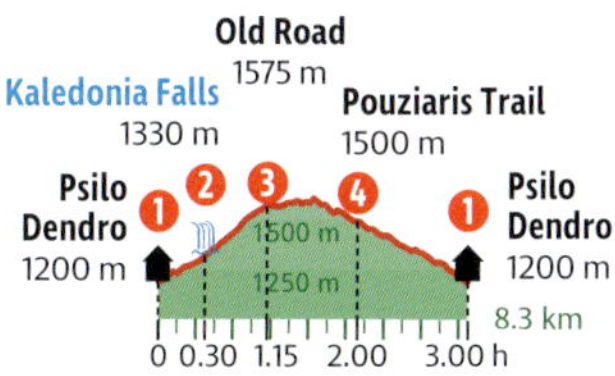

↗ 200 m | ↘ 200 m | 2.8 km

21 Myllomeris-Wasserfälle

1.15 h

Spaziergang durch ein wildromantisches Tal

Nicht alle Wanderwege rund um Platres beginnen an der Forellenfarm Psilo Dendro. Zu den Wasserfällen von Myllomeris können Sie direkt vom Ortszentrum loswandern. Im Frühjahr ist der Pfad zum Wasserfall an wilder Romantik kaum zu überbieten – ein quirliger Bachlauf zieht durch einen Galeriewald, der nur so vor Grün strotzt. Nur schade, dass der Weg so kurz ist.

Ausgangspunkt: Parkplatz vor der Touristeninformation am Dorfplatz in Platres, 1128 m. Anfahrt mit Linienbus ab Limassol.
Anforderungen: Einfache Tour mit kurzen An- und Abstiegen auf einem Saumpfad.
Variante: Folgt man beim Abstieg zu den Wasserfällen der Fahrstraße links, kann auf dieser zum Staudamm von Pera Pedi gewandert werden. Der Fahrweg trifft nach 10 Min. auf eine wenig befahrene Teerstraße, auf der rechts haltend nach weiteren 20 Min. der Staudamm erreicht wird.

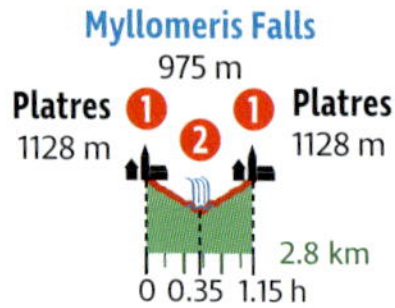

Einkehr: Etliche Lokale in Platres.

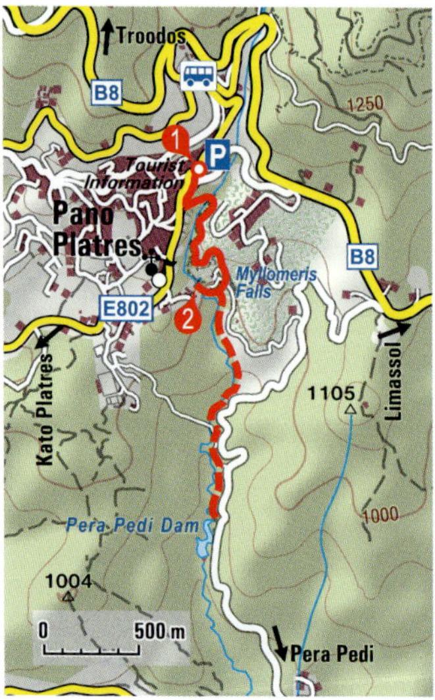

Von der Touristeninformation am Dorfplatz in **Platres** ❶ gehen wir an der Polizeistation die Dorfstraße abwärts. An der Verzweigung nach 50 m halten wir uns links weiter abwärts und passieren kurz darauf den Abzweig nach Limassol, gehen also geradeaus weiter bergab in Richtung Kato Platres. Nach wenigen Minuten verlassen wir an einer Infotafel zu den Myllomeris Falls die Straße links in einen anfangs breiten Pfad.
Der Pfad bringt uns ins Tal des **Myllomeris** hinab, auf einer Holzbrücke wird der Bach gequert. Wir wandern zunächst am linken Ufer bachabwärts durch ein üppig grünes Vegetationskleid. 5 Min. nach der Brücke bleibt ein links aufwärtsführender Pfad unbeachtet; wir bleiben also

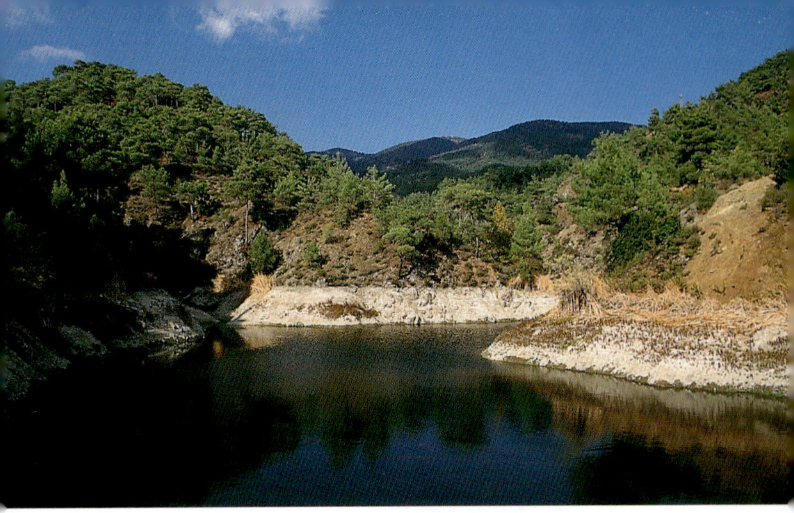

Blick von der Dammkrone über den Stausee von Pera Pedi auf den Pouziaris, 1580 m.

zunächst am Bachufer, bis der Pfad 2 Min. später an einem Bretterzaun scharf links hangaufwärts steigt. Auf einer Anhöhe mit herrlichem Talblick schützt ein Holzzaun vor dem steil abfallenden Hang. Kurz darauf wird ein alter Wirtschaftsweg gekreuzt, hier steigen wir scharf rechts eine Steintreppe hinab. Vor einem Haus gehen wir auf einem Betonweg weiter abwärts, der in eine Fahrstraße mündet. Wir folgen dieser nach rechts und kommen an einem eingezäunten Haus vorbei. Dort steigen wir auf ein paar Stufen in das hier schluchtartige Bachbett ab und stehen kurz darauf vor den **Myllomeris Falls** 2, die sich aus gut 20 m Höhe in die Schlucht ergießen. Auf selbem Weg gehen wir wieder nach **Platres** 1 zurück.

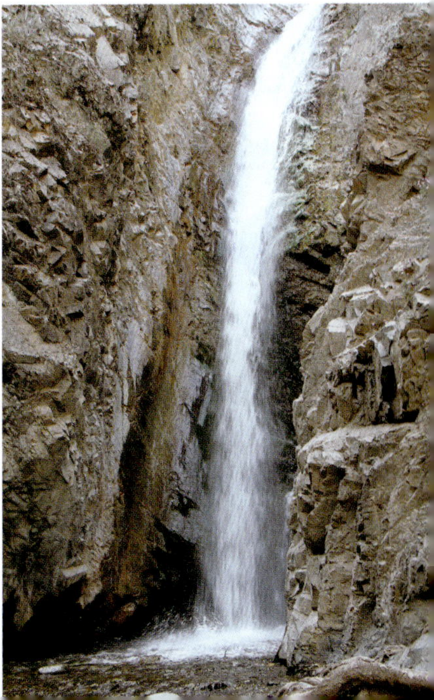

Myllomeris-Wasserfälle.

↗ 460 m | ↘ 460 m | 8.5 km

22 Pouziaris Nature Trail, 1580 m

2.40 h

Von der Forellenfarm über den »Berg der Eingeweide«

Psilo Dendro oberhalb von Platres ist wegen seiner Forellenzucht und des dazugehörigen Lokals inselweit bekannt. Direkt über den Fischbecken beginnen mehrere Wanderwege. Ein waldreicher Naturlehrpfad führt auf den Hausberg von Platres, die Zyprer nennen ihn – aus welchen Gründen auch immer – Pouziaris, den »Berg der Eingeweide«.

Ausgangspunkt: Forellenfarm Psilo Dendro an der B 8 Richtung Troodos, 1 km oberhalb der Ortsmitte von Platres, 1200 m. Anfahrt mit Linienbus ab Limassol.
Anforderungen: Überwiegend schattige Pfade mit kurzen steilen An- und Abstiegen. Der Rundweg ist recht gut markiert, etliche Verzweigungen verlangen dennoch volle Aufmerksamkeit.
Einkehr: Restaurant Psilo Dendro, mit zugehöriger Forellenfarm.

Vom Parkplatz am Restaurant **Psilo Dendro** ❶ folgen wir der Hauptstraße 15 m abwärts und biegen links in die ausgeschilderte Forststraße nach Mesa Potamos ein. Nach wenigen Schritten steigen wir links von der Wandertafel auf dem Pouziaris Trail den Wald hinauf. Nach 8 Min. zweigt rechts ein Pfad zu einer Sitzbank ab, wir gehen links steil im Zickzack weiter und queren 5 Min. später eine Forststraße.
An einer ausgeschilderten Gabelung weisen beide Schilder zum Troodos Square, wir wählen den linken Pfad und kreuzen nach weiteren 5 Min. zum zweiten Mal eine Forststraße. Der Pfad schlängelt sich durch teils dichte Bewaldung hangaufwärts und gibt gelegentlich die Aussicht auf die tief unten liegenden Bergdörfer frei. Stellenweise ist der Pfad leicht ausgesetzt. Etwa eine Stunde ab Psilo Dendro wird kurz nach einer felsigen Passage ein rechts abgehender Pfad erreicht. Während es geradeaus weiter zur alten Straße nach Troodos geht, zweigen wir hier rechts ab und erreichen nach 10-minütigem Aufstieg den **Pouziaris** ❷, 1580 m. Von einer Sitzbank bietet sich eine fulminante Aussicht auf Platres und über die Kommandaria-Region hinweg zur Südküste hinab.
Von der Bank folgen wir dem Pfad etwa 50 m über die geräumige Kuppe zu einem ausgeschilderten Wegdreieck. Geradeaus würde man in 5 km den Troodos Square erreichen, wir steigen hier rechts wieder in Richtung Psilo Dendro ab.

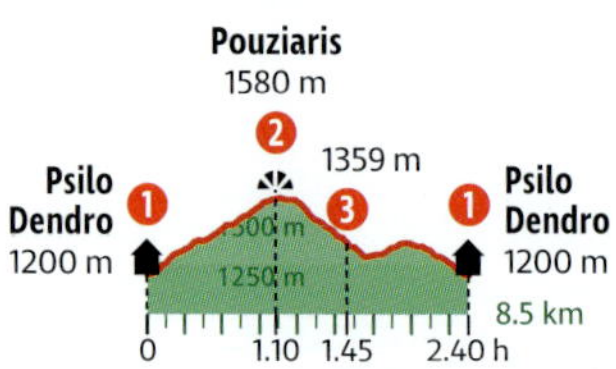

Der mitunter etwas geröllige, doch gut ausgebaute Pfad läuft in teils engen Kehren durch einen Wald aus Schwarzkiefern und Erdbeerbäumen. Zwischen den Bäumen können

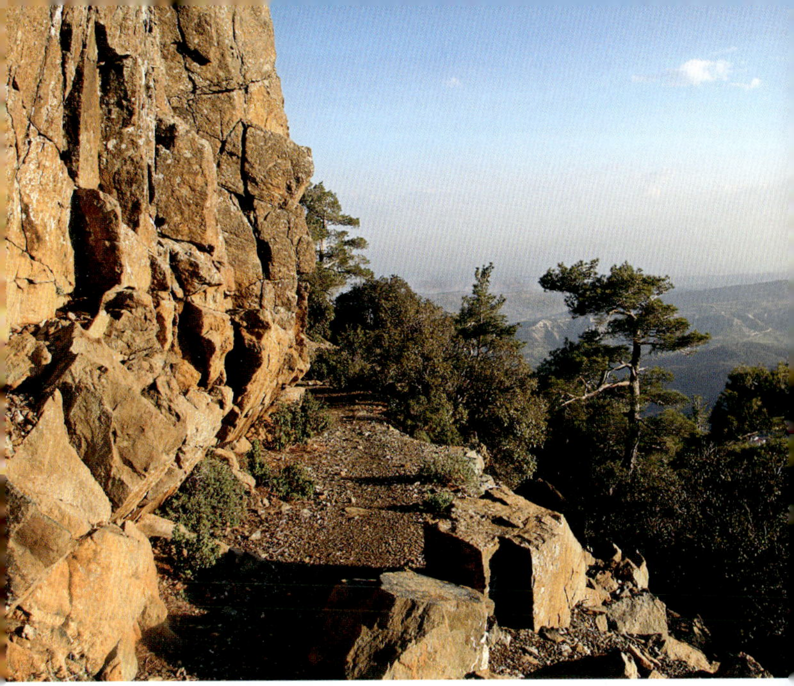

Ein schmaler Saumpfad führt zum Pouziaris hinauf.

wir kurz einen Blick auf die beiden »Golfbälle« einer Militärstation werfen. An einer weiteren Bank halten wir uns halb rechts und gelangen kurz darauf zu einem Forstweg, dem wir rechts folgen (Wanderschild). Knapp 5 Min. später gehen wir ebenfalls rechts und queren nach abermals 5 Min. eine breite **Forststraße** ❸. Wir sind nun wieder auf einem schmalen Pfad, der noch einige Minuten abwärtsläuft und dann auf einem viertelstündigen Gegenanstieg einen Hang traversiert.

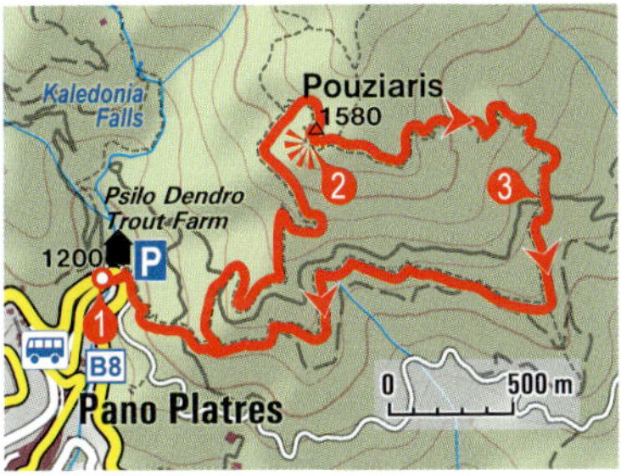

Kurz nach einer Bank treffen wir erneut auf eine Forststraße, dieser folgen wir 5 m nach rechts, steigen dann auf dem Pfad zu der vom Hinweg bekannten ausgeschilderten Gabelung ab und erreichen geradeaus gehend nach 1 km wieder die Forellenfarm **Psilo Dendro** ❶.

TOP

23 Artemis Nature Trail, 1850 m

↗ 150 m | ↘ 150 m | 7.3 km

2.00 h

Kleiner Höhenrundweg um Zyperns höchsten Gipfel

Der nach der Waldgöttin Artemis benannte Naturlehrpfad führt genau durch die richtige Region – mehr Wald als rund um den Olympos gibt es nirgendwo sonst auf der Insel. Und dazu noch ein Forst, der sich wirklich sehen lassen kann. Auf dem schattigen Rundweg können mächtige Schwarzkiefern und archaisch anmutende Wacholderbäume bewundert werden, im Unterwuchs gedeihen etliche endemische Pflanzen. Dazu machen interessante geologische Gesteinsformationen auf sich aufmerksam, und imposante Aussichten auf die umliegenden Bergdörfer sind ebenfalls garantiert. Kein Wunder, dass der Trail zu den faszinierendsten Inselwanderungen gehört. Eine überwiegend schattige Tour, die dank der Höhenlage auch in den heißen Sommermonaten angenehm begehbar ist.

Ausgangspunkt: Parkplatz am Artemis Trail, 1830 m. Von Platres mit Pkw, Bus oder Taxi nach Troodos. An der T-Kreuzung nach dem Kreisverkehr in Troodos folgt man 2 km der Straße in Richtung Prodromos und biegt dann links in die Zufahrt zum Olympos ein. Nach 400 m parkt man an der Infotafel auf der linken Straßenseite.

Anforderungen: Schattige Rundtour auf gut ausgebauten Pfaden. Im Winter kann der Weg bis in den März hinein zugeschneit sein, selbst im April ist noch mit vereinzelten Schneefeldern zu rechnen. In den Morgenstunden ist es recht kühl.

Einkehr: Keine am Weg, Tavernen und Snackbars in Troodos.

Der Rundweg beginnt am **Parkplatz** ❶ links von einer Wandertafel, neben der es auch eine Sitzbank gibt. Sogleich wandern wir durch einen schönen Schwarzkiefernwald. Nach 2 Min. ergibt sich an einer beschilderten Berberitze nach Osten eine fulminante Aussicht auf ein markantes Dreigestirn: links schaut man auf den Madari, in der Mitte auf den Kionia mit seinem Radarturm und rechts davon auf den Papoutsa bei Agros.

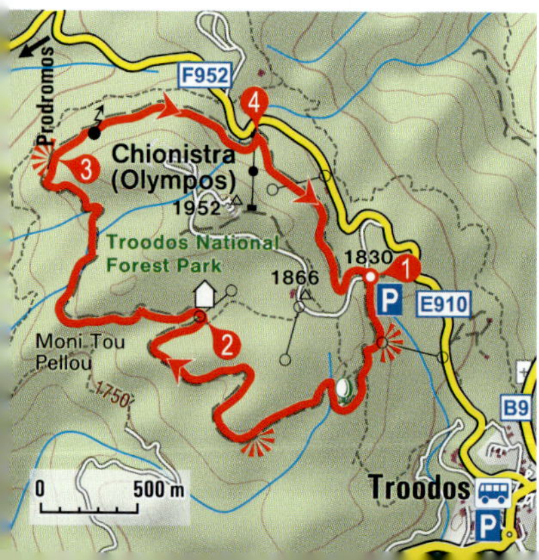

Der Pfad läuft mehr oder weniger die Höhe haltend zunächst durch die Südhänge des Olympos, quert dabei zwei Forstwege (am zweiten stehen aufgeforstete junge Zypern-Zedern) und kommt in einem Taleinschnitt zu einem **Skilift** ❷, 1844 m, neben dem eine Skihütte steht.

Nach der Skihütte wird ein urtümlich anmutendes **Wäldchen** mit

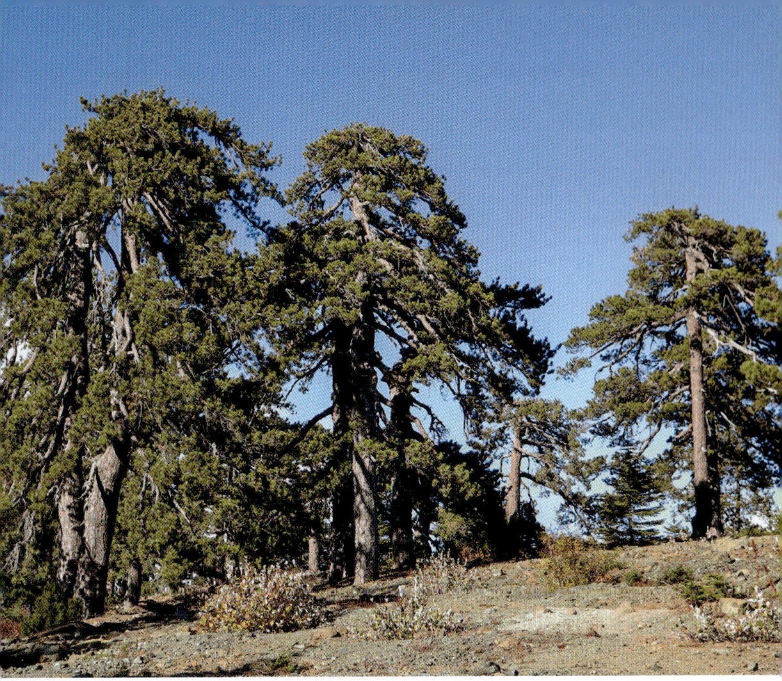

Den höchsten Inselgipfel umschließt ein Gürtel aus prächtigen Schwarzkiefern.

knorrigen Exemplaren von Stinkwacholderbäumen (*Juniperus foetidissima*) durchwandert. Der Name geht auf die nadelförmigen Blätter zurück, die zerrieben einen unangenehmen Geruch entfalten. Geologisch interessant sind bizarre Formationen von **Harzburgit**, ein bei der Auffaltung der Insel aus dem Erdmantel hochgedrücktes Tiefengestein, das hell- bis dunkelgrün schimmernden Olivin enthält.

Gut 20 Min. nach dem felsigen Wegstück aus Harzburgit öffnet sich von einem **Aussichtspunkt** ❸, 1852 m, ein zauberhaftes Panorama auf das Bergdorf Prodromos und die oberhalb davon stehende große Ruine des ehemaligen Luxushotels Berengaria. 1931 eröffnet, war dieses bis in die 1980er-Jahre mit seinem Spielkasino und Nachtclub ein internationaler Treffpunkt von Staatsoberhäuptern und gut betuchten Geschäftsleuten aus dem Nahen und Mittleren Osten. Einige Minuten später müssen an einer etwas felsigen Passage eventuell die Hände zu Hilfe genommen werden.

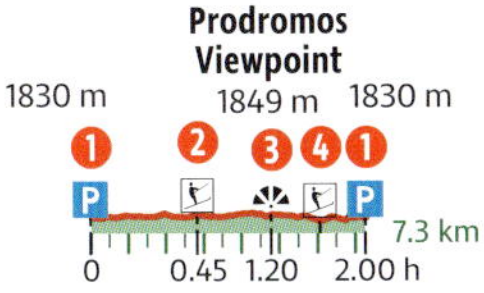

Nach einem **zweiten Skilift** ❹, 1811 m, ist der Pfad etwas undeutlich, wir steigen etwa 30 m nach dem großen Gebäude leicht rechts haltend auf und kommen 5 Min. später zu einer mächtigen **Schwarzkiefer** (*Pinus nigra* subsp. *pallasiana*). Mit einem Alter von mehr als 500 Jahren reichen ihre Wurzeln bis ins ausgehende Mittelalter zurück.
Sobald sich der Wald etwas lichtet, ergeben sich Tiefblicke auf die Güzelyurt-Ebene und die Silhouette des Fünffingergebirges in Nordzypern. Schließlich wird wieder der **Parkplatz** ❶ am Ausgangspunkt erreicht.

Den Bergpfad säumen knorrige Baumgestalten.

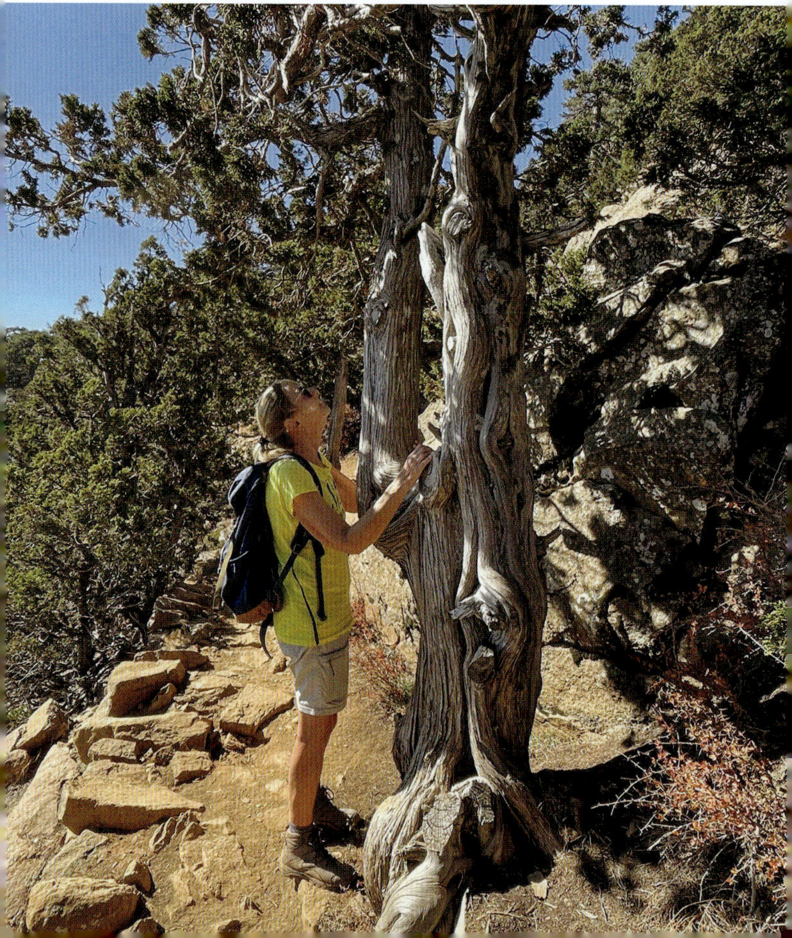

↗ 270 m | ↘ 270 m | 13.3 km

TOP

4.00 h

Atalante Nature Trail, 1775 m

24

Große Runde um den Olympos

Sozusagen eine Etage tiefer als der Artemis Trail umrundet der etwas längere Atalante Trail ebenfalls den Olympos, Zyperns höchsten Gipfel. Der Naturlehrpfad trägt seinen Namen nach der mythologischen Waldnixe Atalante, die in der Antike für ihre Schönheit und Schnelligkeit gerühmt wurde und im Wettlauf all ihre Freier besiegt und getötet haben soll. Der wunderschöne Schwarzkiefernwald, die im Mai aus dem Winterschlaf erwachende Gebirgsflora, etliche Aussichtspunkte und eine stillgelegte Chrommine sind die Highlights der Wanderung. Geologen finden am Weg reichlich Zeugnisse aus der Entstehungsgeschichte der Insel. Die schattige Tour ist auch im Hochsommer machbar.

Ausgangspunkt: Bushaltestelle gegenüber der Cyta Station in Troodos, 1720 m. Von Platres mit Pkw, Bus oder Taxi (wer mit dem Bus anfährt, benötigt eine gute Zeitplanung, viel Spielraum für längere Pausen gibt es dann nicht).
Anforderungen: Die schattige Rundwanderung verläuft, von einigen leicht ausgesetzten Passagen abgesehen, auf einem gut ausgebauten Naturpfad und bequemen Forstwegen. Im Winter kann der Weg bis in den März zugeschneit sein, in den Morgenstunden ist es recht kühl bis kalt.
Einkehr: Unterwegs keine, mehrere Tavernen in Troodos.

Der Weg beginnt in **Troodos** ❶ etwa 250 m vom Troodos Square (Verkehrskreisel) entfernt kurz vor der Straßengabelung Prodromos / Amiantos. Dort gehen wir zwischen dem **Cyta-Haus** und dem kleinen Postamt zu einer hinter den beiden Steinhäusern stehenden Infotafel. An dem schön angelegten Weg macht am Anfang der Route sogleich eine mächtige Schwarzkiefer (*Pinus nigra*) auf sich aufmerksam.
Der Pfad läuft zunächst unterhalb vom Jubilee Hotel entlang. Kurz darauf kann links haltend ein kleines Bachtal gequert und so eine Wegschleife abgekürzt werden. Nach einer doppelstämmigen Schwarzkiefer schwenkt der Weg wieder aus dem Bachtal hinaus, wir schauen hier auf die Tennisplätze neben dem Troodos-Besucherzentrum hinab. Auf einer etwas ausgesetzten Passage wandern wir durch den steil abfallenden felsigen Süd-

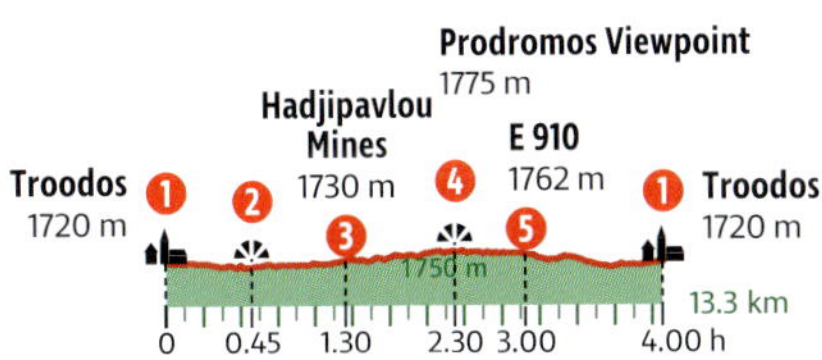

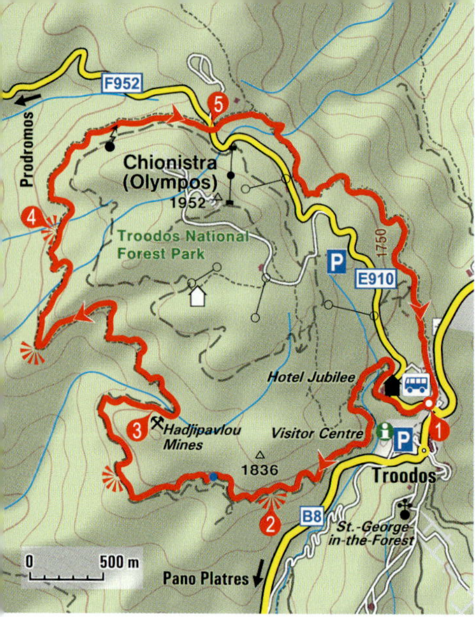

hang des Olympos, wobei sich weite Ausblicke bis zur Südküste ergeben, bei klarer Sicht kann man die Umrisse der Halbinsel Akrotiri ausmachen. Eine **Sitzbank** ❷ unter einem Wacholderbaum lädt zu einer ersten Rast ein.

Der Pfad zieht die Höhe haltend durch einen lichten Wald mit Wacholderbäumen, Schwarzkiefern und jungen Zypern-Zedern an weiteren aussichtsreichen Sitzbänken vorbei und schwenkt schließlich nach Norden. In einem Taleinschnitt wird der versperrte Stolleneingang der stillgelegten **Chrommine Hadjipavlou** ❸, 1730 m, erreicht. Von 1950 bis 1982 wurden hier unter Tage 15.000 Tonnen Erz gefördert.

Gut 100 m nach der Mine knickt der Weg nach links ab und quert einen Bachlauf, an dessen Ufer im Frühsommer die Troodos-Bachminze (*Nepeta troodi*) ihre violetten Lippenblüten zeigt – die aromatische Pflanze ist ausschließlich im Troodos-Gebirge und sonst nirgendwo auf der Welt zuhause. Der folgende Wegabschnitt macht mit der geologischen Entstehung der Insel bekannt. Für Hobbygeologen sind am Weg liegende Pyroxene mit teils smaragdgrün eingefärbter Oberfläche und bizarre Felsformationen aus **Harzburgit** interessant. Noch in den Harzburgit-Felsen wird ein weiterer Bachlauf gequert, der sich nach der Schneeschmelze in Kaskaden hangabwärts stürzt. Ein botanisches Highlight ist hier der Wald mit Stinkendem Wacholder (*Juniperus foetidissima*).

Kurz nach dem Km-7-Schild öffnet sich erstmals der Blick auf das Bergdorf Prodromos. Gut 10 Min. später kann man von einer Sitzbank am **Prodromos-Aussichtspunkt** ❹, 1775 m, die Aussicht in aller Ruhe genießen – außer Prodromos und dem Berengaria-Hotel hat man auch das Kloster Kykkou und den Kykkou Hill mit der Grabkapelle von Erzbischof Makarios III. im Blick.

Nach dem Prodromos-Aussichtspunkt läuft der Weg stellenweise leicht ausgesetzt an der Nordwestflanke des Olympos entlang und mündet eine halbe Stunde später an einem Steinhaus auf die **E 910** ❺, 1762 m. Auf der dem Steinhaus gegenüberliegenden Straßenseite wandern wir nun auf der

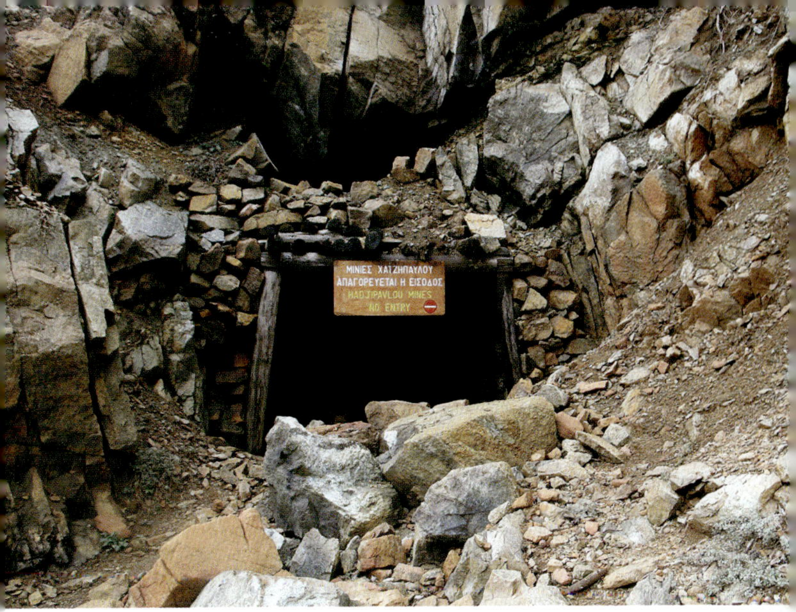

Der Stolleneingang zur Chrommine – Zugang strengstens verboten!

ungeteerten Forststraße in Richtung Kakopetria weiter. Nach gut 300 m setzt sich der Trail nach rechts fort. Der Pfad läuft kurz auf einem felsigen Rücken entlang, schwenkt dann nach einer Sitzbank nach rechts und quert ein Bachtal. An einer weiteren Bank halten wir uns geradeaus und treffen etwa 150 m darauf auf einen breiten Forstweg, dem links leicht abwärts gefolgt wird. 10 Min. später bleibt ein scharf links abgehender Weg unbeachtet. Nahe am Km-12-Schild wird der Forstweg in einen rechts aufwärtsführenden Pfad verlassen und nach leichtem Auf und Ab gut 20 Min. später wieder das Cyta-Haus in **Troodos** 1 erreicht.

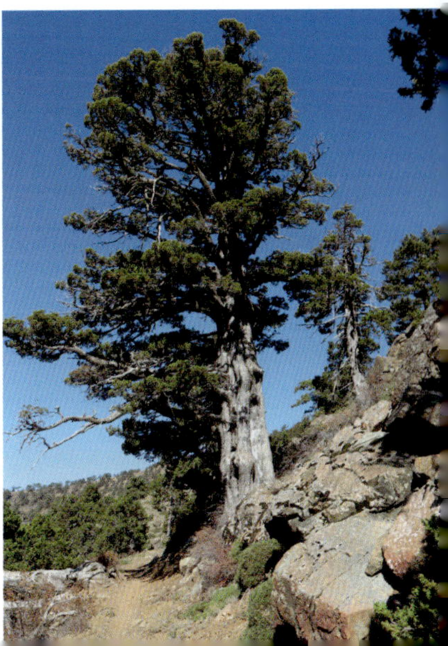

Ein Wacholderbaum am Wegrand.

↗ 130 m | ↘ 130 m | 7.8 km

25 Persephone Nature Trail, 1720 m

2.15 h

Auf den Spuren der »Herrin der Unterwelt« zu einem berühmten Aussichtspunkt im Troodos-Massiv

Die bildhübsche Persephone wurde von den Griechen ursprünglich als die Göttin der Fruchtbarkeit verehrt. Hades, der Herrscher der Unterwelt, machte sie zu seiner Gattin, indem er sie kurzerhand in seinem goldenen Wagen in sein dunkles Reich entführte. Der nach Persephone benannte Naturlehrpfad führt durch einen hochstämmigen Kiefernwald zu einem der spektakulärsten Aussichtspunkte Zyperns: Aus knapp 1700 m Höhe liegt einem wie aus der Vogelschau die ganze Südhälfte der Insel zu Füßen.

Ausgangspunkt: Verkehrskreisel (Troodos Square) in Troodos, 1720 m. Anfahrt von Platres mit Pkw, Bus oder Taxi (wer den Bus nimmt, benötigt eine gute Zeitplanung). Parkmöglichkeit nahe dem großen Verkehrskreisel.
Anforderungen: Bequem begehbarer Waldpfad ohne nennenswerten An- und Abstieg. Im Troodos ist es angesichts der Höhenlage im Sommer angenehm kühl, im Frühjahr und Herbst jedoch warme Kleidung nicht vergessen.
Einkehr: Restaurants und Snackbars in Troodos.

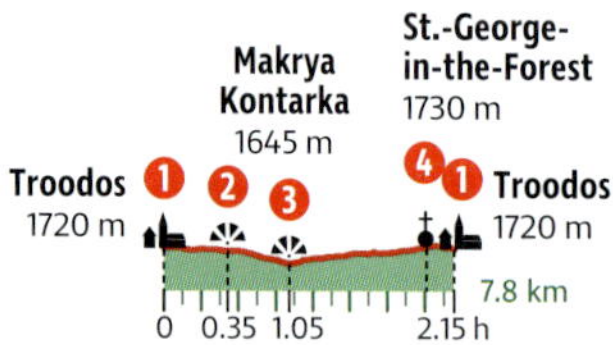

In **Troodos** ❶ folgen wir vom großen Verkehrskreisel (Troodos Square) neben einem Kiosk dem schmalen Teersträßchen in Richtung St.-George-in-the-Forest (kleines Schild). Nach knapp 150 m schwenkt die Straße nach rechts, hier geht an einer Wandertafel ein anfangs gepflasterter Weg ab. Wir folgen der Straße jedoch noch 50 m weiter zu einer weiteren Wandertafel, an der links der Naturpfad beginnt. Der Pfad führt bald durch einen prächtigen Hochwald aus Schwarzkiefern.

Nach knapp 30 Min. öffnet sich von einer **Sitzbank** ❷, 1725 m, der Ausblick auf die ehemalige **Asbestmine Amiantos**. Mit gewaltigen Erdbewegungen wurde hier eine ganze Region umgekrempelt. Obschon mit umfangreichen Renaturierungsmaßnahmen begonnen wurde, gleicht die kahl geschlagene Fläche noch immer einer Mondlandschaft.

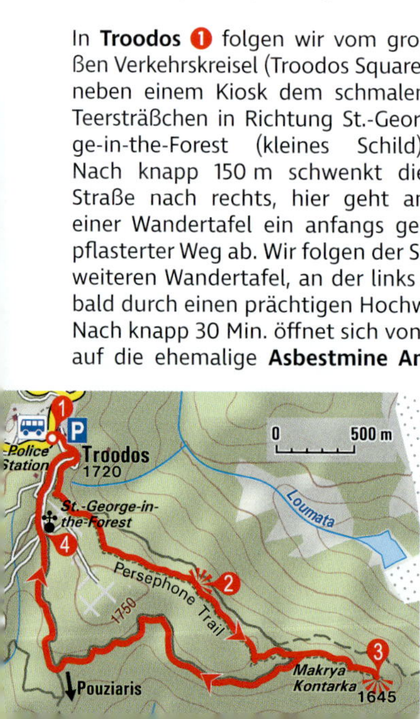

Etwa 10 Min. nach der Aussicht schwenkt der Weg scharf nach links und erreicht kurz nach aufgeforsteten Zypern-Zedern (*Cedrus bre-*

vifolia) eine große **Kreuzung**, 1675 m (rechts unser Rückweg). Wir folgen dem nun etwas breiteren Weg durch Metallpfosten geradeaus für weitere 10 Min. bis zu einer T-Kreuzung vor vier großen Kiefern. Von dort bringt uns rechts ein Pfad nach 50 m nach **Makrya Kontarka** ❸, 1645 m. An den beiden Sitzbänken erwartet uns einer der großartigsten Panoramapunkte im Troodos. Östlich schauen wir auf die im Vordergrund liegenden Pitsylia-Berge mit dem Papoutsa als höchstem Gipfel, links davon – ganz weit im Osten – können wir den leicht an dem Radarturm erkennbaren Kionia in der Machairas-Region ausmachen. Bei klarem Wetter ist im Süden die Halbinsel Akrotiri mit dem Salzsee und links davon der Hafen von Limassol zu sehen. Folgt man von der oberen Bank dem Pfad ein paar Schritte nach Norden, bietet sich eine Totale auf die von der Asbestmine verwüstete Landschaft, die in ihrer Tristesse fast schon wieder faszinierend wirkt. Hinter der Mine erstreckt sich der Madari-Rücken, hinter dem bei klarem Wetter die Silhouette des Fünffingergebirges in Nordzypern hervorspitzt.
Nach einer kleinen Wegschleife kommen wir wieder zu den vier Kiefern und von dort zur großen **Kreuzung** zurück. Sofern wir von dort nicht auf selbem Weg nach Troodos zurückwollen, bietet sich der unwesentlich längere Weg über die Waldkirche St. George an. Dazu gehen wir an der Kreuzung links. Der lichte Kiefernwald erlaubt immer wieder Ausblicke auf die Südküste. Eine halbe Stunde nach der Kreuzung mündet der Weg in einen quer verlaufenden Forstweg, dem wir rechts nach Troodos folgen. Vorbei an der mit Stacheldraht eingezäunten Militärbasis (Fotografierverbot!) erreichen wir an der **Waldkirche St.-George-in-the-Forest** ❹, 1730 m, ein Teersträßchen, das uns nach **Troodos** ❶ zurückbringt.

Kleine Pause mit Ausblick auf den Madari.

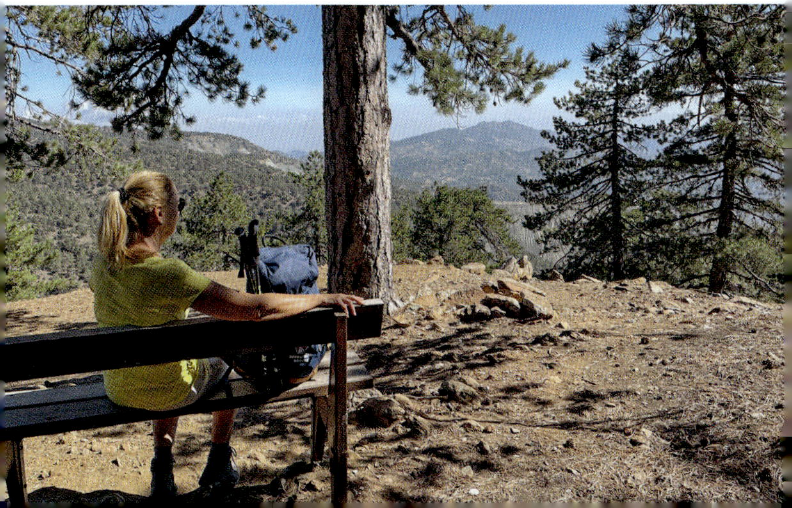

↗ 700 m | ↘ 700 m | 19.6 km

26 Große Troodos-Runde, 1720 m

6.00 h

Panoramareicher Rundweg durch das Herz des Gebirgsstockes

Die ausgedehnte Rundwanderung führt von Platres ins 1720 m hoch gelegene Troodos und über zwei wunderbare Aussichtspunkte wieder hinunter nach Platres. Dabei verbindet die Route zwei Naturlehrpfade miteinander. Der Pouziaris Trail steigt durch Goldeichen die »Westschulter« des Troodos-Massivs auf, der Persephone Trail führt durch einen prächtigen Hochwald aus Schwarzkiefern zu einem der schönsten Aussichtsplätze Zyperns. Während des langen Abstiegs nach Platres entschädigen die Ausblicke auf die Asbestmine Amiantos und die Südküste für die eine Spur zu breit geratenen Forstpisten. Wer in Troodos wohnt, beginnt die Tour mit dem Persephone Trail.

Ausgangspunkt: Forellenfarm Psilo Dendro, an der B 8 in Richtung Troodos, 1 km oberhalb des Ortszentrums von Platres, 1200 m.
Anforderungen: Lange Rundtour mit anfangs steilem Aufstieg auf Pfaden, einem anschließenden erholsamen Flachstück und langem Abstieg auf Forstwegen.
Einkehr: Restaurants in Troodos und im Forellenlokal Psilo Dendro.

Vom Parkplatz am Restaurant **Psilo Dendro** ❶ folgen wir der Hauptstraße 15 m abwärts und biegen links in die ausgeschilderte Forststraße nach Mesa Potamos ein. Nach wenigen Schritten steigen wir links neben einer Wandertafel auf dem Pouziaris Trail den Wald hinauf. Nach 8 Min. zweigt rechts ein Pfad zu einer Sitzbank ab, wir gehen links steil im Zickzack weiter und queren 5 Min. später eine Forststraße. An einer ausgeschilderten Gabelung weisen beide Schilder zum Troodos Square, wir wählen den linken Pfad und kreuzen nach weiteren 5 Min. zum zweiten Mal eine Forststraße. Der Pfad schlängelt sich durch teils dichte Bewaldung hangaufwärts und gibt gelegentlich die Aussicht auf die tief unten liegenden Bergdörfer frei. Stellenweise ist der Pfad leicht ausgesetzt. Etwa eine Stunde ab Psilo Dendro wird kurz nach einer felsigen Passage ein rechts abgehender Pfad erreicht. Während es geradeaus weiter zur alten Straße nach Troodos geht, zweigen wir hier rechts ab und erreichen nach 10-minütigem Aufstieg den **Pouziaris** ❷, 1580 m. Von einer Sitzbank bietet sich hier eine fulminante Aussicht auf Platres und die Südküste.

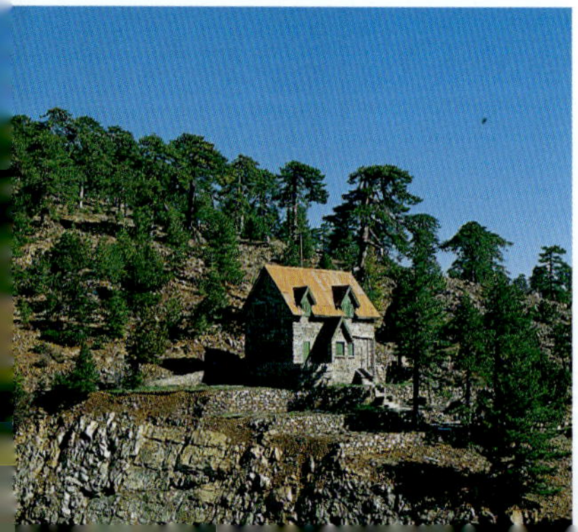

Ein winterfestes Steinhaus im Troodos-Gebirge.

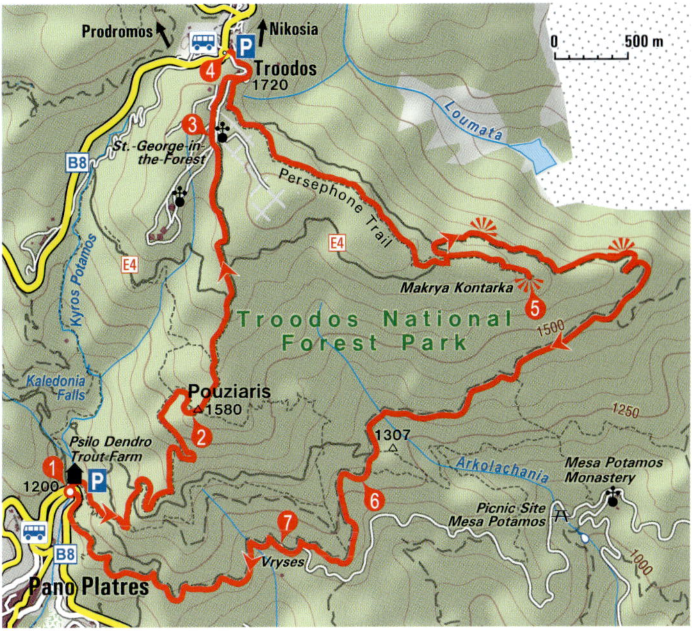

Von der Bank gehen wir auf dem Pfad etwa 50 m über die geräumige Kuppe zu einem ausgeschilderten Wegdreieck. Rechts abwärts würde man wieder zurück nach Psilo Dendro kommen, wir halten uns geradeaus in Richtung Troodos Square. Der Pfad steigt einen Bergrücken auf und hält auf die weißen Radarkuppeln einer Militärbasis zu. Nach etwas gerölligem Anstieg schwenkt unser Pfad 8 Min. nach dem Pouziaris an einer etwas unübersichtlichen Stelle nach rechts (etwa 40 m vor einem kniehohen kantigen Messpunkt auf einer Anhöhe) und trifft 15 m darauf auf einen breiteren Schotterweg, dem ein paar Schritte rechts abwärts gefolgt wird. Dieser führt dann sogleich in einem Linksbogen auf eine Anhöhe hinauf und von dort in eine kleine Einsattelung hinab und steigt dann wieder an. 10 Min. später mündet der Weg an einer Sitzbank unter einer Kiefer in eine breite Forstpiste (E4-Schild). Der steile Aufstieg ist nun geschafft. Geradeaus haltend bringt uns die Forstpiste 3 Min. später zu einer beschilderten Gabelung. Während sich der E4 hier bereits wieder nach rechts verabschiedet, wandern wir leicht links haltend in Richtung Troodos weiter.
An einem eingezäunten Militärstützpunkt wird an der 1928 von den Briten erbauten Waldkirche **St.-George-in-the-Forest** ❸, 1730 m, eine Teerstraße

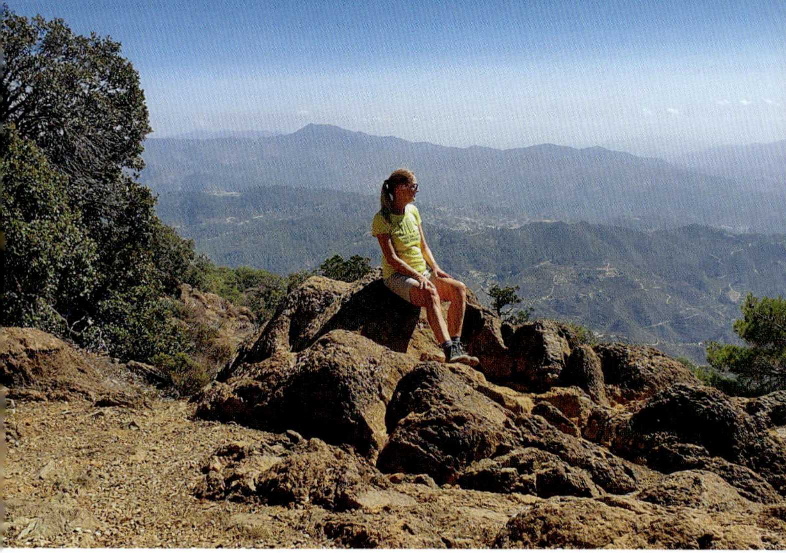

Ein aussichtsreicher Platz! Von Makrya Kontarka kann man aus 1645 m Höhe die halbe Insel überblicken.

erreicht. Diese bringt uns rechts gehend an der Zufahrt zum Militärgelände vorbei (Fotografierverbot!). An den ersten Häusern von Troodos markiert eine Tafel den Einstieg zum Persephone Trail (sofern man nicht in den Ort Troodos hineinmöchte, geht man hier rechts). Die Straße führt uns nach gut 200 m zum **Troodos Square** ❹, 1720 m, an dem es einen Kiosk und Einkehrmöglichkeiten gibt.

Nach einer eventuellen Einkehr gehen wir wieder zum Einstieg des **Persephone Trails** zurück und folgen nun dem Naturlehrpfad durch einen Hochwald aus Schwarzkiefern über eine große Kreuzung hinweg zum Aussichtspunkt **Makrya Kontarka** ❺, 1645 m. Von den beiden Sitzbänken lässt sich bei klarer Sicht das Panorama bis hinunter nach Limassol und zur Halbinsel Akrotiri genießen.

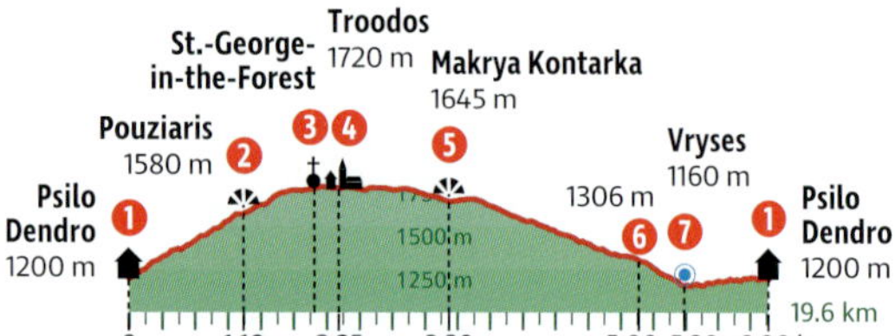

Von Makrya Kontarka gehen wir auf dem Weg 10 Min. zu der großen Kreuzung zurück. Dort nehmen wir rechts den Forstweg und biegen 2 Min. darauf abermals rechts ab. Nun beginnt der lange Abstieg nach Platres, wobei uns die ersten 20 Min. die Aussicht auf die ehemalige Asbestmine Amiantos begleitet. Deren weitläufiges Areal erinnert an Umweltsünden aus früheren Tagen, sie wird derzeit unter enormem Aufwand renaturiert und wieder aufgeforstet.
Der Weg knickt schließlich nach rechts ab. Im weiteren Verlauf des Abstiegs hält man sich an zwei Verzweigungen geradeaus und auch am beschilderten Abzweig nach **Kato Amiantos** 6, 1306 m, geht man geradeaus weiter. 20 Min. nach diesem mündet die Forstpiste bei **Vryses** 7, 1160 m, in die Erdstraße Mesa Potamos – Platres. Diese bringt uns sogleich an einem Brunnen vorbei und dann in einer guten halben Stunde wieder nach **Psilo Dendro** 1 zurück.

Die ehemalige Asbestmine Amiantos – eine fast schon spektakuläre Umweltsünde.

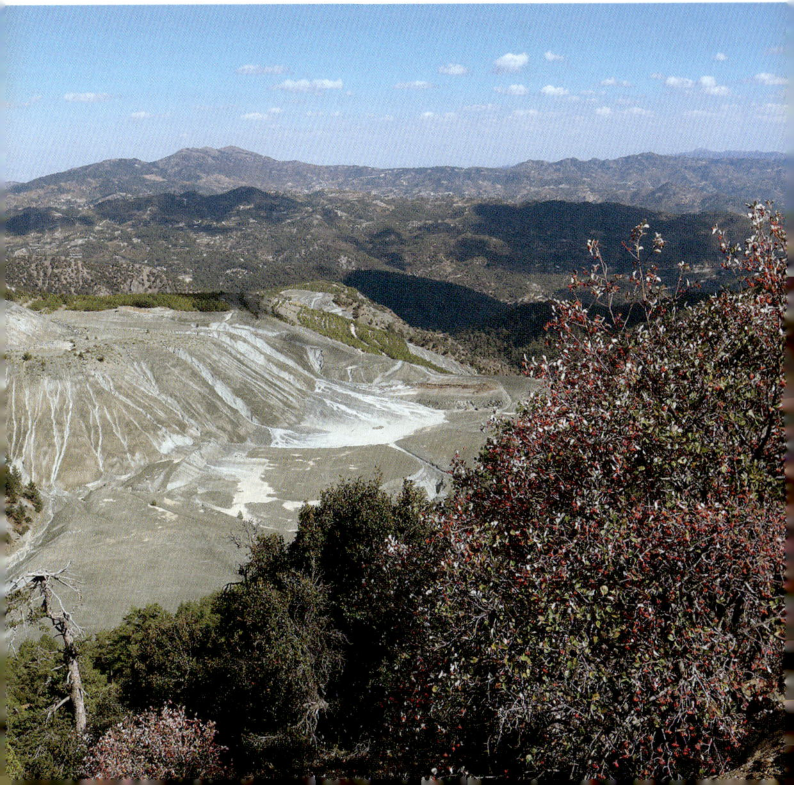

↗ 100 m | ↘ 100 m | 3.4 km

1.00 h

27 Kleine Troodos-Runde, 1675 m

Bequeme Eingehtour im Troodos National Forest Park

Auf den wunderbaren Rundwegen Artemis und Atalante ist man zwar ganz dicht am Olympos dran, zu Gesicht bekommt man den höchsten Gipfel Zyperns allerdings kaum. Anders auf dieser Kurztour, von der man zumindest die erste halbe Stunde meist einen freien Blick auf die von einer weißen Radarkuppel gekrönte Bergspitze hat. Unterwegs laden mehrere Sitzbänke zum Verweilen ein.

Ausgangspunkt: Picknickplatz Kampos tou Livadiou, 1675 m. Im Ort Troodos folgt man vom Troodos Square kommend der B9 in Richtung Amiantos / Lefkosia (Nikosia), bis nach 2 km links eine Teerstraße zum Picnic Site Kampos tou Livadiou abzweigt; Parkmöglichkeit auf dem Seitenstreifen.
Anforderungen: Der Rundweg verläuft fast weitgehend eben auf ausschließlich naturnahen Pfaden. Angesichts der Höhenlage kann die Tour auch im Sommer unternommen werden.
Einkehr: Mehrere Lokale in Troodos.

Am Abzweig zum Picknickplatz **Kampos tou Livadiou** ❶ folgen wir dem Sträßchen für 25 m, biegen dann links in einen Forstweg ein und kommen nach weiteren 25 m zu einer überdachten Infotafel. Links neben dieser beginnen zwei mit Pfeilen markierte Rundwege, unser Weg ist die Nr. 1. Der Pfad läuft sogleich durch einen lichten Wald aus Schwarzkiefern, der im Troodos-Wald vorherrschenden Baumart. Am Rundweg stehen davon etliche hundertjährige Exemplare.
Die Picknicktische des großen Waldrastplatzes werden rechts liegen gelassen. Nur wenig später öffnet sich der Blick auf die weiße Radarkuppel auf dem Olympos, 1952 m. Kurz nach einem WC-Häuschen gabelt sich der Pfad, wir gehen hier scharf rechts und dann oberhalb davon weiter. 2 Min. später kommen wir an einem zweiten WC vorbei, danach steht eine Sitzbank genau an der richtigen Stelle: Über ein tief eingekerbtes Tal hat man den Olympos voll im Blick.
Nach prächtigen Schwarzkiefern, im Unterwuchs stehen Goldeiche, Mehlbeere und aufgeforstete Zypern-Zedern, ergibt sich von einem weiteren **Aussichtspunkt** ❷, 1668 m, mit Sitzbank ein toller Aus-

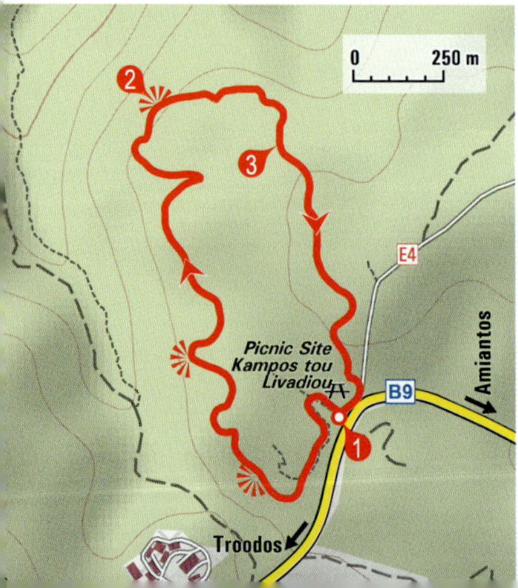

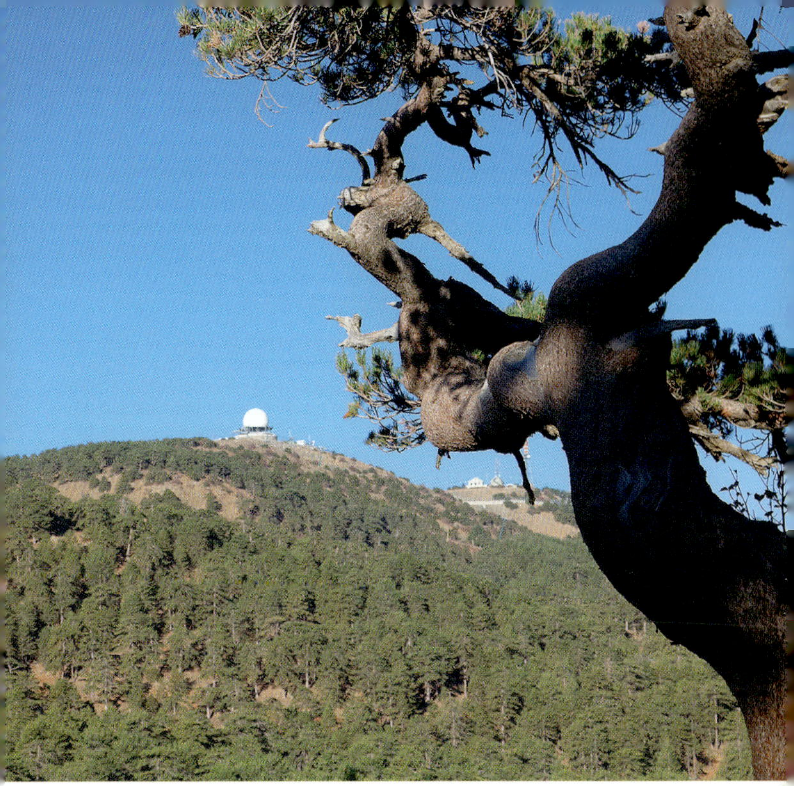

Blickfang auf Zyperns höchstem Gipfel ist die weiße Kuppel einer Radarstation.

blick hinab zur Westküste. Der Pfad läuft ein kurzes Stück an dem hier relativ steil abfallenden Hang entlang. Etwa 100 m nach der Bank wird ein wenig ausgeprägter Forstweg gequert, gut 5 Min. darauf schwenkt unser Pfad an einer weiteren Sitzbank nach rechts und erreicht eine **Drei-Wege-Gabelung** ❸, 1695 m. Hier wandern wir geradeaus weiter (Nr. 1). Nochmals 5 Min. später trifft der Pfad an einer beschilderten Schwarzkiefer auf einen Querweg, wir gehen halb links auf dem Pfad weiter und biegen 30 m darauf scharf nach rechts ab (nahebei macht eine Infotafel auf Einstieg und Ende des Livadi Trails aufmerksam). Unser Pfad mündet schließlich in ein Teersträßchen, das uns wieder nach **Kampos tou Livadiou** ❶ zurückbringt.

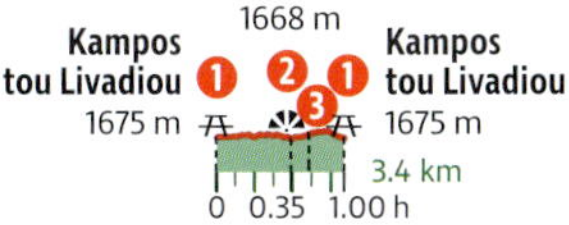

↗ 200 m | ↘ 200 m | 4.9 km

28 Loumata ton Aeton Trail, 1170 m

1.30 h

Kurzer Rundweg durch die östlichen Ausläufer des Troodos-Gebirges

Der Naturpfad führt auf gut 1000 m Höhe in ein wildromantisches Tal hinein. Im Frühjahr wandern Sie hier an einem munter plätschernden Wildbach entlang, an dessen steinigen Ufern eine artenreiche Flora zum Botanisieren einlädt. Noch mehr Flora gibt es bereits auf der Anfahrt zum Ausgangspunkt im Botanischen Garten Troodos an der B 9 zu sehen.

Ausgangspunkt: Amiantos, 1010 m. Vom Ort Troodos folgt man der B 9 in Richtung Amiantos / Lefkosia (Nikosia) und biegt nach 9 km scharf rechts in die E 801 nach Amiantos ab (Achtung, nicht die E 909 rechts nach Pitsylia / Kyperounta nehmen!). Nach 3 km wird am Ortseingang von Amiantos an einer Brücke die Taverne Amiantos (Amiantoy) erreicht, an der rechts ein Sträßchen abgeht; Parkmöglichkeit am Seitenstreifen.
Anforderungen: Der Rundweg verläuft größtenteils auf naturnahen Pfaden, die letzte Viertelstunde auf kaum befahrener Teerstraße. Bis zum Abzweig aus dem Bachtal eine blaue Tour; der Weiterweg bis zum Umkehrpunkt und der kurze Abstecher zum EOKA-Versteck setzen Trittsicherheit voraus.
Einkehr: Taverne in Amiantos.

Von der Taverne in **Amiantos** ❶ folgen wir dem Sträßchen aufwärts. An der Gabelung nach 75 m gehen wir geradeaus an einem kleinen Spielplatz vorbei (links unser Rückweg). 25 m nach diesem halten wir uns weiter geradeaus, kurz darauf geht das Sträßchen in einen Schotterweg über, der durch lichte Bewaldung am linken Ufer des Loumata entlangläuft. An einem Wendeplatz beginnt neben einer Wandertafel ein schöner Pfad. Sogleich machen botanische Schildchen mit der Flora am Wegrand bekannt, u. a. wachsen hier Stech-Wacholder (*Juniperus oxycedrus*), Terpentin-Pistazie (*Pistacia terebinthus*) und der mit dem Essigbaum verwandte Gerber-Sumach (*Rhus coriaria*), dessen Blätter man in der Antike zum Gerben von Leder benutzte. Der Pfad steigt sanft an und quert mehrmals das Bachbett, im Frühjahr nach der Schneeschmelze ist dies nicht immer ganz einfach.

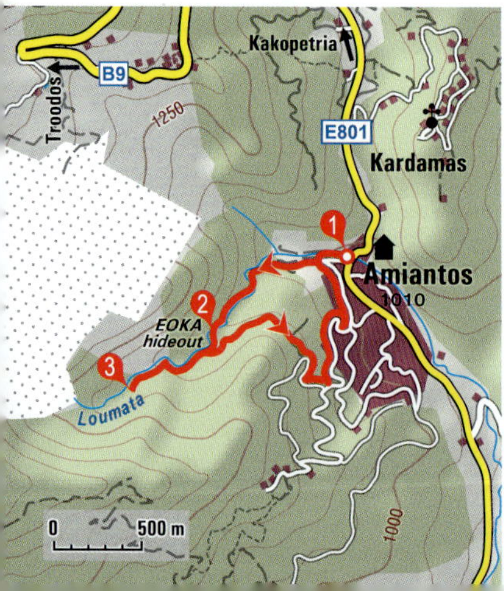

Nach etwa 20 Min. weist ein Schild rechts den Hang hinauf zu einem **Versteck** ❷ (Hideout) von EOKA-Widerstandskämpfern, die in den

1950er-Jahren für die Unabhängigkeit von Großbritannien kämpften (für den Abstecher zu dem mitten im Nirgendwo gelegenen Versteck braucht es hin und zurück 5 Min.).

Wieder auf dem Hauptpfad achten wir etwa 3 Min. nach dem Versteck auf einen links abzweigenden Pfad (gelber Pfeil auf Kiefer). Bevor wir in diesen einbiegen, kann geradeaus dem Bach noch ein gutes Stück gefolgt werden, bis sich der Pfad allmählich in dem felsigen Bachbett verliert. Nach einer Viertelstunde weitet sich das Tal etwas, etliche Felsen bieten sich hier als Rastplatz an. Vom **Umkehrpunkt 3**, 1170 m, wandern wir wieder zu dem erwähnten Abzweig zurück und gehen hier nun rechts auf einem durch dichten Buschwald aufsteigenden Pfad weiter. Bald sind wir ein gutes Stück über dem Talgrund, eine kurze Passage wird von einem Holzzaun gesichert.

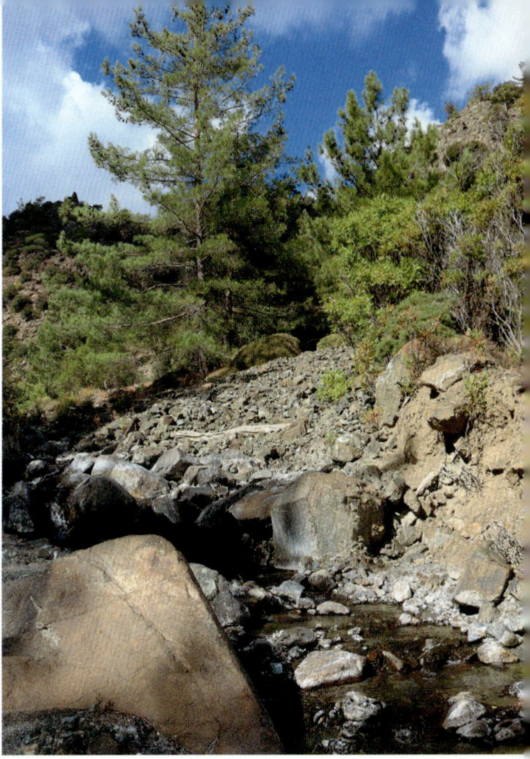

Im Bachtal von Amiantos.

Der Pfad trifft schließlich auf einen breiten Schotterweg, wir folgen diesem geradeaus bis zu einer 150 m entfernten Infotafel, an der sich der Weg gabelt. Hier gehen wir geradeaus auf betoniertem Weg abwärts. Im Tal unten kommt die Kirche von Amiantos in Sicht. Der Betonweg trifft auf ein Teersträßchen, dem links weiter abwärtsgefolgt wird. Bald nach den ersten Häusern von Amiantos mündet dieses Sträßchen in eine Querstraße, auf der wir uns links halten. An dem Spielplatz erreichen wir wieder den vom Hinweg bekannten Weg, der uns zur Taverne von **Amiantos 1** hinabbringt.

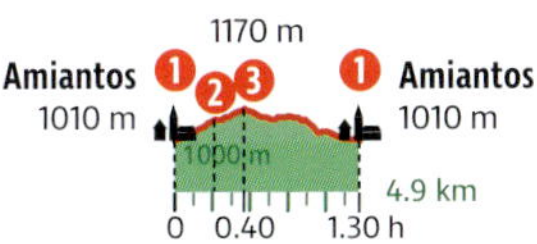

↗ 400 m | ↘ 400 m | 11.2 km

3.00 h

29 Weltkulturerbe Asinou

Rund um die schönste Freskenkirche der Insel

Die Scheunendachkirche von Asinou ist eine der zehn von der UNESCO zum Weltkulturerbe erklärten Kirchen Zyperns – und sie ist vielleicht die spektakulärste von allen. Mittelalterliche Fresken lassen den kleinen Kirchenraum wie ein biblisches Bilderbuch erscheinen. Von Agios Theodoros aus führt ein schön angelegter Trail durch die Vorberge des Troodos zu dem byzantinischen Kleinod, auf halbem Weg bieten sich schöne Aussichten auf den Golf von Güzelyurt.

Ausgangspunkt: Agios Theodoros, 445 m. Von Platres mit dem Pkw nach Troodos und von dort auf der B 9 in Richtung Nikosia (Lefkosia) weiter. 8 km nach Kakopetria biegt man rechts in die F 975 nach Agios Theodoros ab. Kurz vor dem Ortseingang wird eine links nach Asinou abgehende Straße passiert, man fährt also geradeaus 300 m weiter bis zu einer Wandertafel am linken Straßenrand.

Anforderungen: Angenehmer Naturpfad durch eine lichte Waldlandschaft mit kurzen An- und Abstiegen. Der Weg ist mit Holzpfeilen markiert und ausgeschildert.

Einkehr: Taverne Forviotissa mit zyprischer Küche und schattiger Gartenterrasse; gegenüber von der Kirche die Taverne Stavros tis Asinou.

Variante: Sofern man nicht auf demselben Weg nach Agios Theodoros zurückgeht, kann von Asinou auf einer zwar etwas eintönigen, doch kaum befahrenen und aussichtsreichen 11 km langen Erdstraße zum Ausgangspunkt gewandert werden. Von der Kirche folgt man der F 932 etwa 700 m und biegt dann an einem großen Gebäude links in die Erdstraße nach Agios Theodoros ab. An dem Wassertank gleich hinter dem Gebäude hält man sich rechts (Gehzeit etwa 2.45 Std.).

Tipp: Im Sommerhalbjahr steht die Kirche von Asinou in der Regel 9.30–13 und 14–16 Uhr für Besucher offen.

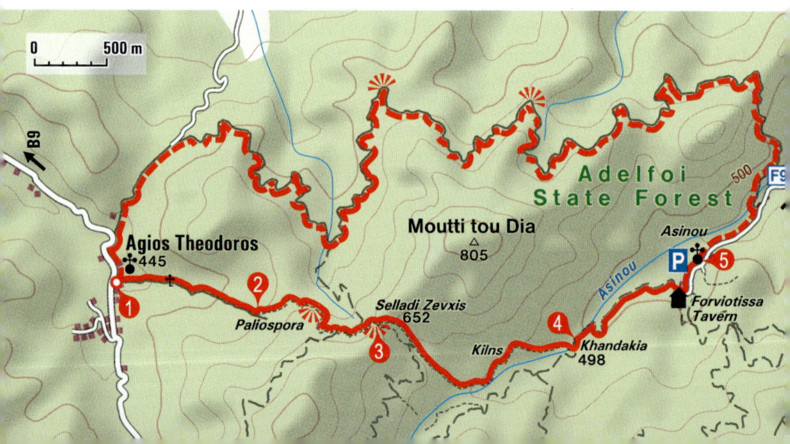

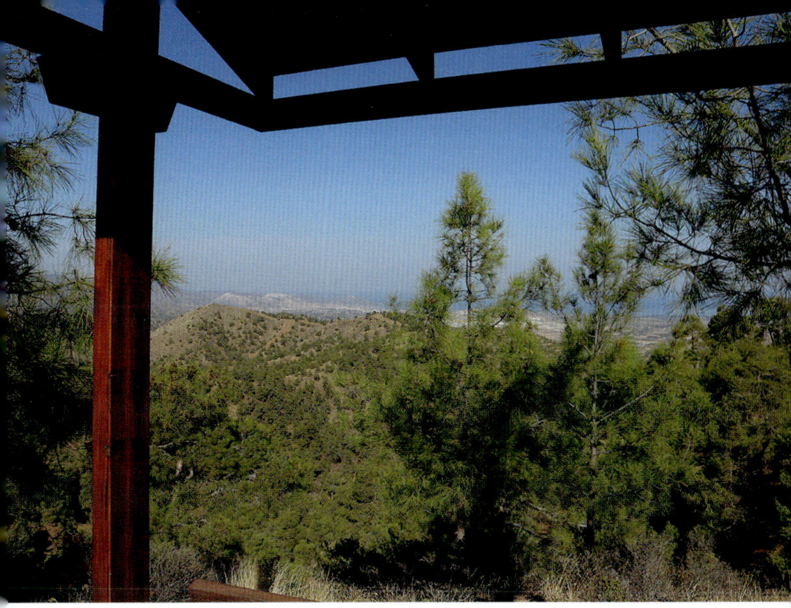

Von der überdachten Sitzbank am Selladi Zevxis reicht der Blick bis zum Golf Morfou.

Von der Dorfstraße in **Agios Theodoros ❶** biegen wir rechts neben der Wandertafel in einen Betonweg ab, der durch einen Mandelhain läuft und nach dem Friedhof in einen Karrenweg übergeht. An der nicht markierten Verzweigung 5 Min. nach dem Friedhof halten wir uns leicht links und erreichen nach kurzem, kräftigem Anstieg einen Abzweig bei **Paliospora ❷**, 560 m. Ein Holzpfeil weist hier links den gestuften Pfad aufwärts. Wir wandern durch ein von lichtem Kiefernwald überzogenes Hügelland, mit steigender Höhe öffnet sich der Blick auf den Golf von Güzelyurt (griech. Morfou) im türkischen Teil Zyperns.
Eine breite Forststraße wird erreicht, wir folgen ihr links für 30 m, bis sich rechts der Pfad fortsetzt und zum **Selladi Zevxis ❸**, 652 m, ansteigt. Von der Bank an der Einsattelung genießen wir nochmals die Aussicht auf den

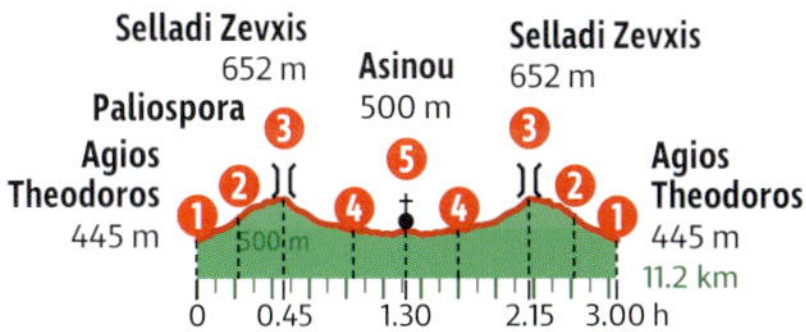

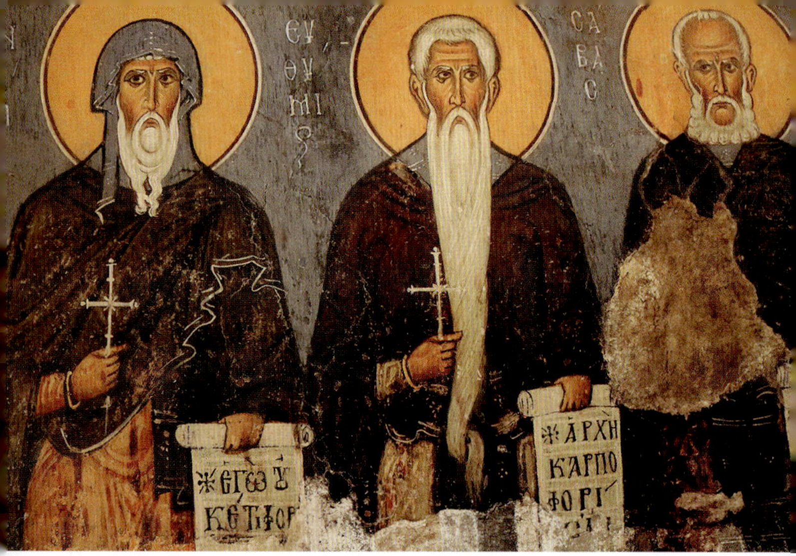

Mittelalterliche Fresken in der Scheunendachkirche Asinou.

Golf und das auffällige Areal einer großen Kupfermine. Der Pfad läuft nun in ein Tal hinab. Nach 5 Min. wird eine weitere Forststraße gequert, knapp 10 Min. darauf weist ein Pfeil rechts abwärts und 100 m weiter nach links. Im Talgrund werden zwei restaurierte **Teeröfen** (Kilns) erreicht. Der Pfad zieht nun für ein Stück an der linken Seite des Bachtals entlang und quert an einem runden Wassertank auf einer Brücke das Bachbett. Kurz darauf treffen wir nach einer zweiten Brücke bei **Khandakia** ❹, 498 m, auf eine Erdstraße. Wir folgen dieser geradeaus und kommen sogleich an einer betagten Kiefer vorbei.

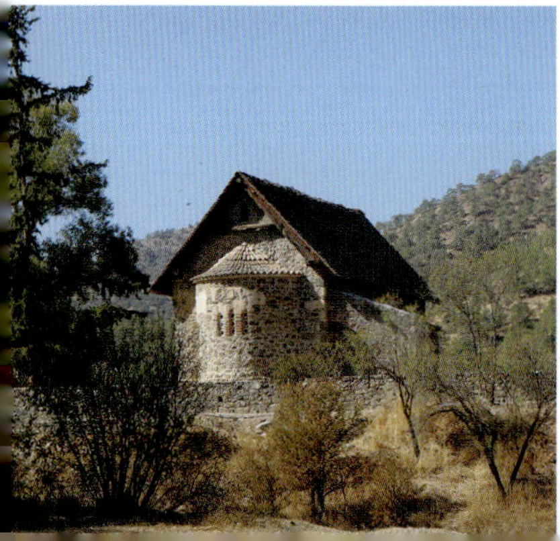

Ab der **Taverne Forviotissa** ist die Straße geteert. Nach dem Lokal schwenkt diese nach links, 250 m weiter wird die Scheunendachkirche **Asinou** ❺, 500 m, erreicht. Nach der Besichtigung der Kirche und einer eventuellen Einkehr in der empfehlenswerten Taverne Forviotissa wandern wir auf demselben Weg wieder nach **Agios Theodoros** ❶ zurück.

Scheunendachkirche Asinou.

↗ 750 m | ↘ 750 m | 14.0 km

5.00 h

TOP **30**

Weltkulturerbe Stavros tou Agiasmati

Von Scheunendach- zu Scheunendachkirche

Viel Natur, wunderbare Aussichten und nicht zuletzt ein Stück byzantinische Kirchenkunst machen diesen Kammweg zu einem der schönsten Wanderwege Zyperns. Die Tour macht gleich mit zwei der auf der UNESCO-Liste des Weltkulturerbes stehenden Scheunendachkirchen bekannt. Startpunkt des gut ausgebauten Wanderweges ist die wegen ihrer byzantinischen Wandbilder berühmte Panagia tou Araka im Bergdorf Lagoudera, Ziel die abgeschiedene Kirche Stavros tou Agiasmati.

Ausgangspunkt: Kirche Panagia tou Araka bei Lagoudera, 1040 m. Anfahrt mit Pkw von Platres über Troodos, Kyperounta und Chandria nach Lagoudera. An der Gabelung am oberen Ortseingang folgt man links der Beschilderung zur Panagia tou Araka. Parkplatz vor der Scheunendachkirche. Von Limassol kommend nimmt man die E 110 bis Agros und fährt von dort über Chandria nach Lagoudera.
Anforderungen: Streckenwanderung auf überwiegend gut ausgebautem Pfad, mit steilen und ausgesetzten Passagen, die Schwindelfreiheit voraussetzen. Der Weg ist Etappe des Europäischen Fernwanderwegs E4, die Orientierung relativ einfach. Nehmen Sie reichlich Trinkwasser mit, der Wiederaufstieg auf dem Rückweg hat es in sich.
Einkehr: Unterwegs keine, Kaffeehäuser in Lagoudera.
Hinweis: Die Scheunendachkirche Panagia tou Araka ist tgl. 9–13 (So. 10–13) und 15–18 Uhr geöffnet (im Winterhalbjahr bis 16.30 Uhr). Die Kirche Stavros tou Agiasmati öffnet nur nach Bedarf (Kontakt im 3 km entfernten Dorf Platanistasa, Tel. +357 99677216).

Die Scheunendachkirche Panagia tou Araka.

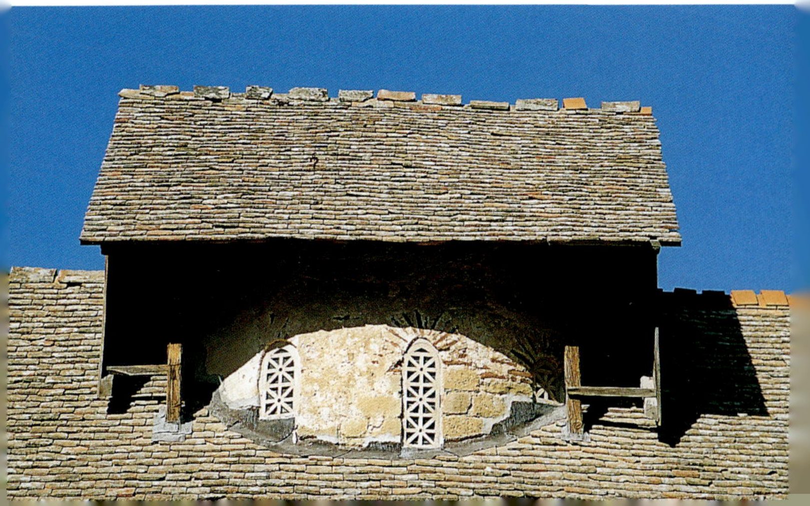

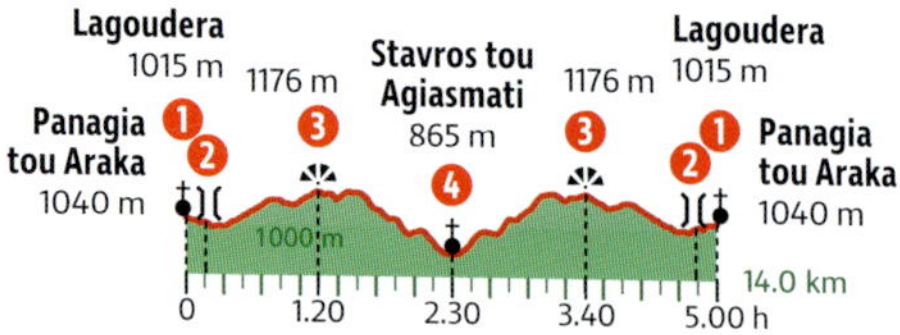

Nach der Besichtigung der **Panagia tou Araka** ❶ lohnt am Parkplatz neben einer Infotafel auch ein Blick auf eine 800-jährige Galleiche (*Quercus infectoria* subsp. *veneris*), die mit Pfosten vor dem Umkippen gestützt werden muss. Wir gehen dann auf der Straße zur Gabelung am Ortseingang von Lagoudera zurück und folgen der Straße links abwärts in den Ort. Nach 150 m verlassen wir die Dorfstraße von **Lagoudera** ❷ auf Höhe von einem Krämerladen und Kaffeehaus (meist erkennbar an davor aufgereihten Gasflaschen) rechts in ein schmales Sträßchen. Etwa 25 m weiter zeigt ein E4-Schild an, dass wir richtig sind. Kurz darauf achten wir auf eine weitere E4-Markierung und biegen an dieser scharf rechts ab.

Am letzten Haus von Lagoudera beginnt ein Pfad, der in ein üppig bewachsenes Bachtal hinabläuft. Auf der anderen Seite des Baches zieht der Pfad aufwärts und erlaubt bald einen schönen Rückblick auf das an den Hang des Madari gelehnte Bergdorf. Ein Fahrweg wird gekreuzt. Der Pfad steigt durch einen Mandelhain und Weinberge zu einer Sitzbank auf, von der sich eine weite Aussicht in die Ebene von Güzelyurt (griech. Morfou) ergibt. Nach kräftigem Anstieg wird eine Einsattelung erreicht, hier berührt

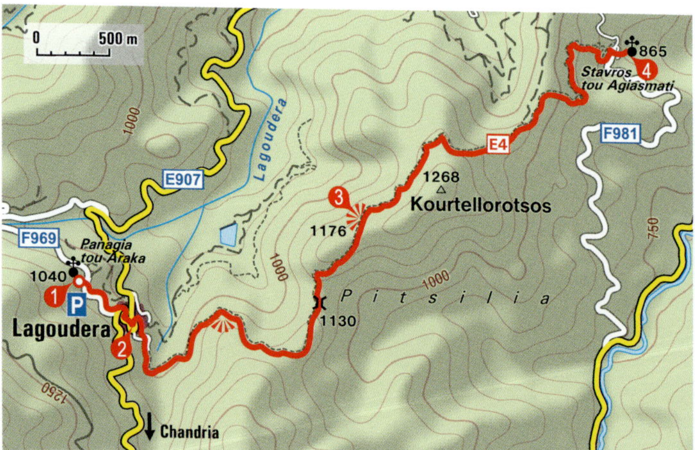

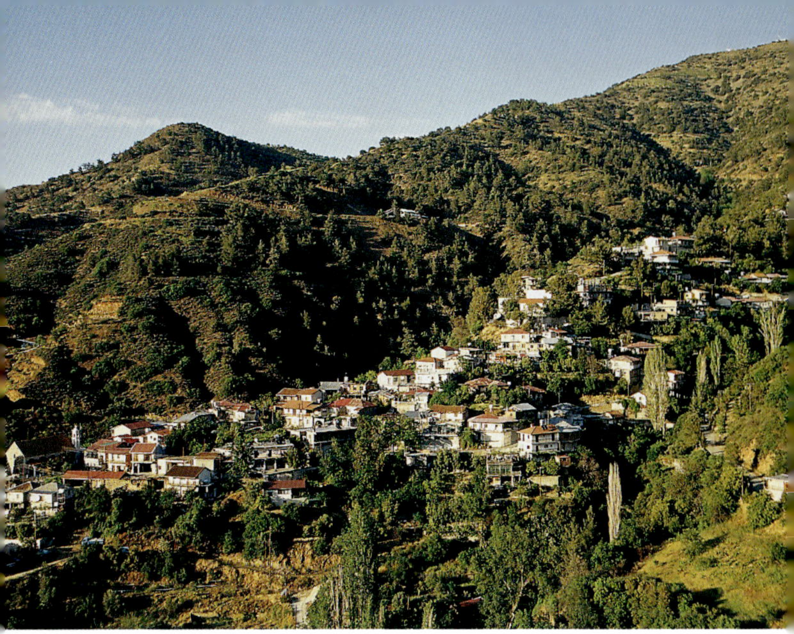

Lagoudera am Fuß des Madari.

der Pfad kurz einen Schotterweg. Wir folgen diesem ein paar Schritte nach links, bis sich der Pfad fortsetzt. Dieser läuft stellenweise leicht ausgesetzt nun wenige Meter unterhalb von einem Bergrücken entlang und erlaubt weite Ausblicke auf die Pitsylia-Berge und den Radarturm auf dem Kionia. Von einem ausgeschilderten **Aussichtspunkt 3**, 1176 m, kann man sowohl auf die Pitsylia-Region als auch auf den Golf von Güzelyurt schauen.

Wir wandern nun an der Nordflanke des Kourtellorotsos, 1268 m, entlang. Etwa 20 Min. nach dem Aussichtspunkt gehen wir an einer **Bank**, 1173 m, scharf rechts. Nun beginnt ein langer Abstieg zu einem bald sichtbaren Sträßchen unten im Tal.

Schon fast im Talgrund bieten sich an einer Verzweigung mit Schild zwei Möglichkeiten (Schild: 310 m oder 160 m) – wer es nicht ganz so steil mag, nimmt die längere Variante. Kurz nachdem die beiden Wege wieder zusammenführen, treffen wir an einem runden Wassertank auf einen Forstweg, der uns links haltend zu der am Ende einer Teerstraße gelegenen Scheunendachkirche **Stavros tou Agiasmati 4**, 865 m, bringt.

Nach einer Rast an der schattigen Picknickzone neben der Kirche gehen wir auf demselben Weg wieder nach **Lagoudera 2** und zur **Panagia tou Araka 1** zurück.

TOP

31 Madari Trail, 1613 m

↗ 700 m | ↘ 700 m | 12.7 km

4.15 h

Botanisieren auf aussichtsreichem Naturlehrpfad mit Gipfelbesuch

Seit die Forstbehörde den Höhenweg zu einem Rundweg ausgebaut hat, ist der »Madari Circular Trail« endgültig in die Top-Liga von Zyperns Wanderwegen aufgerückt. Auf dem Panoramaweg über den lang gestreckten Rücken des Madari wird zunächst zu einem luftigen Brandausguck auf gut 1600 m aufgestiegen, anschließend kann auf schönem Rundweg der Gipfel zusätzlich noch umrundet werden. Bei gutem Wetter sind Fernsichten in alle Richtungen garantiert. Botanisch Interessierte erwartet im zyprischen Bergfrühling im Mai und Juni eine abwechslungsreiche Vegetation – mehr als 50 Wildpflanzen und Gewächse sind namentlich gekennzeichnet.

Ausgangspunkt: Doxa si o Theos, 1335 m. Von Platres mit Pkw nach Troodos und von dort auf der B 9 Richtung Nikosia (Lefkosia). Nach der Asbestmine Amiantos biegt man Richtung »Pitsylia Area« rechts in die E 909 ab. Etwa 1 km nach dem Hospital in Kyperounta folgt man der Straße links in Richtung Spilia weitere 1,8 km bis zur Passhöhe Doxa si o Theos. Wer in Limassol wohnt, fährt über Agros und Chandria an. Parkmöglichkeit gegenüber dem Brunnen und einer Infotafel.

Anforderungen: Rundweg auf fast ausschließlich gut ausgebauten Naturpfaden mit teils kräftigen An- und Abstiegen. In Hanglagen gibt es leicht ausgesetzte Stellen. Die Orientierung ist relativ einfach, etliche Gabelungen sind ausgeschildert.
Einkehr: Keine am Weg.
Kombi-Tipp: Von dem gepflasterten Platz am Fuß des Madari kann ein mit »Teisia tis Madaris« ausgeschilderter Rundweg um den Madari angeschlossen werden.

Am Fuß des Madari informiert eine Tafel über die artenreiche Flora der Region.

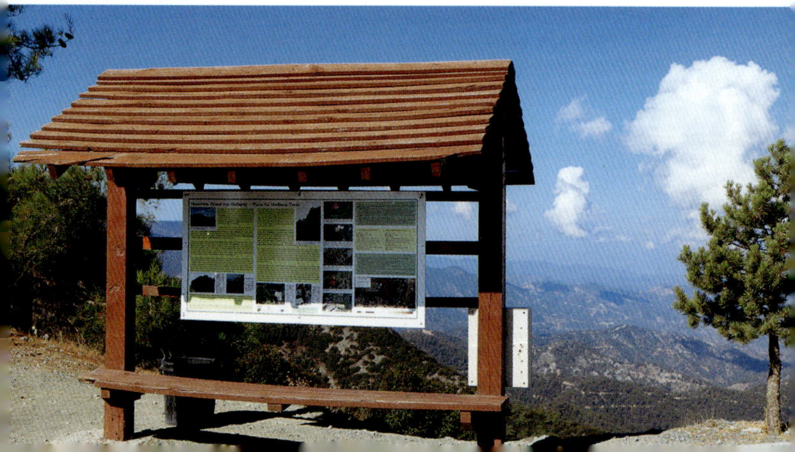

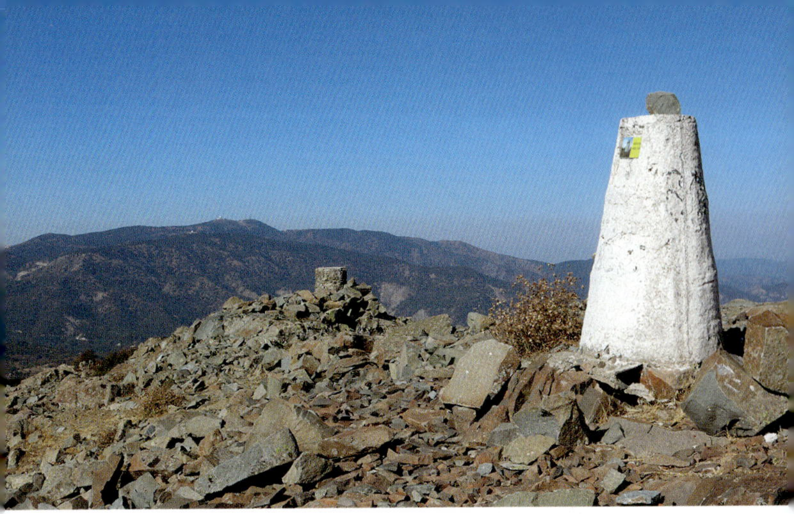

Punkt 1604 erlaubt ein spektakuläres Rundumpanorama.

An der Passhöhe **Doxa si o Theos** ❶ (»Ehre sei Dir, Gott!«) steigen wir neben dem Brunnen den anfangs gepflasterten Weg zu einer Infotafel hinauf. Daneben beginnt ein meterbreiter Pfad, der sich im Zickzack den Bergrücken des Madari hinaufzieht. Nach gut 20 Min. bietet sich von einer Sitzbank, 1484 m, über das Tal von Kyperounta ein grandioser Ausblick auf den Olympos und links davon die ehemalige Asbestmine Amiantos. 10 Min. später kann man in ein paar Schritten zu einem **Aussichtspunkt** ❷, 1533 m, mit einer weiteren Bank aufsteigen, von dem sich erstmals das Häuschen

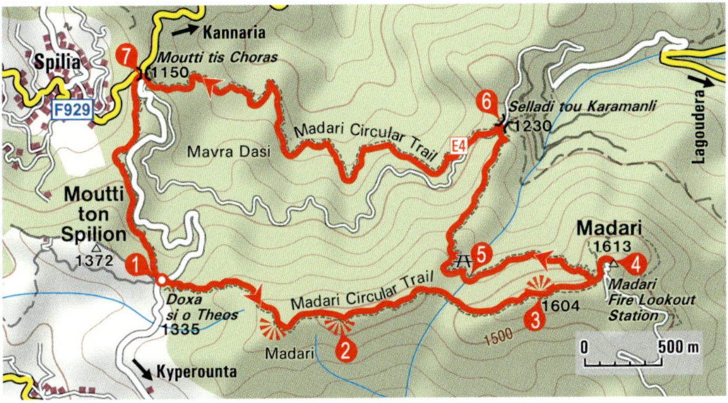

der Feuerwacht auf dem Madari (auch Adelfoi) zeigt; rechts davon stehen die Sendemasten der Cyta Station. Der lichte Kiefernwald wird zunehmend von Goldeichen (*Quercus alnifolia*) abgelöst. Unter die Eichen mischen sich Erdbeerbäume (*Arbutus andrachne*) und immer wieder Zistrosen, mal weiß, mal rosa blühend.

Der Weg senkt sich zu einer Einsattelung mit aufgeforsteten Zypern-Zedern (Cedrus brevifolia) ab und steigt dann nochmals kräftig zu einem weiteren **Aussichtspunkt** ❸, 1604 m, mit einem runden Vermessungskegel und wunderbarem 360-Grad-Panorama auf. Von hier ist der Madari-Gipfel fast schon zum Greifen nahe.

10 Min. darauf wird am Fuß des Madari auf einem gepflasterten Platz eine **Wegspinne**, 1584 m, mit einer Infotafel erreicht. Die Besteigung des **Madari** ❹, 1613 m, ist nun keine große Sache mehr – schon nach weniger als 5 Min. stehen wir am Brandausguck auf dem Gipfel. Nach Norden schaut man über die Güzelyurt-Ebene auf die lang gestreckte Kette des Fünffingergebirges.

Unten an der Wegspinne nehmen wir hinter der Infotafel den Madari Trail in Richtung Selladi Karamanli wieder auf (scharf rechts mögliche Umrundung des Madari auf dem Teisia tis Madaris). Im Zickzack geht es nun steil den teils gerölligen Hang abwärts. Nach 20 Min., das steilste Stück liegt bereits hinter uns, kommen wir an einem Brunnen vorbei (führt nur im Frühjahr Wasser), hier gibt es einen kleinen **Picknicktisch** ❺, 1432 m, aus Stein. Eine halbe Stunde später wird bei **Selladi tou Karamanli** ❻, 1230 m, eine Straßengabelung erreicht (ein paar Schritte von einer Infotafel entfernt erinnert ein EOKA-Monument an den zypriotischen Widerstand gegen die einstige Kolonialmacht England).

Markante Landmarke: der Brandausguck auf dem Madari.

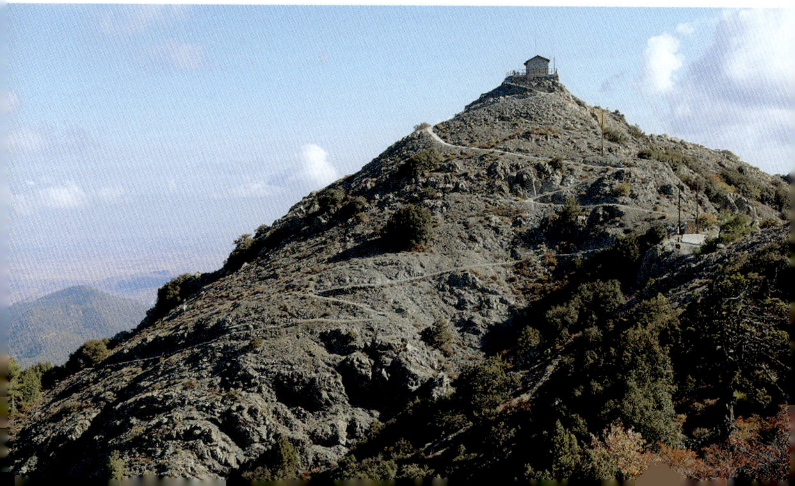

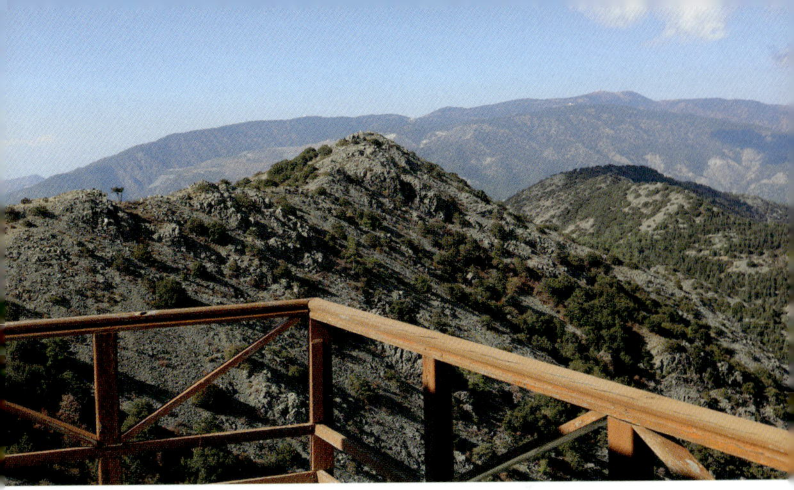

Ausicht vom Madari auf den Olympos im Troodos-Gebirge.

In Selladi tou Karamanli queren wir eine Erdstraße und steigen in Richtung Moutti tis Choras weiter durch dichten Goldeichenwald talwärts. Gelegentlich ist der Weg nun auch mit einem E4-Schild markiert. Im Mai blühen am Wegrand Zistrosen und Wicken um die Wette, dicke Moospolster säumen schmale Bachläufe.

Gut 50 Min. nach Selladi tou Karamanli mündet der Pfad in einen quer verlaufenden breiten Forstweg, wir folgen ihm rechts leicht aufwärts (E4-Schild) und treffen 3 Min. später auf einen weiteren Forstweg; auf diesem gehen wir geradeaus, nach knapp 20 m setzt sich der Pfad links fort. Knapp 10 Min. später wird das Straßenkreuz **Moutti tis Choras** 7, 1150 m, erreicht. An der dortigen Infotafel gehen wir auf der Straße in Richtung Kyperounta etwa 20 m aufwärts und dann rechts haltend auf dem Pfad weiter. Nach nochmals gut halbstündigem, kräftigem Anstieg mehr oder weniger parallel zur Straße wird schließlich wieder die Passhöhe **Doxa si o Theos** 1 erreicht.

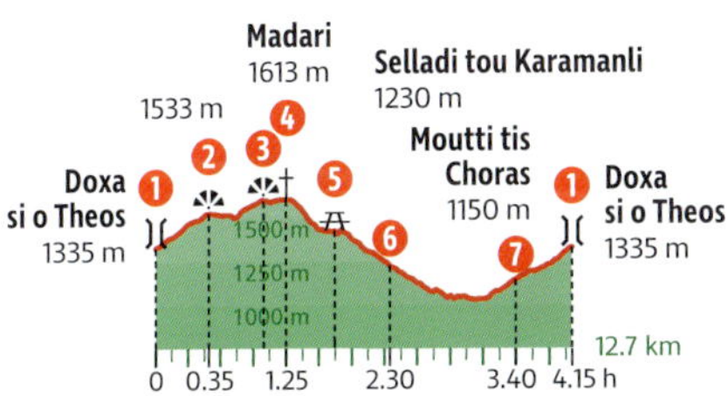

TOP

32

↗ 200 m | ↘ 200 m | 3.5 km

Der kleine Rundweg um den Madari, 1613 m

1.30 h

Alpin anmutender Steig um einen der bekanntesten Aussichtsgipfel Zyperns

Wem der Madari Trail zu lang oder zu anstrengend erscheint, kann mit diesem kurzen Rundweg ebenfalls die großartige Berglandschaft um den auch als Adelfoi bekannten Madari-Gipfel kennenlernen. Bizarre Felsformationen machen den schon 1993 angelegten Rundweg auch in geologischer Hinsicht interessant, seit 2015 ist er einer der drei Trails des Troodos-Geoparks.

Ausgangspunkt: Cyta Station, 1510 m. Vom Ort Troodos kommend folgt man der B 9 in Richtung Lefkosia und biegt nach 10 km rechts in die E 909 in Richtung Pitsylia Area / Kyperounta ab. Knapp 4 km nach der riesigen Kirche in Kyperounta fährt man in Chandria links auf der E 907 in Richtung Lagoudera / Panagia tou Araki weiter. Von der Kreuzung 2 km darauf erreicht man links haltend (rechts ist Agros ausgeschildert) auf schmalem Sträßchen die Cyta Station. Parkplatz vor den Sendemasten.

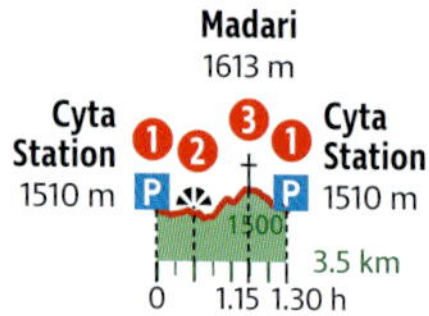

Anforderungen: Schmaler, teils felsiger Steig mit kurzen steilen An- und Abstiegen; das letzte Stück auf bequemer Pflasterstraße.
Einkehr: Keine am Weg.

Am Parkplatz an der **Cyta Station** ❶ beginnt links von einer Infotafel ein schmaler Pfad (»Circular Trail Teisia tis Madaris«), auf dem wir entgegen dem Uhrzeigersinn den Madari umrunden werden. Der Trail läuft zunächst ein Stück unterhalb von der Sendestation durch sogleich dichten Goldeichenwald. Dieser gibt immer wieder weite Ausblicke auf den markanten Gipfel des Kionia (mit Radarturm) und die Morfou-Ebene frei. In leichtem Auf und Ab gewinnt der Steig bald alpines Format – zwischen Geröllhängen bauen sich wie gewachsen erscheinende Wände auf. Die Goldeichen (*Quercus alnifolia*), die selbst in dem felsigen Terrain ausreichend Lebensraum finden, bilden stellenweise ein geschlossenes Kronendach über unseren Köpfen, sodass man mitunter wie durch ei-

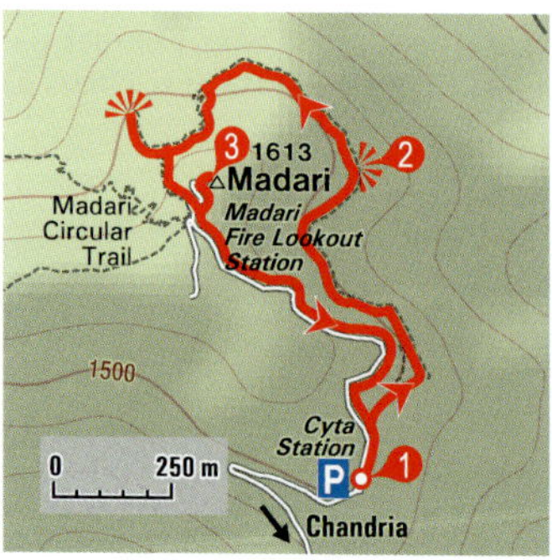

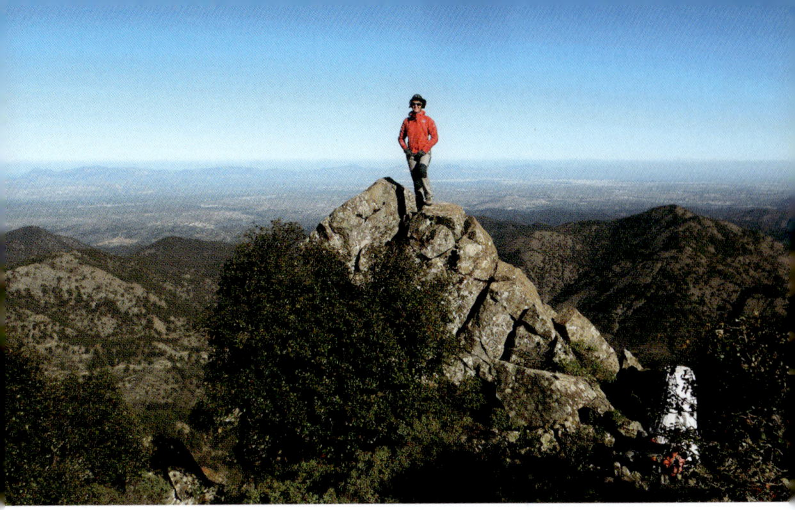

Für schöne Aussichten muss man nicht unbedingt auf die Felsen am Wegrand kraxeln.

nen immergrünen Tunnel geht. Nach einer Viertelstunde taucht erstmals das Wanderziel, der Brandausguck auf dem Madari, vor uns auf. Von hier lässt sich auch gut der weitere Wegverlauf an der Ostflanke des Bergstocks überblicken.

Knapp 10 Min. später erlaubt eine **Sitzbank** ❷, 1485 m, neben einer markanten Felsformation (siehe Foto) und einem meterhohen Vermessungskegel ein tolles Panorama auf die Morfou-Ebene und die Silhouette des Fünffingergebirges in Nordzypern. Nach kurzen Abstiegen und etwas kräftezehrenden Wiederaufstiegen bietet sich ein Abstecher zu einer exponiert auf einem Felssporn platzierten weiteren Sitzbank an. Mit dem Brandausguck im Rücken hat man von hier ebenfalls einen tollen Ausblick in den Nordteil der Insel. Wieder auf dem Hauptpfad erreicht dieser am Fuß des Madari eine Wegspinne, hier wird der Madari Trail kurz berührt. Bevor wir unsere Umrundung auf einer hier beginnenden Pflasterstraße fortsetzen, ist die Besteigung des **Madari** ❸, 1613 m, Pflicht. Ein schmaler Betonweg führt zum Brandausguck hinauf.

Nach dem Besuch des Gipfels bringt uns die anfangs gepflasterte Straße zur **Cyta Station** ❶ zurück.

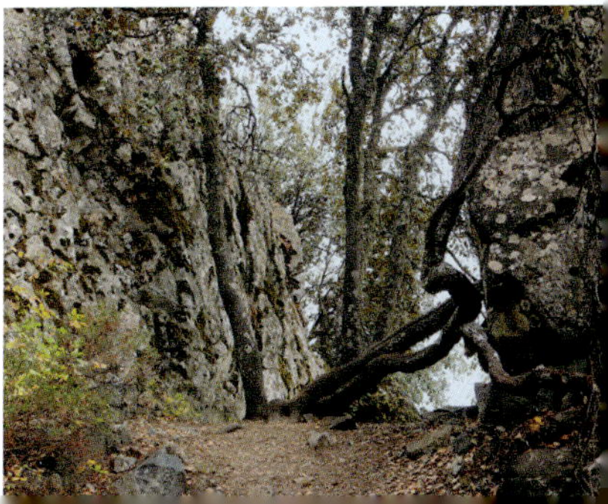

Im Goldeichenwald.

↗ 100 m | ↘ 100 m | 3.7 km

33 Der Rundweg um den Stausee Xyliatos

1.00 h

Auf beschaulichem Uferweg um einen kleinen Bergsee

Mit einem Fassungsvermögen von 1,3 Mio. m³ gehört der Xyliatos-Damm eher zu den kleineren Talsperren Zyperns. Der See kann in einer Stunde auf einem Rundweg umlaufen werden, man wandert dabei auf dem mitunter steil abfallenden Ufer durch eine lichte Waldlandschaft. An aussichtsreichen Sitzbänken am Wegrand wurde nicht gespart.

Ausgangspunkt: Staudamm Xyliatos, 543 m. Anfahrt mit Pkw von Platres über Troodos, Kyperounta und Chandria nach Lagoudera. Im Ortszentrum von Lagoudera folgt man weiter der E 907 in Richtung Agia Marina /Lefkosia bis zu einer großen Parkbuchtung am Staudamm. 150 m nach dieser kann auf einem Sträßchen auf die Staumauer gefahren werden, an deren Ende man ebenfalls parken kann.
Anforderungen: Rundweg auf einem naturnahen Pfad, einige wenige Stellen sind leicht ausgesetzt. Bis auf einen anfangs kurzen steilen An- und Abstieg gibt es keine größeren Höhenunterschiede.
Einkehr: Keine am Weg.

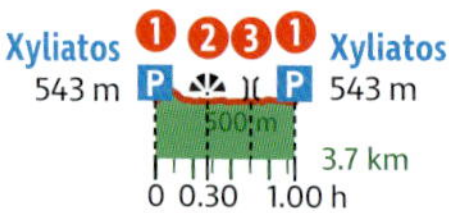

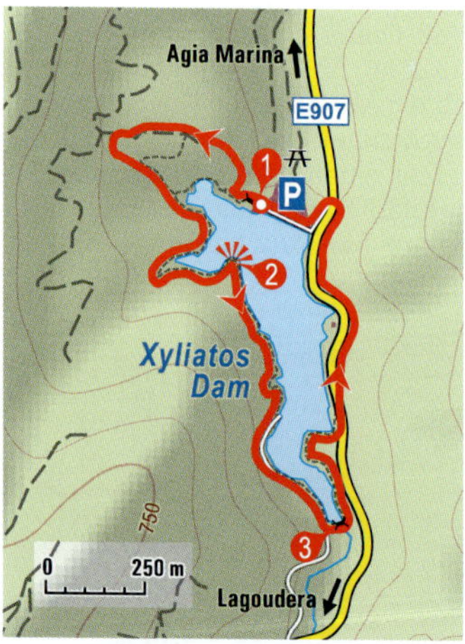

Vom Parkplatz auf der Staumauer des **Xyliatos-Sees** ❶ bringt uns ein von einem Holzgeländer begleiteter Weg zu einer Sitzbank hinauf. Von dort zieht ein Zickzackpfad auf eine Anhöhe mit einer weiteren Bank. Der Pfad läuft ein kurzes Stück an einem Maschendraht entlang und dann einen lang gestreckten Hügelrücken hinab.

Ein zum Seeufer abgehender Weg bleibt unbeachtet, wir bleiben noch 100 m auf dem Rücken und folgen erst dann einem schmalen Pfad nach links (Holzpfeil). Dieser senkt sich etwas geröllig in engen Schleifen in ein Seitental ab. Etwas ausgesetzt geht es bald über dem felsigen Seeufer zu einer weiteren Bank. An einem zweiten Seitenarm kommen wir an einem WC-Häuschen vorbei und wenige Minuten darauf zu einer **Sitzbank** ❷ über dem Westufer, von der sich ein besonders reizvoller

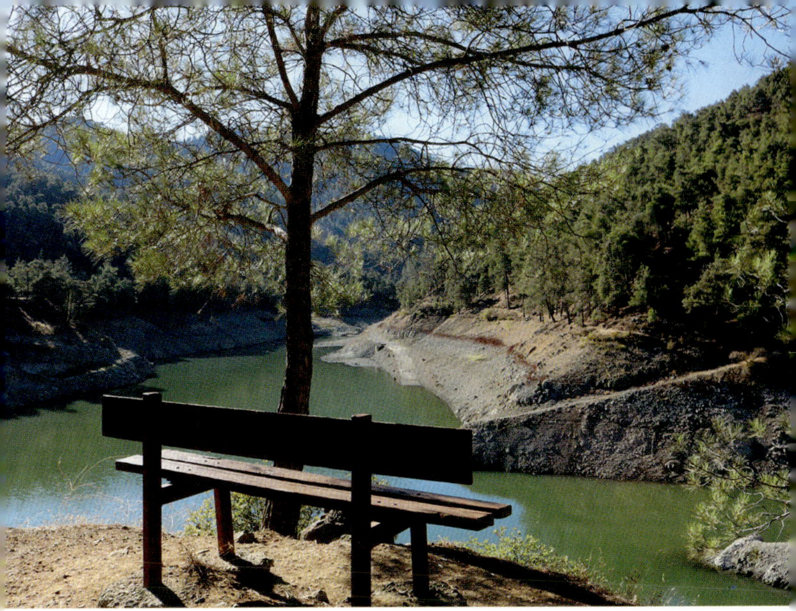

Etliche Sitzbänke über dem Seeufer laden zu beschaulicher Rast ein.

Ausblick auf See und Staudamm ergibt. Knapp 10 Min. nach der letzten Sitzbank mündet der Pfad auf einen Wirtschaftweg, von dem aus man scharf links zum Wasser hinabkommt – dort fehlt leider eine Bank. Wieder auf dem Wirtschaftsweg zurück folgen wir diesem 100 m und verlassen ihn dann links in einen Pfad. Es geht an einem Drahtzaun entlang zu einer **Brücke** ❸, die uns über den im Sommerhalbjahr meist trockenen Zulauf des Sees bringt. Kurz nach der Brücke bleibt ein zur Straße hinaufführender Weg unbeachtet. Wir können dem Pfad noch ein paar Minuten folgen, um dann schließlich zur Straße aufzusteigen. Auf dieser kommen wir in 10 Min. zum Parkplatz auf der **Staumauer** ❶ zurück.

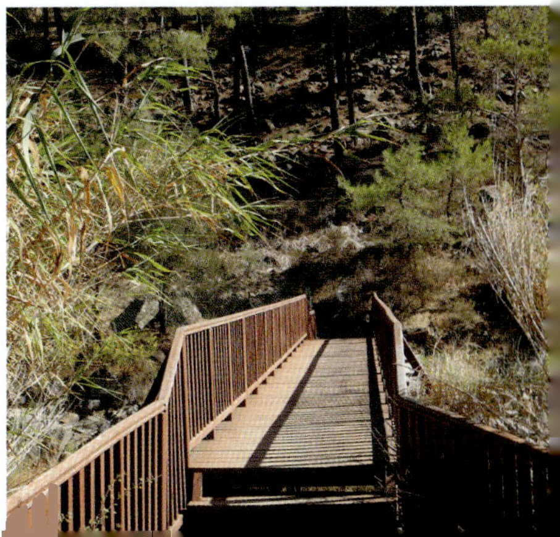

Eine Brücke hilft über den Zulauf des Stausees.

↗ 600 m | ↘ 600 m | 9.3 km

34 Vom Kloster Machairas nach Fikardou

3.50 h

Über einen Pass in ein zyprisches Museumsdorf

Vom Kloster Machairas führt ein alter Muliweg über einen Pass ins inselbekannte Fikardou. Der fein herausgeputzte Ort gilt in der von Landflucht heimgesuchten Region als Vorzeigeort für eine gelungene Restaurierung der traditionellen Landarchitektur. Die kleinen Bruchsteinhäuser muten wie ein Freilichtmuseum an. Gegen eine kleine Gebühr können zwei der alten Häuser von innen besichtigt werden. Und eine gute Taverne gibt es auch.

Ausgangspunkt: Parkplatz am Kloster Machairas, 875 m. Von Limassol fährt man auf der A1 in Richtung Nikosia (Lefkosia) bis Skarinou (Ausfahrt 13) und folgt von dort auf der E105 über Pano Lefkara der Ausschilderung zum Kloster Machairas. Parkplatz vor dem Klosterportal. Wer im Troodos-Gebirge wohnt, fährt über Agros und Palaichori nach Apliki, von dort ist Machairas ebenfalls ausgeschildert. Für beide Anfahrtsrouten ist eine Fahrtzeit von 1.30 Std. einzuplanen.

Anforderungen: Streckenwanderung auf Feldwegen und stellenweise gerölligem alten Mulipfad mit kurzen steilen An- und Abstiegen. Die Route ist Teiletappe des E4. Da mancherorts Schilder fehlen und der Pfad stellenweise ziemlich verwachsen ist, ist etwas Orientierungsvermögen notwendig. Es gibt kaum Schatten!

Einkehr: Taverne in Fikardou.

Hinweis: Die Klosterkirche von Machairas ist täglich 6–18 Uhr geöffnet, für die Besichtigung sind lange Hosen erforderlich.

Das orthodoxe Kloster Machairas steht täglich Besuchern offen.

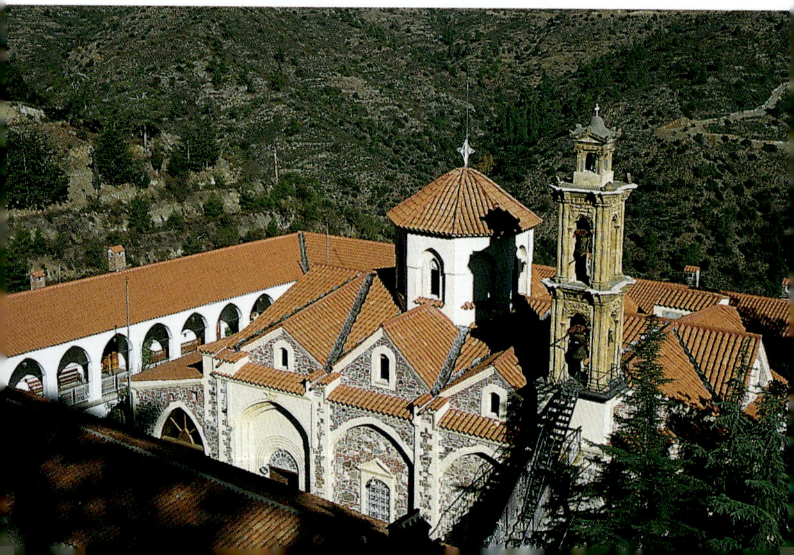

Nach der Besichtigung des **Klosters Machairas** ❶, 875 m, folgen wir vom Parkplatz vor dem Hauptportal der Straße in Richtung Lazanias zu einer etwa 200 m entfernten kleinen Kapelle. Gut 150 m nach dieser biegen wir durch eine Lücke in der **Leitplanke** rechts in einen Pfad ein, der steil in ein Bachtal hinabläuft. Vor dem Abstieg orientieren wir uns noch kurz: Auf dem gegenüberliegenden Hang schauen wir auf das Dorf Lazanias, über dem sich zwei wie ein Kamelhöcker geformte Berge erheben. Zwischen den Höckern liegt der Passübergang nach Fikardou, zu dem wir aufsteigen werden.

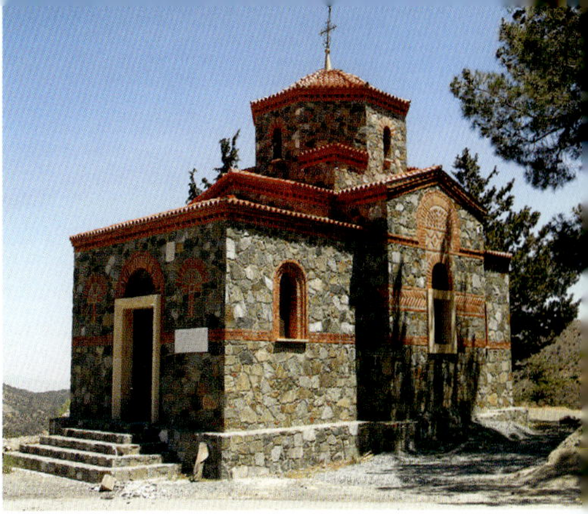

Neobyzantinische Kapelle in Machairas.

Der alte Muliweg erreicht im Zickzack das Bachbett des **Kionia**, 755 m. Wir queren den schmalen Bach und wandern, im Frühjahr meist von einem Froschkonzert begleitet, am rechten Ufer entlang. Der Pfad wechselt auf die andere Bachseite und trifft nach zwei Wasserbecken auf eine quer verlaufende Piste. Wir kreuzen auf ihr abermals den Bach und wenden uns sogleich wieder rechts an einer Lesesteinmauer bachaufwärts durch einen kleinen Olivenhain.

Von links mündet ein Weg in den unseren ein. Ein paar Schritte weiter halten wir uns leicht rechts und queren auf ziemlich verwachsener Spur (Vorsicht, tiefe Löcher!) ein Nebenflüsschen des Kionia. Am anderen Ufer halten wir uns leicht links, die ersten Meter sind von Gras sehr zugewuchert, doch bald auf wieder einigermaßen deutlicher Spur steigen wir nach **Lazanias**, 905 m, auf. Der Pfad mündet 100 m vor der Kirche auf eine Betonpiste, wir folgen ihr links und erreichen auf gepflastertem Weg durch Bruchsteinhäuser die **Dorfstraße** ❷. Dieser rechts aufwärts fol-

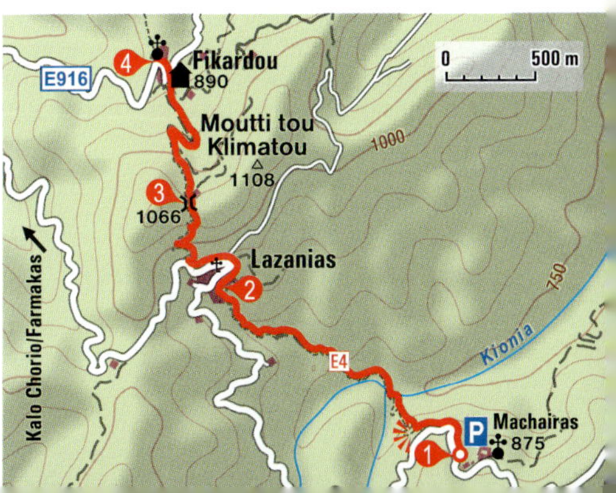

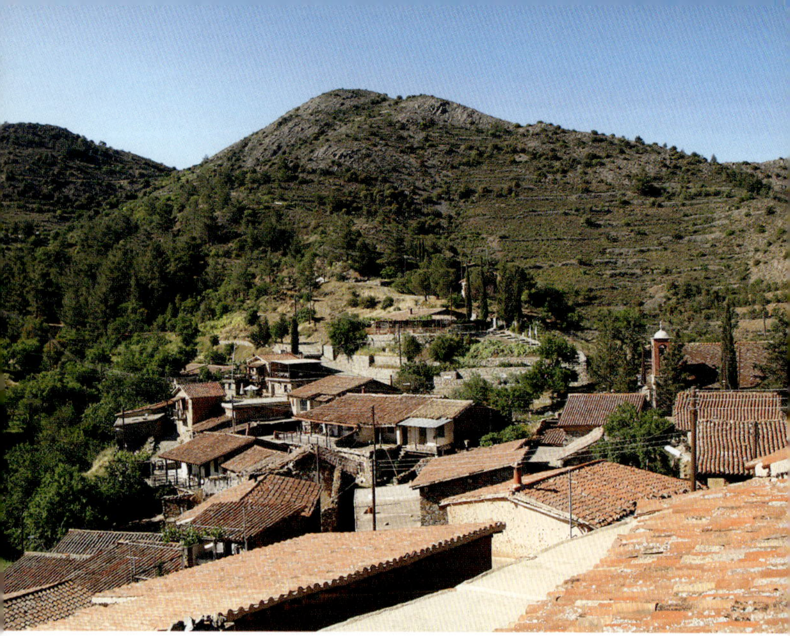

Das Museumsdorf Fikardou.

gend wird eine Taverne passiert. Oberhalb der letzten Häuser schwenkt die Straße nach links. Gut 100 m weiter wird ein rechts abgehendes Sträßchen passiert. 150 m darauf verlassen wir die Straße in einen anfangs geteerten, schmalen Weg (E4-Schild), der scharf rechts zu einem runden Wassertank hinaufführt. Vor dem Tank setzt sich links haltend der alte Mulipfad fort, wir steigen auf ihm in 20 Min. zur **Passhöhe** 3, 1066 m, auf.
Von dem Pass wandern wir nun auf dem Pfad in das zu unseren Füßen liegende Wanderziel Fikardou hinab. Kurz nach dem Pass wird eine Betonpiste rechts liegen gelassen. Es geht geradeaus steil durch Zistrosen abwärts, bis der Pfad weiter unten in den Betonweg mündet, der nach gut 10 Min. auf die Straße trifft. Auf dieser rechts haltend wird nach 75 m die Kirche von **Fikardou** 4, 890 m, erreicht.

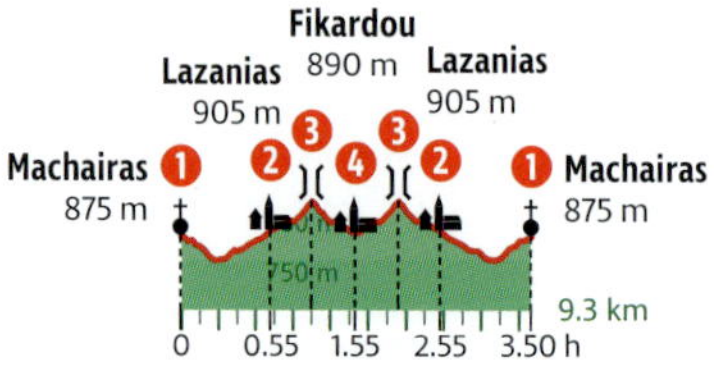

Nach einem Spaziergang durch die engen Gassen und einer eventuellen Einkehr gehen wir auf demselben Weg wieder zum **Kloster Machairas** 1 zurück.

↗ 300 m | ↘ 300 m | 5.6 km

2.10 h

Über den Bergrücken von Pano Lefkara, 727 m

35

Von einem touristischen Handarbeitsstädtchen ins stille Nachbardorf

Pano Lefkara ist das größte Handarbeitszentrum der Insel. Lefkara-Spitzen im »Leonardo-da-Vinci-Muster« sind seit Jahrhunderten über die Grenzen Zyperns hinaus bekannt. Leonardo da Vinci soll 1481 in Lefkara eine Hohlsaumstickerei erworben haben und so in Italien die Nachfrage für zyprische Handarbeiten geweckt haben. Heute bummeln ganze Busgesellschaften durch die malerischen Gassen der Altstadt. Das kleinere Kato Drys liegt dagegen noch im Dornröschenschlaf. Ein aussichtsreicher Wanderweg über einen Höhenrücken verbindet diese beiden Orte miteinander.

Ausgangspunkt: Pano Lefkara, 605 m. Auf der A1 nimmt man zwischen Limassol und Larnaka die Ausfahrt nach Lefkara. Am Ortseingang in Pano Lefkara folgt man der E105 weiter bis zu einer Kreuzung, an der rechts ein Schild ins »Town Center« zeigt (genau an der Ecke befindet sich ein Coffee Shop). Parkmöglichkeit an der Straße links aufwärts. Von Larnaka fährt der Bus 408 mehrmals täglich nach Kofinou, von dort weiter mit dem Bus 405 nach Pano Lefkara.
Anforderungen: Kurze steile An- und Abstiege auf teils gerölligem Pfad. Kein Schatten!
Einkehr: Platanos Tavern und und Jar Jam Preserves in Kato Drys, Tavernen in Pano Lefkara, z. B. Lefkara da Vinci (Timiou Stavrou 28) im Ortszentrum.

An der Kreuzung in **Pano Lefkara** ❶ folgen wir gegenüber dem Coffee Shop der Straße aufwärts, die auf den schon bei der Anfahrt auffälligen Hügel mit Sendemast zuhält. Nach knapp 150 m wird eine links abgehende Straße passiert, 5 Min. danach schwenkt unser Weg scharf nach links zu einer Villa mit markanten Spitzbögen. Von dort folgen wir weiter dem Sträßchen aufwärts, lassen dabei rechts abgehende Wege unbeachtet und stehen gut 10 Min. später auf dem **Sotira** ❷, 727 m, und an der Kapelle **Metamorfosis tou Sotiros**. Vom Gipfel haben wir einen herrlichen Blick auf Pano Lefkara und rechts davon auf den Klosterberg Stavrovouni.

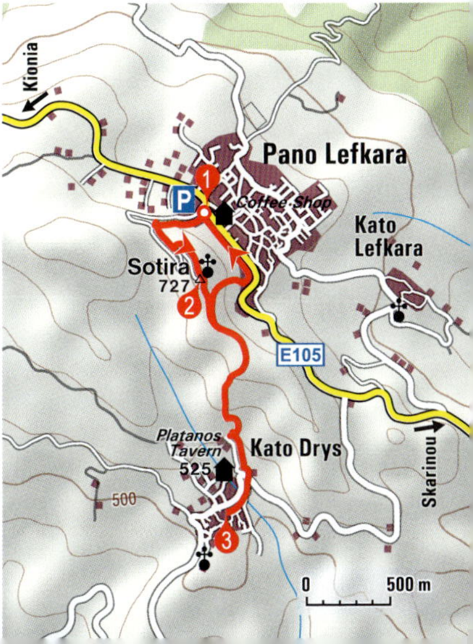

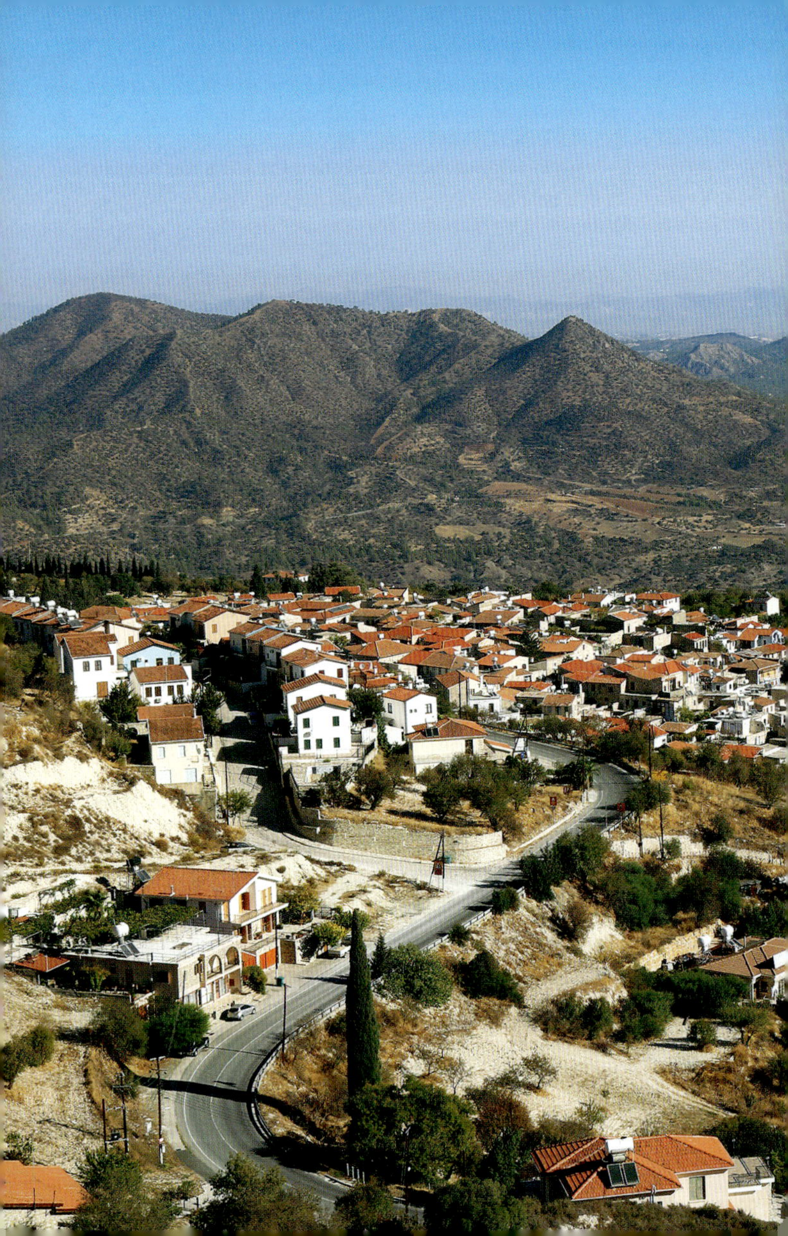

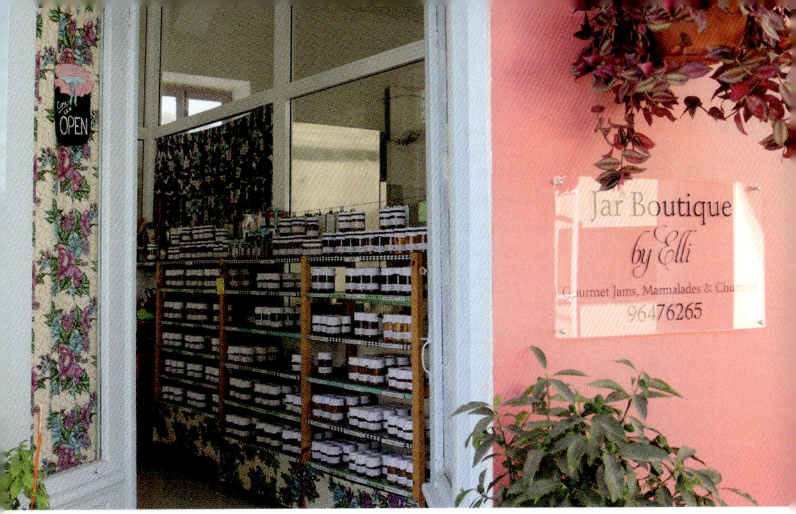

Bei Jar Jam Preserves gibt es nicht nur kleine Snacks, auch die hausgemachten Marmeladen sind köstlich.

Gegenüber dem Eingang der Kapelle beginnt ein Pfad, der uns nach Kato Drys hinabbringen wird. Der Pfad senkt sich in einen **Sattel**, 678 m, ab und mündet dort in einen Feldweg. (Hier zweigt links ein Pfad ab, auf dem wir nach dem Besuch von Kato Drys wieder nach Lefkara kommen werden.) Wir wandern auf dem Feldweg auf einem Bergrücken entlang, bis nach 5 Min. rechts ein Pfad auf das uns zu Füßen liegende Dorf Kato Drys abgeht (Steinmännchen). Kurz oberhalb vom Ort schwenkt der Weg nach links und mündet kurz darauf an den ersten Häusern auf ein Sträßchen. Wir folgen diesem links abwärts zur Platanos Tavern an der Hauptstraße, auf der wir rechts in den alten Ortskern von **Kato Drys** ❸, 517 m, kommen. Vor **Jar Jam Preserves** (kleines Café mit Marmeladenmanufaktur; unbedingt probieren!), zweigt links eine Gasse zum Rural Museum und zum Bienenmuseum ab.

Von Kato Drys steigen wir wieder zu dem eingangs erwähnten Sattel auf und nach Pano Lefkara ab. Kurz vor den ersten Häusern läuft der Pfad oberhalb von einer ehemaligen Kiesgrube entlang. Am Ende von dieser bringt uns ein Karrenweg wieder zur Straße hinab und von dort in gut 5 Min. zum Coffee Shop in **Pano Lefkara** ❶ zurück.

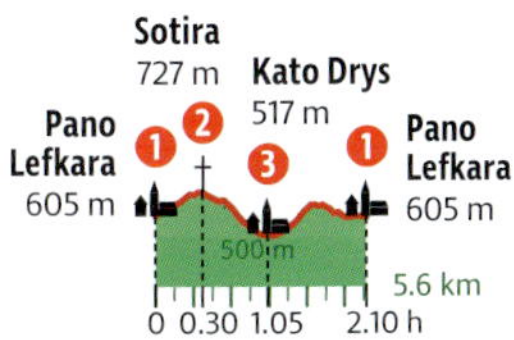

Pano Lefkara vor den Ausläufern des Troodos.

TOP

↗ 150 m | ↘ 100 m | 11.3 km

36 Von Agia Napa zum Konnos Beach

3.00 h

Faszinierende Kliffküste im südöstlichsten Inselzipfel

In der Antike soll der Küstenstrich um Agia Napa (altgriech. nape = Wald) noch gänzlich bewaldet gewesen sein. Geblieben sind nur noch kümmerliche Reste, doch die Wanderung über das verkarstete Küstenplateau hat auch ohne viel Grün ihren eigenen Reiz. In der von zwei einladenden Badebuchten unterbrochenen Kliffküste hat die Kraft des Wassers bizarr geformte Felsbrücken und Meeresgrotten geschaffen.

Ausgangspunkt: Hafen in Agia Napa.
Endpunkt: Konnos Beach; Rückweg nach Agia Napa mit Bus 101 / 102 (von Mitte Mai bis Ende Oktober im 15-Minuten-Takt).
Anforderungen: Bis zum Kermia Beach auf gepflastertem Promenadenweg, von dort auf Pfaden über teils scharfkantige Verkarstungen; kein Schatten, unbedingt Sonnenschutz und Badesachen mitnehmen!
Einkehr: Strandbar am Konnos Beach.
Kombi-Tipp: Die Wanderung kann zusammen mit Tour 38 zu einer großen Tagestour von insgesamt gut 5 Std. Gehzeit ausgeweitet werden.

Die Sea Caves bieten sich als reizvolles Fotomotiv an.

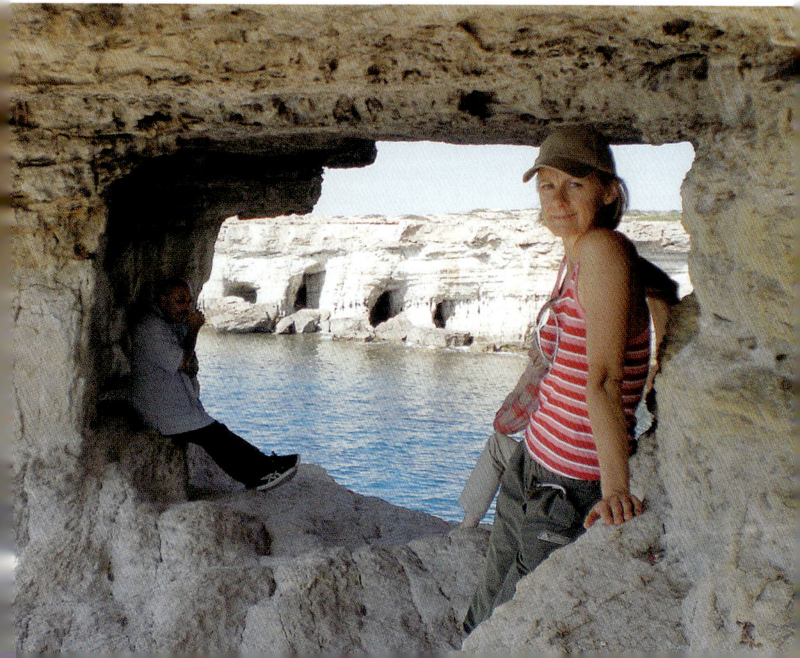

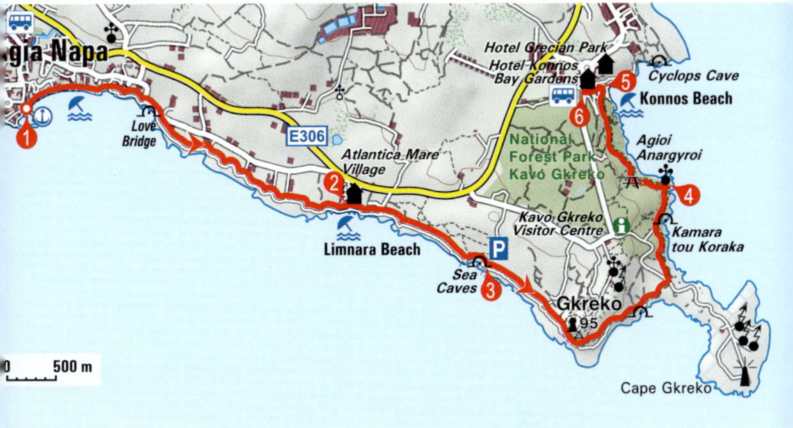

Vom Hafen in **Agia Napa** ❶ gehen wir ostwärts den Sandstrand entlang. Am Strandende beim Hotel Grecian Sands beginnt ein zunächst mit Bohlen angelegter, dann gepflasterter schmaler Promenadenweg, der parallel zum Meer verläuft. Über Brandungshöhlen und die von Wind und Wasser geformte »Liebesbrücke« haben wir bald einen schönen Blick zurück auf Agia Napa. Am Wegrand begleiten uns junge Fächerpalmen. An dem kargen Küstenstrich können ansonsten nur salzresistente Wildpflanzen, etwa Meerfenchel (*Crithmum maritimum*) und Schweinfurths-Bocksdorn (*Lycium schweinfurthii*), überleben.

Am **Limnara Beach** ❷ passieren wir die Bungalows des Atlantica Mare Village und nehmen am Ostende der sandigen Bucht den Pflasterweg wieder auf. Dieser hält nun auf den schon seit geraumer Zeit vor uns aufragenden, knapp 100 m hohen Tafelberg Gkreko zu. Die ausgebaute Promenade endet nach einigen Minuten, von nun an geht es auf Pfaden über das teils scharfkantige verkarstete Küstenplateau.

An den **Sea Caves** ❸ stoßen wir auf eine von der Küstenstraße herunterkommende Piste. Hier hat das Meer eine halbkreisförmige Bucht mit Höhlen aus dem Kalk gewaschen. Im Sommer sorgt ein Autokiosk für Erfrischungen. Es geht zunächst auf einem breiten Weg, bald wieder auf ei-

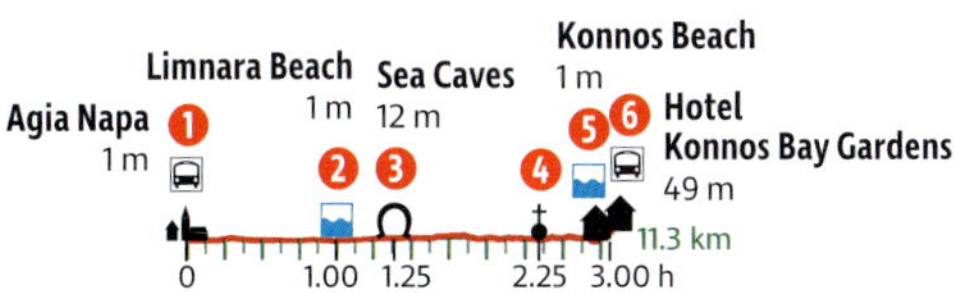

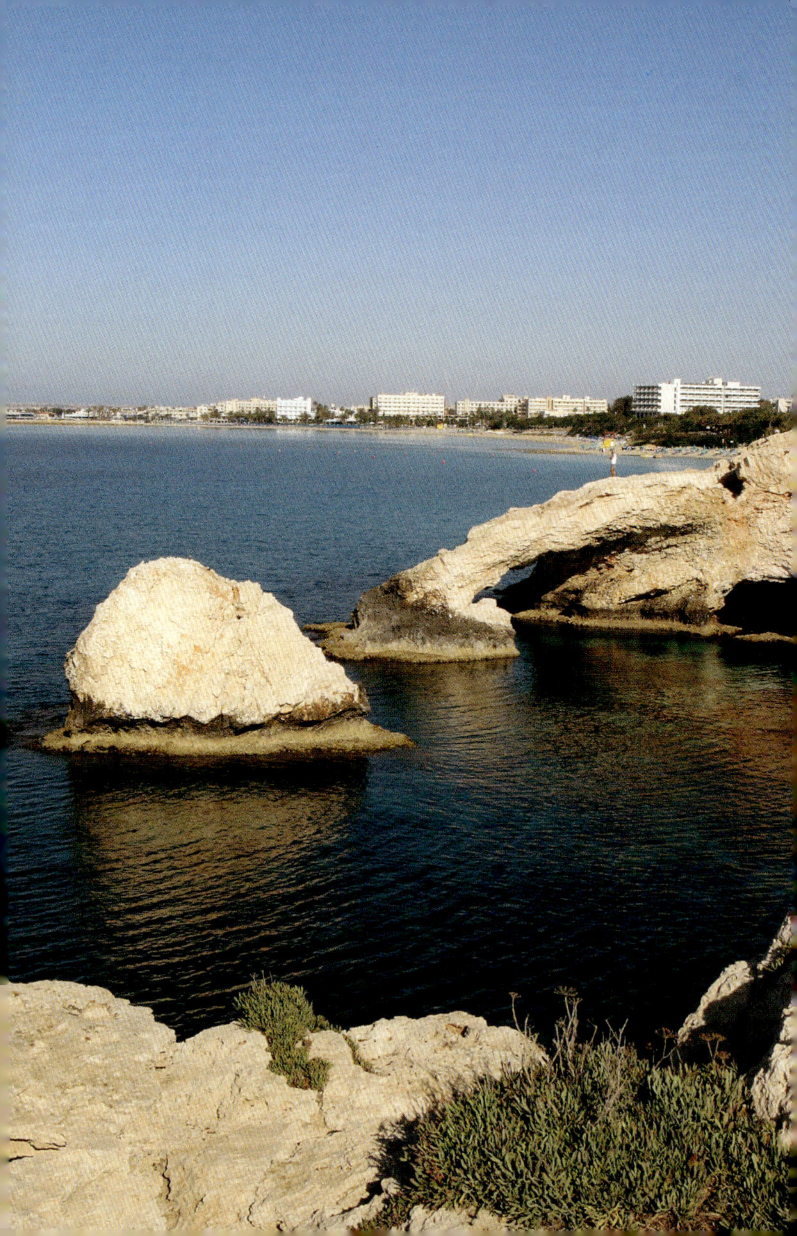

nem Pfad weiter. Kurz vor dem Kap Gkreko kreuzen wir einen Weg und treffen 100 m darauf auf eine beschilderte Gabelung. Auf steinigem Pfad wird in Richtung Agioi Anargyroi nun der Tafelberg an der meerzugewandten Seite umlaufen. Mit seinem steil nach Süden abfallenden Felshang mutet der Berg fast alpin an. Kurz nachdem der Leuchtturm autaucht, bleiben wir geradeaus haltend auf dem Hauptpfad. Gut 50 m danach kommen wir an einem knapp 3 m hohen markanten **Felsblock** vorbei.

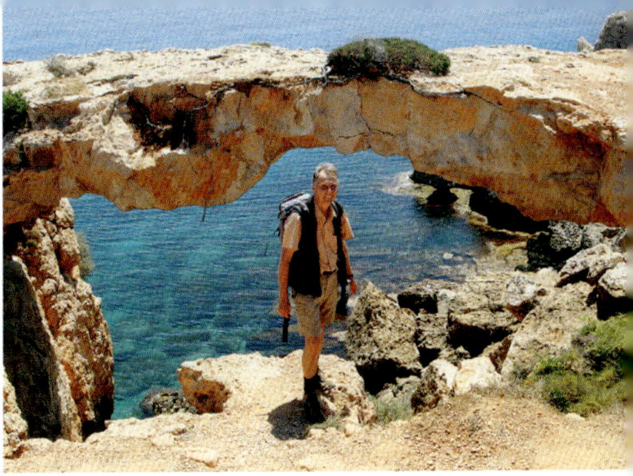

Die Felsbrücke beim Kirchlein Agioi Anargyroi.

An einer undeutlichen Verzweigung etwa 5 Min. nach dem Felsblock bleiben wir leicht rechts haltend auf dem Pfad nahe dem Meer. Fast am Meer werden zwei Sitzbänke erreicht, wir ignorieren hier den links abgehenden Feldweg und queren nun auf der Landenge das Zufahrtssträßchen zum Leuchtturm auf der Halbinsel.

Mehrere Wege durchziehen die karge Landschaft, doch die Route ist eindeutig. Wir halten immer nahe der felsigen Kliffküste auf das schon weithin sichtbare Kirchlein **Agioi Anargyroi** ❹ zu, das wenige Minuten nach einer imposanten Felsbrücke (Kamara tou Koraka) erreicht wird. An der Kapelle führt eine Steintreppe zu einer Meereshöhle hinab, in der einst Asketen wohnten und die heute ein viel besuchter Wallfahrtsort der Zyprer ist.

Von der Kapelle aus folgen wir dem parallel zu einer Straße verlaufenden Pfad nahe der Abbruchkante. Nach 5 Min. halten wir uns in Höhe von einem Picknickplatz (liegt jenseits der Straße) an einer Verzweigung rechts weiter am Kliffrand; mehrere Sitzbänke laden hier zum Verweilen ein. Das als Naturpark ausgewiesene Gebiet überrascht durch eine grüne Buschlandschaft aus Akazien, Wacholder und niedrig wachsenden Aleppokiefern. Kurz vor der türkisfarbenen Badebucht von Konnos, über der weithin sichtbar das Hotel Grecian Park thront, steigen wir auf einer Steintreppe zu einem Querweg ab, wenden uns dort nach links (rechts kommt man zu einer weiteren Bank) und erreichen schließlich den feinsandigen – in der Saison meist ziemlich vollen – **Konnos Beach** ❺.

Vom Strand bringt uns ein mit Rundhölzern gestufter Weg in knapp 10 Min. zur Straße am **Hotel Konnos Bay Gardens** ❻ hinauf, neben dem sich die Bushaltestelle befindet.

Die »Liebesbrücke« vor der Silhouette der Ferienmetropole Agia Napa.

↗ 100 m | ↘ 100 m | 4.0 km

37 Auf den Tafelberg Gkreko, 95 m

1.15 h

Aussichtsreiche Kurztour durch eine urwüchsige Karstlandschaft

Kap Gkreko wird sowohl der Tafelberg als auch die vorgelagerte flache Halbinsel genannt. Mit 95 m über Normalnull ist der markante Tafelberg östlich von Agia Napa wahrlich kein Bergriese, doch für einen exzellenten Rundblick über die südöstlichste Ecke Zyperns reicht es von dem wuchtigen Felsklotz allemal. Das unter Naturschutz gestellte Gebiet überrascht durch eine ursprüngliche Natur, wie man sie zwischen den Badeorten Agia Napa und Protaras nicht erwarten würde.

Ausgangspunkt: Sea Caves, 8 m. Von Agia Napa fährt man auf der E 306 zunächst in Richtung Protaras und biegt dann rechts in Richtung Kap Gkreko ab. 400 m nach dem Abzweig zum Kap zweigt rechts eine ruppige Piste ab, nach 300 m hält man sich rechts und erreicht 300 m darauf die Sea Caves.
Anforderungen: Überwiegend auf schmalen Pfaden über teils verkarsteten Fels; etliche Verzweigungen verlangen etwas Aufmerksamkeit. Ohne Schatten!
Einkehr: Während der Badesaison mobile Kioske an Sea Caves und Kap Gkreko.
Variante: Die Wanderung kann auch am Hafen von Agia Napa begonnen werden, die zusätzliche Gehzeit hin und zurück beträgt 3 Std.

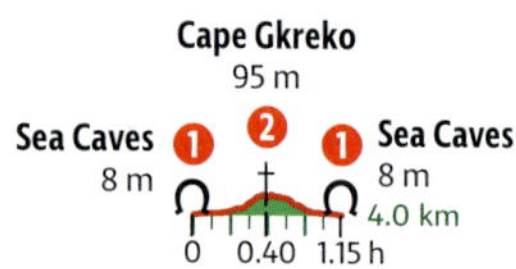

Vom Parkplatz an den in die Kliffküste eingelassenen **Sea Caves** ❶ folgen wir dem parallel zum Meer verlaufenden zunächst breiten Weg auf den markanten Tafelberg Gkreko zu. Der Weg verengt sich nach 3 Min. zu einem Pfad und führt über das verkarstete Küstenplateau. Kurz vor dem Tafelberg wird ein Weg gekreuzt, 150 m danach erreichen wir eine ausgeschilderte Gabelung. Auf steinigem Weg wird in Richtung Agioi Anargyroi der Tafelberg an der dem Meer zugewandten Seite umlaufen. Kurz nachdem der Leuchtturm auftaucht, bleiben wir geradeaus haltend auf dem Hauptpfad und kommen gut 50 m danach zu einem knapp 3 m hohen **Felsblock** am Wegrand. Hier biegen wir links aufwärts in einen schmalen Pfad ein. Der Steig läuft steil durch eine felsige Engstelle, ein paar Schritte darüber halten wir uns links und

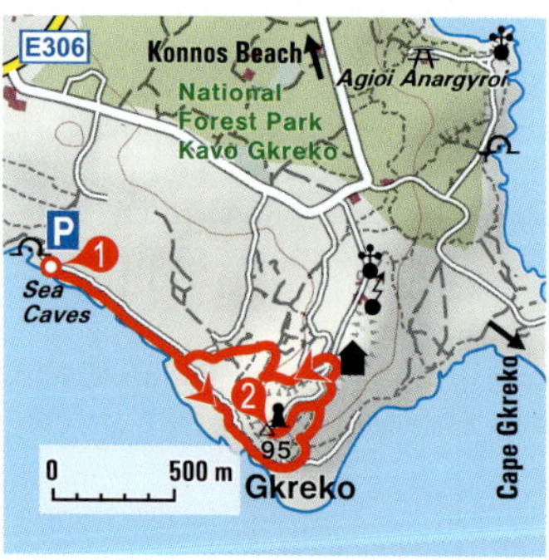

dann 20 m weiter rechts aufwärts (der Pfad geradeaus führt zu einer Sitzbank). Wir stoßen sogleich auf einen Querweg, dem wir rechts folgen. 2 Min. später bleibt ein rechts abwärts laufender Pfad unbeachtet, wir steigen zu einer Sitzbank auf, hinter der wir auf eine Staubstraße treffen.

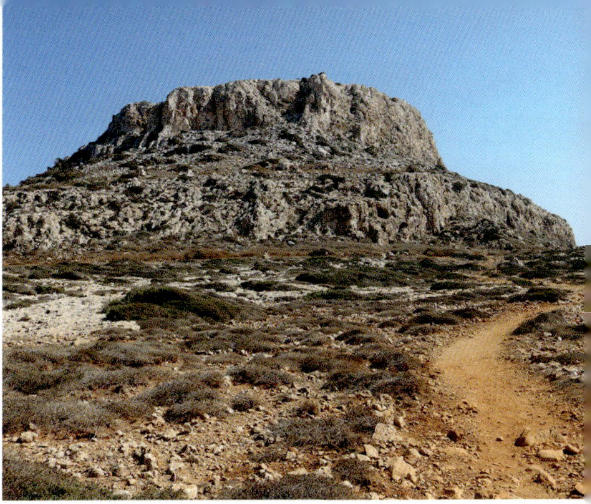

Alpin anmutend und doch nur 95 m über dem Meer – der Tafelberg am Kap Gkreko.

Auf dieser wenden wir uns scharf nach links und stehen einige Minuten darauf auf dem **Kap Gkreko** 2, 95 m. Neben dem abstrakten Denkmal bietet sich ein schattiger Aussichtspavillon als Rastplatz an. Nach Osten schaut man auf die flache Halbinsel Gkreko, nach Westen auf die Hotelstadt Agia Napa.

Vom Tafelberg nehmen wir wieder die landeinwärts hinunterführende Staubstraße, passieren die schon bekannte Sitzbank und gehen etwa 250 m vor einem Militärlager an der Kreuzung mit einem Schlagbaum scharf links (Schild »Cavos Path«). Sogleich kommen wir durch einen aufgelassenen **Steinbruch**, in dem junge Kiefern stehen. Am Ende des Steinbruchs steigen wir auf einem Pfad an der Nordseite des Kaps ab. Während des Abstiegs mündet der Pfad in einen breiten Weg (links könnte man das Kap auf der meerzugewandten Seite umrunden); wir gehen hier rechts und verlassen den Weg nach 100 m links in einen Pfad, der uns wieder zum bekannten Weg auf das Küstenplateau am Fuß des Kaps und von dort zu den **Sea Caves** 1 zurückbringt.

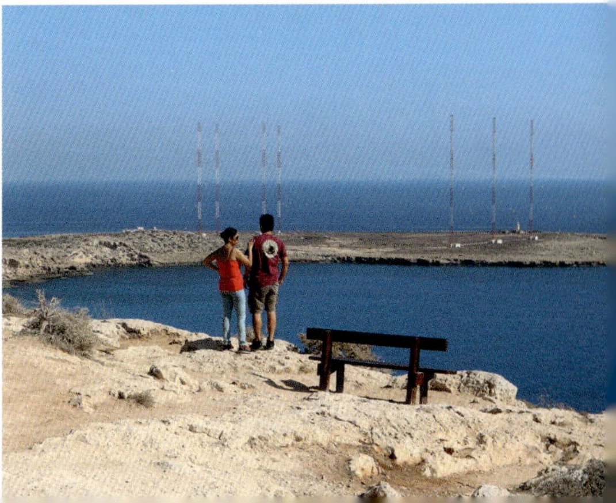

Ausblick vom Kap auf die Halbinsel Gkreko.

↗ 100 m | ↘ 100 m | 7.4 km

38 Von Konnos Bay nach Protaras

2.00 h

Zur Zyklopenhöhle und der Feigenbaumbucht

Wie auch Agia Napa entstand die Hotelstadt Protaras erst 1974 nach der Teilung der Insel als Alternative zu Famagusta, der damaligen unbestrittenen Nummer eins unter Zyperns Badeorten. Von Konnos Bay aus können Sie auf einem Küstenweg noch einige von der touristischen Bebauung unberührte Ecken entdecken. Unterwegs laden etliche kleine und größere Sandstrände zum Badevergnügen ein. Besonders praktisch: Start- und Endpunkt der Wanderung sind in der Saison sehr gut ans öffentliche Busnetz angebunden.

Ausgangspunkt: Bushaltestelle Konnos Bay am Hotel Konnos Bay Gardens, 49 m. Autofahrer parken in der Nähe der Hotels Konnos Bay und Grecian Sands und fahren mit dem Bus nach Konnos Bay zurück.
Endpunkt: Bushaltestelle in Protaras, 21 m. Konnos und Protaras liegen an der Buslinie 101 von Agia Napa nach Protaras und Paralimni; die Busse verkehren von Mitte Mai bis Ende Oktober im 15-Minuten-Takt.
Anforderungen: Der Pfad zur Zyklopenhöhle ist stellenweise leicht ausgesetzt, ansonsten verläuft die Route auf ungeteerten Fahrwegen und Küstenpfaden, das letzte Stück auf einer Fußgängerpromenade. Badesachen nicht vergessen!
Einkehr: Etliche Strandbars und Restaurants, u. a. in Green Bay Beach, Fig Tree Bay und Protaras.

Am Konnos Beach herrscht bis weit in den Oktober hinein reger Badebetrieb.

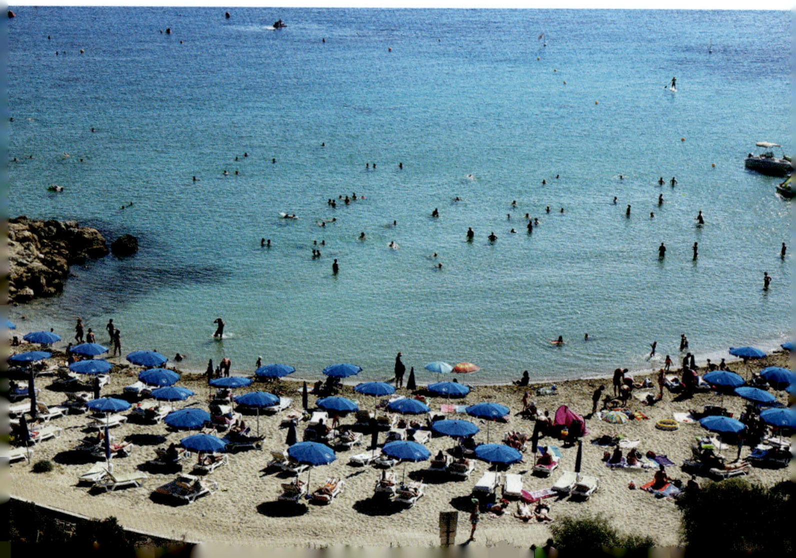

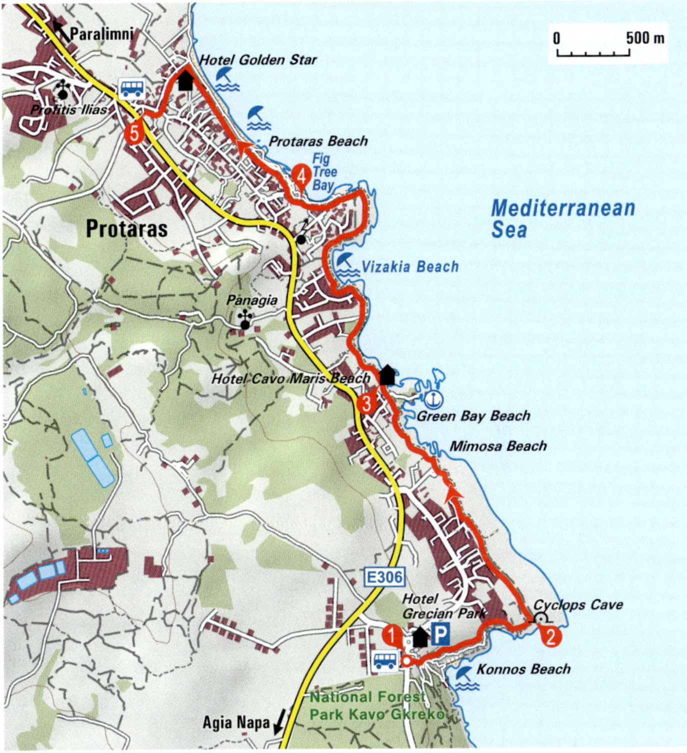

In **Konnos Bay** ❶ steigen wir an der Bushaltestelle auf einem von Rundhölzern gestuften Weg in Richtung Strand (»To the Beach«) ab. Auf halbem Weg zum Konnos Beach verlassen wir den Weg geradeaus, ein Schild weist hier zur »Cyclops Cave«. Die Steilküste wird nun auf halber Höhe durchwandert, stellenweise ist der Pfad leicht ausgesetzt. Botanische Tafeln machen mit der Küstenflora an dem steil abfallenden Hang bekannt, u. a. sind hier anspruchslose Arten wie Schweinfurths Bocksdorn (*Lycium schweinfurthii*), Stech-Wacholder (*Juniperus oxycedrus*) und Dornige Bibernelle (*Sarcopoterium spinosum*) zuhause.

Ein Abgang zur türkisfarbenen Badebucht von Konnos Beach bleibt unbeachtet, der Weg schwenkt danach nach rechts auf eine felsige Landzunge. An einer Gabelung bleiben wir dicht an der Abbruchkante, bis schließlich ein achteckiger Pavillon erreicht wird. Etwa 15 m vor diesem kommen wir rechts haltend in wenigen Schritten zur **Zyklopenhöhle** ❷. Die gerade mal anderthalb Meter hohe, doch geräumige Höhle ist in das hier knapp 10 m hohe Küstenplateau eingelassen. Die Felsen unterhalb der Höhle sind ein beliebter Einstieg für Taucher, die hier Tintenfische, Papageienfische und Seenadeln entdecken können.

Von der Zyklopenhöhle folgen wir nun einer anfangs breiten Staubpiste nach Norden, an der landeinwärts etliche neue Reihenbungalows stehen. Doch ein etwa 100 bis 150 m breiter Küstenstreifen blieb von der Bebauung bislang ausgespart. Alternativ kann man etwa 150 m parallel zur Piste in Wassernähe über das allerdings ziemlich ruppige Karstplateau wandern. Mit **Mimosa Beach** werden am gleichnamigen Hotel zwei kleine geschützte Badebuchten erreicht, eine weitere Bademöglichkeit bietet **Green Bay Beach**, dahinter liegt ein kleiner Fischerhafen.

Ein paar Minuten darauf wandern wir durch den von hohen Fächerpalmen begrünten Hotelpark und die Liegestuhlzone des **Hotels Cavo Maris Beach** ❸, zu dem ebenfalls ein von einer Mole geschützter kleiner Sandstrand gehört. Wie überall auf Zypern sind alle Strände öffentlich zugänglich. An Cavo Maris Beach schließt sich der 50 m lange Sandstrand von **Vizakia Beach** an. Danach wird eine halbkreisförmige Felsenbucht umlaufen, die Abbruchkante ist hier mit einem Holzzaun gesichert.

Ob in der Zyklopenhöhle tatsächlich einmal ein einäugiger Riese hauste?

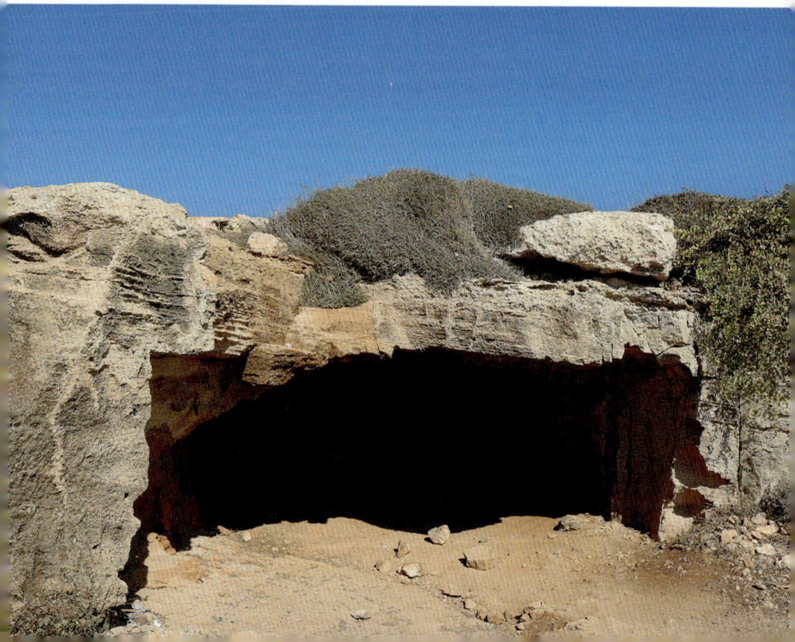

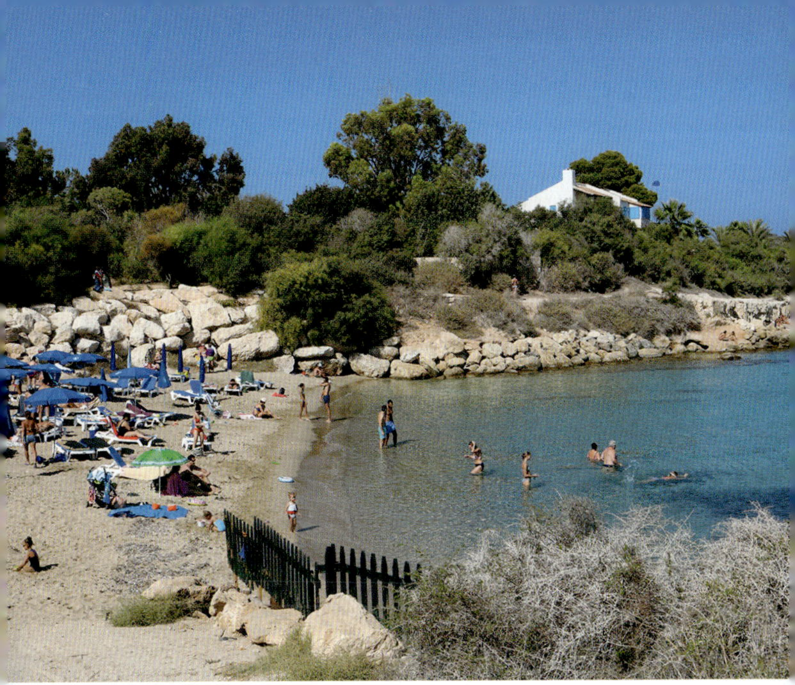

Vizakia Beach, eine von einem halben Dutzend kleinen Badebuchten am Weg.

Eine Halbinsel kann wahlweise auf einer Staubpiste oder auf einem steinigen Weg direkt an der ausgefransten Küste gequert werden. Der Blick öffnet sich nun auf die klotzigen Großhotels von Protaras. Zuvor geht es durch eine weitere Liegestuhlzone zur **Fig Tree Bay** ❹. Diese hat ihren Namen von ein paar sich an die Böschung über dem Sandstrand klammernden Feigenbäumen.

An der Feigenbucht beginnt ein von Tavernen und Cafés gesäumter, gepflasterter Promenadenweg, der sich in **Protaras Beach**, dem mit etwa 500 m längsten Sandstrand der Region, fortsetzt. Fast am nördlichen Ende des Strandes wird kurz nach dem Vrissaki Beach Hotel die Promenade in eine Straße (Lefkollas Street) verlassen. Diese mündet nach gut 5 Minuten in eine Querstraße. Wir folgen dieser nach rechts und erreichen ein paar Schritte vor der Filiale einer weltbekannten Hamburgerbraterei die Bushaltestelle in **Protaras** ❺.

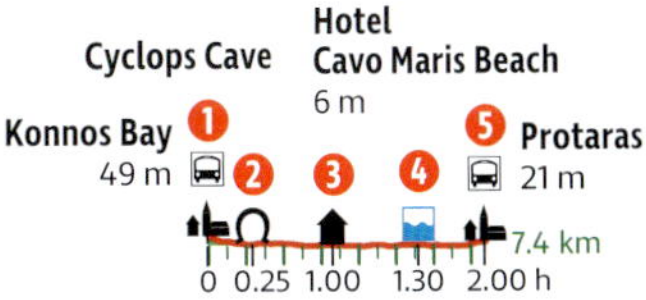

↗ 600 m | ↘ 600 m | 15.6 km

39 Von Vouni nach Yeşilırmak

5.00 h

Küstenwanderung im westlichsten Winkel von Nordzypern

Die antiken Ruinen des 2500 Jahre alten Palastes von Vouni liegen exponiert auf einem abgeplatteten Küstenberg, großartig sind von hier die Aussichten auf den Golf von Morfou und das Troodos-Gebirge im Inselzentrum. An den archäologischen Ausgrabungen beginnt ein reizvoller Küstenpfad in das Obstbauerndorf Yeşilırmak, von dem aus nach der Einkehr in einem der Fischlokale noch ein kleiner Rundweg als Zugabe angeschlossen werden kann.

Ausgangspunkt: Vouni Palace, 250 m. Von Girne aus nimmt man die Küstenstraße nach Westen und erreicht über Güzelyurt, Lefke und Soli nach etwa 78 km die archäologischen Ausgrabungen (Fahrzeit etwa 80 Min.). Sofern die Schranke vor dem Vouni Palace noch geschlossen sein sollte, kann auch dort geparkt und begonnen werden.
Anforderungen: Anspruchsvolle Küstentour auf stellenweise steilem, gerölligem und leicht ausgesetztem Pfad, der während der ersten Stunde trotz relativ guter Markierung (gelb-grün) auch etwas Orientierungsvermögen voraussetzt.
Einkehr: Vouni King Restaurant (vounikinghotel.com).
Kurztour: Ganz einfach (blaue Tour) ist der in Yeşilırmak beginnende kleine Rundweg (1.20 Std.).
Sehenswert: Vouni Palace, im Winter offiziell 8–15.30 Uhr (meist jedoch nicht vor 10 Uhr), im Sommer 8–18 Uhr.
Tipp: Auf der Rückfahrt können in Soli ein rekonstruiertes römisches Theater und sehr gut erhaltene Mosaiken (der »Schwan von Soli«) einer frühchristlichen Basilika besichtigt werden (Eintritt).
Spektakulär sind die 700-jährigen Olivenbäume von Kalkanlı; von Güzelyurt kommend zweigt 2 km nach Kalkanlı (genau gegenüber der Gabelung Lefkoşa / Kılıçaslan) ein ruppiger Erdweg ab, auf dem nach gut 20 Gehminuten der Olivenhain erreicht wird.

Nach der Besichtigung der Ausgrabungen von **Vouni Palace** ❶ gehen wir vom Parkplatz am Kassenhäuschen gut 150 m das Zufahrtssträßchen zurück und verlassen es an einem Wanderschild links abwärts in einen Feldweg, der schon nach wenigen Schritten in einen teils wenig ausgeprägten Pfad übergeht. Sogleich bietet sich ein reizvoller Ausblick auf das Wanderziel, eine kleine vorgelagerte Felseninsel bei Yeşilırmak. Wegzeichen leiten uns ziemlich steil in gut 10 Min. zur Schranke an der Zufahrtsstraße hinab. Hier heißt es nun aufgepasst: Direkt nach der Schranke biegen wir rechts in einen anfangs breiten, sandigen Weg ein, der nach 20 m an einem meist von Müll verunzierten Platz vor Stallungen endet. Hier gehen wir rechts von einem rostigen Eisenzaun auf schmalem und etwas verwachsenem, leicht ausgesetztem Pfad weiter (Wegzeichen). Am Ende des Zauns halten wir uns ganz leicht rechts abwärts. Der Pfad mündet kurz darauf in einen Traktorweg, dem scharf rechts gefolgt wird. An der Gabelung 3 Min. darauf gehen wir links, bis die Traktorspur 200 m später auf einem kleinen Plateau

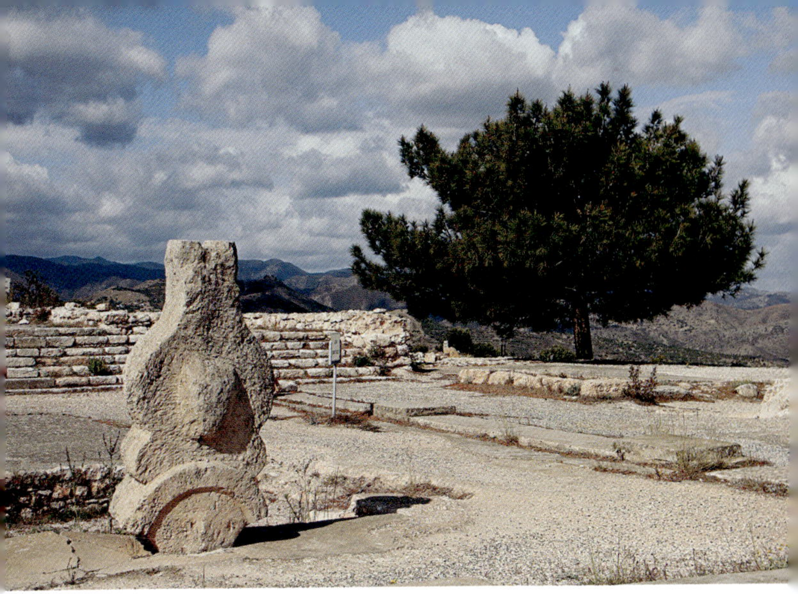

Die Wanderung beginnt am archäologischen Bezirk von Vouni.

endet. Von dort setzt sich der Pfad fort, er führt in ein **Bachtal** hinab, quert den in der Regel trockenen Bach und läuft dann leicht ausgesetzt am linken Talrand entlang.

Wir kommen zu einer Lesesteinmauer am Fuß eines felsigen Küstenbergs, der an der dem Meer zugewandten Seite umlaufen wird. Nach einer ausgesetzten Passage wird in engem Zickzack in ein weiteres Bachtal abgestiegen, etwa 7 m vor dem Bach halten wir uns scharf rechts (Wegzeichen) und queren kurz darauf das trockene Bett. Danach wird ein Baum (Wegzeichen) auf der rechten Seite passiert. Der Pfad zieht bald bequem oberhalb von einem **Kieselstrand** 2 entlang; der Zugang liegt an dessen westlichem Ende. Von dem Strand führt ein breiter Traktorweg an einem zweiten Kieselstrand entlang, vor uns taucht die Bucht von Yeşilırmak auf. Wir kommen an dem meterhohen Eingang der **Piratenhöhle** 3 vorbei – ob darin allerdings jemals Piraten hausten, sei dahingestellt. Nach der Höhle schwenkt der Weg

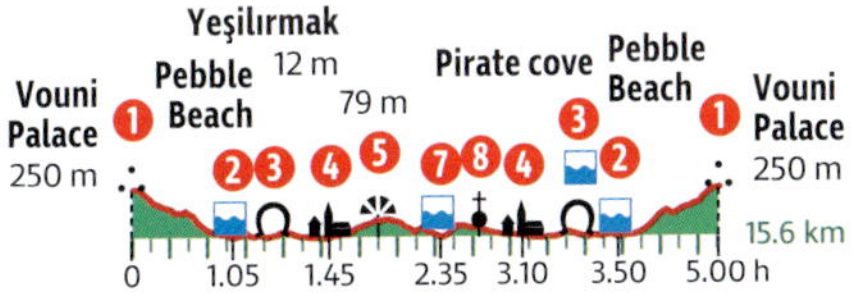

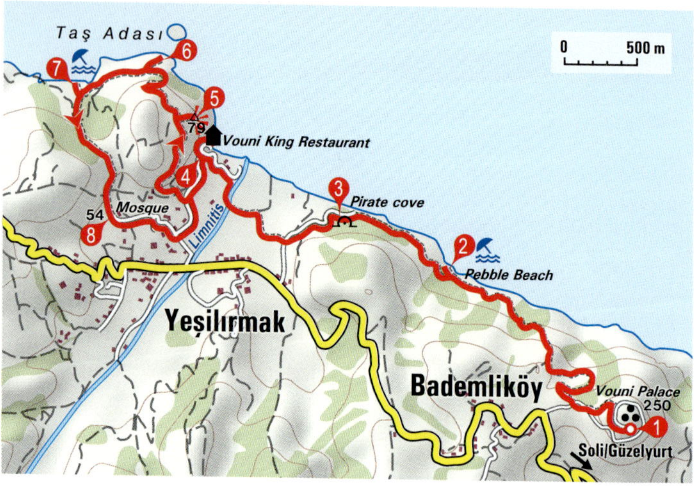

landeinwärts, umläuft eine Ziegenfarm und mündet in ein Teersträßchen. Wir folgen diesem links und verlassen es nach 15 m sogleich wieder rechts. Es gibt nun bis Yeşilırmak keine Wegzeichen mehr. Der Fahrweg zieht durch Obstgärten mit Pfirsichen, Wollmispeln, Zitrusfrüchten und Granatäpfeln, in Folientunneln werden auch Erdbeeren kultiviert. Ein rechts abgehender Weg wird passiert, 5 Min. darauf erreichen wir ein von Schilfrohr und Eukalyptusbäumen gesäumtes **Flussbett**, dem wir nach rechts folgen. Nach 150 m bleibt ein links abgehender Weg unbeachtet, 30 m darauf teilt sich der hier mit Kieseln gepflasterte Weg – wir gehen hier links und kommen auf einer Straße nach **Yeşilırmak** ❹. Kurz nach der Zufahrt zum Vouni King Hotel bietet sich 250 m weiter im **Vouni King Restaurant** eine Rast an, ab Ende April/Anfang Mai wird auch die 50 m unterhalb vom Haupthaus ins Wasser gebaute Terrasse bewirtschaftet.

Je nach Gusto kann vor dem Rückweg nach Vouni die Wanderung noch um einen knapp eineinhalbstündigen Rundweg um einen Küstenberg erweitert werden, er verläuft ausschließlich auf holprigen Wirtschaftswegen. Von der Wandertafel gegenüber dem Haupthaus des Vouni King Restaurants folgen wir dazu dem Teersträßchen landeinwärts und passieren nach 5 Min. eine »Private Road«. 20 m nach dieser biegen wir rechts in die Sami Değirminci ab, die nach wenigen Schritten geradeaus in einen ansteigenden Schotterweg verlassen wird. 10 Min. darauf lohnt rechts ein Abstecher zu einem **Aussichtspunkt** ❺ mit zwei Sitzbänken, von dem man einen zauberhaften Ausblick auf Yeşilırmak und die Küstenlinie bis zum Golf von Morfou hat.

Wir gehen wieder zum Hauptweg zurück, dieser senkt sich bald zum Meer ab. Auf einem weiteren kurzen Abstecher kommt man ganz dicht an die **Felseninsel** ❻ heran, die schon vom Vouni Palace aus zu sehen war – sie liegt keine 100 m vom Ufer entfernt und wird meist von Seeschwalben und einer Möwenbande umschwärmt. Der Hauptweg erreicht nun eine wunderschöne Bucht mit feinem **Sandstrand** ❼, beim Schwimmen sind allerdings die vorgelagerten Felsplatten etwas hinderlich. Vom Strand steigt der Weg nochmals kurz und kräftig an. An einer Verzweigung gehen wir geradeaus, an der Drei-Wege-Gabelung gut 5 Min. später nehmen wir den rechten Weg und erreichen auf diesem die **Moschee** ❽ am Ortsrand von Yeşilırmak. Ab hier ist der Weg betoniert und wieder grün-gelb markiert. Nach etwa 7 Min. biegen wir von dem Betonweg links ab und kommen zum Vouni King Restaurant in **Yeşilırmak** ❹ zurück, vor dem der bekannte Rückweg zum **Vouni Palace** ❶ beginnt.

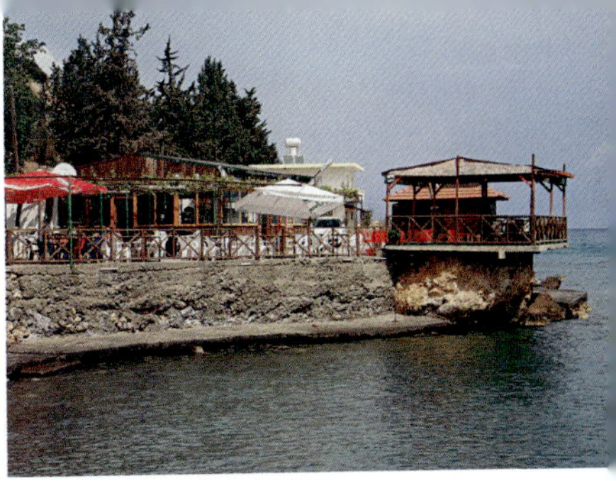

Luftige Einkehrmöglichkeit in Yeşilırmak.

Bei der Erweiterung der Wanderung ab Yeşilırmak kommt man der kleinen Vogelinsel ganz nahe.

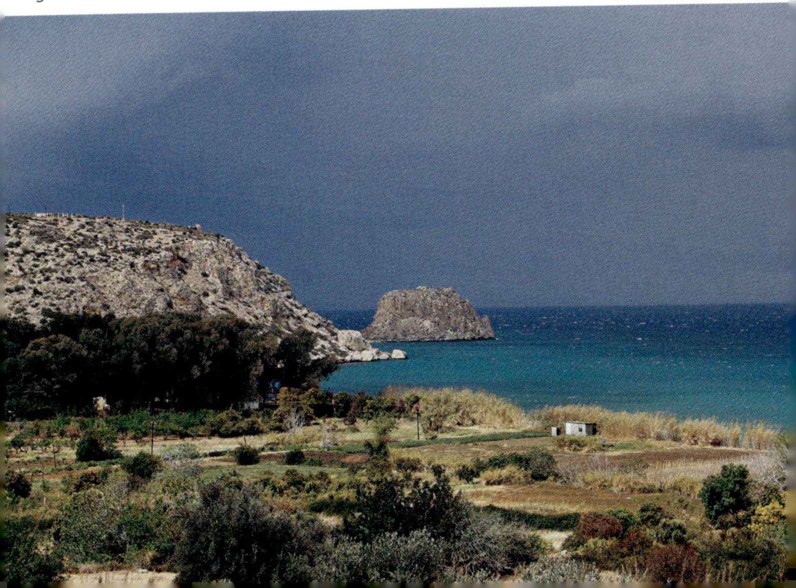

TOP

40

↗ 780 m | ↘ 780 m | 12.6 km

Von Karaman nach St. Hilarion, 725 m

5.00 h

Auf eine Kreuzritterburg mit Geschichte

St. Hilarion ist von den drei Trutzburgen Zyperns die am meisten besuchte. Die Festung thront spektakulär und weithin sichtbar auf einem schroffen Kalkgipfel hoch über der Hafenstadt Girne. Die pittoreske Burg soll für die Walt-Disney-Produktion »Schneewittchen und die sieben Zwerge« Pate gestanden haben. Schaut man von Karaman auf den steil aufragenden Burgberg, mag man zunächst kaum glauben, dass da ein Pfad hinaufführen soll. Doch der Weg ist einfacher, als es aussieht. Oben bietet sich eine grandiose Gipfelschau und der Abstieg nach Karaman glänzt mit weiten Aussichten auf die Nordküste. In dem hübsch herausgeputzten Dorf wartet am Ende der Tour ein einladendes Bistro mit schattiger Terrasse.

Ausgangspunkt: Kirchplatz in Karaman, 332 m. Von Girne aus folgt man der Ausschilderung in Richtung Lapta / Güzelyurt und biegt nach 3 km links nach Edremit / Karaman ab. Man folgt der Straße durch Edremit, hält sich an der Gabelung kurz nach dem Ortseingang von Karaman rechts und erreicht 700 m darauf den Parkplatz an der Kirche.
Anforderungen: Nach einem kurzen Straßenstück folgt die Route einem teils steilen, grün-weiß markierten Pfad zur Burg hinauf. Der Rückweg führt fast eine halbe Stunde lang über eine nur wenig befahrene Höhenstraße, von dort steiler Abstieg auf steinigem Pfad nach Karaman. Der blau markierte Abstiegspfad ist stellenweise leicht ausgesetzt und verwachsen, es empfehlen sich lange Hosen.
Einkehr: Bistro Levant nahe der Kirche in Karaman, Kiosk an der Burg.

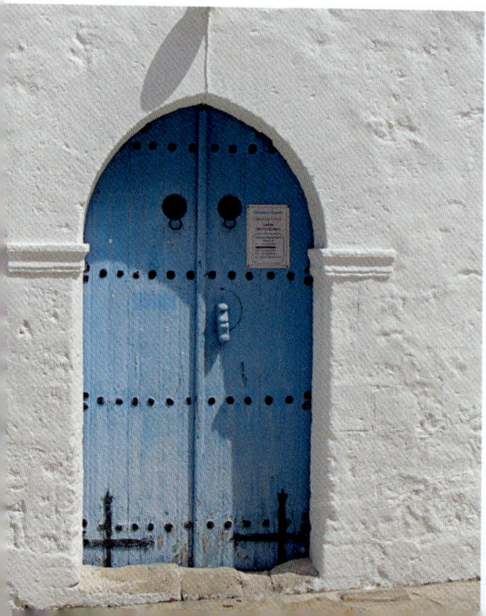

In **Karaman** ❶ gehen wir vom Kirchplatz auf der Dorfstraße abwärts wieder 700 m zurück, wobei wir nach etwa 500 m das Schild »Village Centre« passieren, um dann 200 m darauf an einem Haus (Nr. 1a) mit himmelblauen Fenstern und schmiedeeiserner Dachumrandung in einer scharfen Linkskehre rechts in ein schmaleres Sträßchen abzuzweigen (es gibt sowohl oberhalb als auch unterhalb von dem Haus eine rechts abgehende Straße, unsere ist die untere). Wir folgen dem Sträßchen gut 10 Min. durch ein

Eingangsportal der Dorfkirche in Karaman.

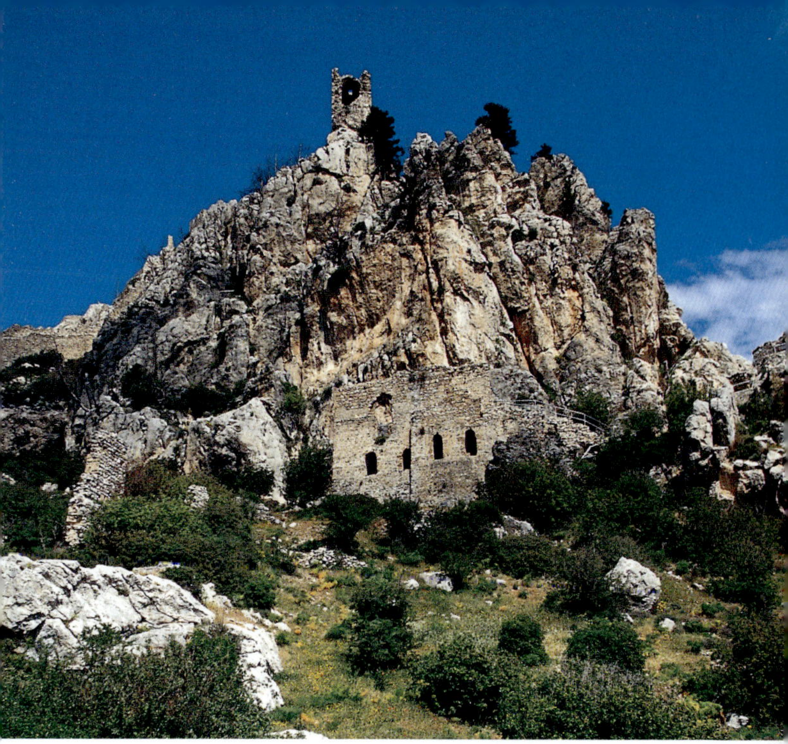

Trotz der exponierten Lage war St. Hilarion nicht uneinnehmbar.

neues Villenviertel auf den vor uns aufragenden Burgfelsen von St. Hilarion zu. Vor einer kleinen Schlucht schwenkt das Sträßchen scharf nach links, hier verlassen wir es rechts in einen grün-weiß markierten Schotterweg. Dieser bringt uns nach **Agios Pandeleimon** 2, 255 m. Von der byzantinischen Kapelle gehen wir auf dem Weg wieder 100 m zurück und biegen dann links in einen hangaufwärtslaufenden steinigen Karrenweg ein. Der Weg hält auf ein an den Fuß einer Felswand geschmiegtes Wasserhaus zu. Mit steigender Höhe ergibt sich ein wunderbarer Ausblick auf Karaman und die Nordküste.

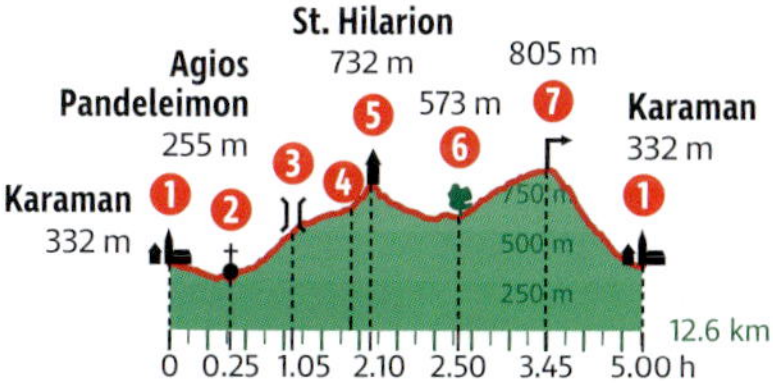

In einer Linkskurve vor einem steil aufragenden Felsen heißt es aufgepasst: 15 m nach der

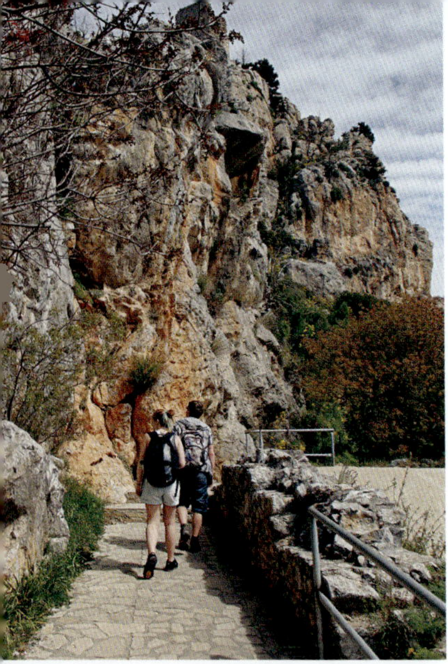

Zum Gipfel des Burgberges führt ein gut ausgebauter Pflasterweg hinauf.

Kurve (etwa 150 m bevor der Weg am Wasserhaus endet) geht rechts ein eventuell mit Steinmännchen markierter Pfad ab. Dieser läuft in langen Kehren steil hangaufwärts und bald kann man auch auf den Hafen von Girne hinabschauen. An einer **Einsattelung** ❸, 490 m, am Fuß von einem Felskopf, bereits hoch über dem Wasserhaus, zieht der Pfad in eine kleine Schlucht hinein, die uns kurzzeitig den Blick auf die bereits zum Greifen nahe Burg nimmt. Die Schlucht weitet sich zu einem schmalen Hochtal, unvermutet rückt über uns wieder St. Hilarion ins Blickfeld.

Unterhalb der Burg mündet der Pfad in einen quer verlaufenden Fahrweg (Pyramide 13, rechts unser Rückweg), auf dem man in 5 Min. zur Höhenstraße gelangt. Links gehend erreichen wir am großen unteren Parkplatz die Zufahrt zur Burg, die uns in wenigen Minuten zum **Kassenhäuschen** ❹, 615 m, hinaufbringt. Auf einem gestuften Pflasterweg steigen wir vorbei an Wehrtürmen und Zisternen zu den Ruinen einer byzantinischen Kirche und dem Rittersaal von St. Hilarion auf. Nach insgesamt 460 Stufen begrüßt uns auf dem **Gipfel des Burgberges** ❺, 732 m, eine Tafel mit »Congratulations – you are on the Peak«. Das Panorama reicht bis nach Kantara im Osten und zum 1024 m hohen Selvili im Westen.

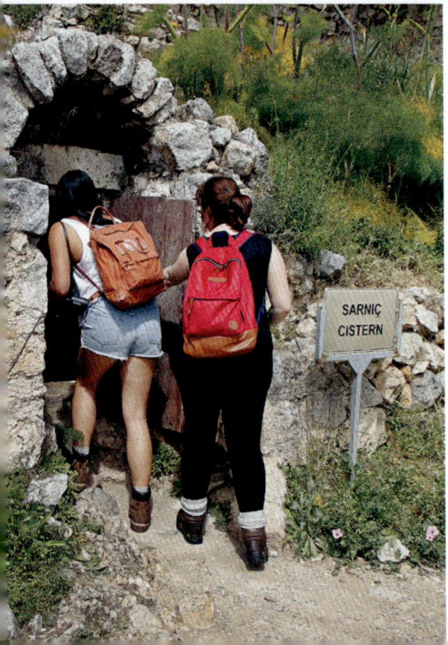

Neugierige Wanderinnen an der Zisterne von St. Hilarion.

Vom Gipfel steigen wir wieder zu dem ungeteerten Fahrweg mit der **Pyramide 13** ab und wandern auf diesem nun links weiter. Knapp 20 Min. nach der Pyramide 13 steht eine markante **Zypresse** ❻, 573 m, am Wegrand. Von dem Baum folgen wir dem Fahrweg noch etwa 100 m, bis zwei kleine Betonpyramiden mit Wegzeichen links in einen Pfad weisen. Dieser schlängelt sich durch lichte Bewaldung zur Höhenstraße hinauf. Auf der Straße geht es nun rechts weiter. Nach 20 Min. wird an einem Parkplatz ein Waldweg gekreuzt. Etwa 200 m darauf bleibt in einer Linkskurve ein rechts abgehender Waldweg unbeachtet. 5 Min. später, links befindet sich eine weitere **Parkausbuchtung** ❼, 805 m, verlassen wir die Straße rechts in einen breiten Waldweg (blaue verblasste Pfeile am Stamm einer Zypresse). Gleich am Abzweig befindet sich ein paar Schritte links vom Weg eine halbkreisförmige niedrige Mauer eines ehemaligen Kalkofens. 20 m weiter passieren wir einen rechts abgehenden Weg, kurz darauf endet der Waldweg an einem mülligen Platz. Geradeaus weiter beginnt ein Pfad, der gelegentlich mit blauen Punkten und Pfeilen markiert ist und bald steil hangabwärtsläuft.
Wir wandern durch einen von einem Brand angekokelten lichten Kiefernwald am felsigen linken Rand eines Geländeeinschnitts entlang. Nach einer leicht ausgesetzten Passage tauchen noch weit unter uns wieder die Neubausiedlung von Karaman und die Dorfkirche auf. Blaue Markierungen führen uns auf dem stellenweise von Zistrosen verwachsenen Weg zu einem kurzen Flachstück mit einer Reihe von **Säulenzypressen**, an denen der hier ziemlich verwachsene Pfad entlangläuft. Der Pfad trifft auf eine alte Traktorspur, der links die Höhe haltend für etwa 100 m gefolgt wird, bis blaue Pfeile rechts abwärtsweisen. Gut 5 Min. später mündet der Pfad in einen steilen und gerölligen Traktorweg, wir folgen diesem links abwärts. Der mitunter anstrengende Abstieg liegt nun hinter uns. Nach weiteren 5 Min. knickt der Traktorweg nach rechts ab (es gibt jetzt keine Markierungen mehr), 50 m darauf halten wir uns leicht links, wenig später mündet der Weg in ein Betonsträßchen. Wir folgen diesem geradeaus leicht abwärts und erreichen kurz nach dem westlichen Ortseingang von **Karaman** ❶ wieder den Kirchplatz.

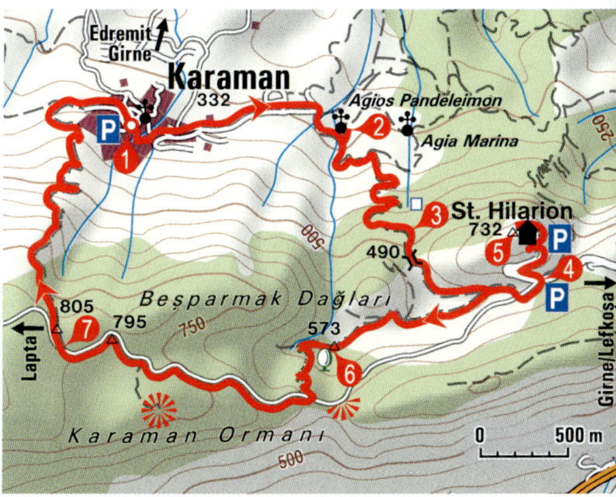

↗ 260 m | ↘ 260 m | 4.8 km

41 Rund um die Abtei Bellapais

1.40 h

Aussichtsreiche Eingehtour um eine der berühmtesten Klosterruinen im östlichen Mittelmeer

»Ich war auf etwas Schönes gefasst, denn ich wusste bereits, dass das verfallene Kloster von Bellapais eines der bezauberndsten gotischen Überbleibsel der Levante ist, aber ich war nicht auf die atemberaubende Harmonie mit dem kleinen Ort gefasst«, schrieb der englische Romancier Lawrence Durrell über die tatsächlich schönste Ruine der Insel. Von dem Wanderweg kann man das stolze Bauwerk von verschiedenen Blickwinkeln genießen.

Ausgangspunkt: Dorfplatz in Bellapais, 200 m, 4 km südlich von Girne.
Anforderungen: Einfache Rundtour auf Feld- und Pflasterwegen, kurze Abschnitte auf wenig befahrenen Straßen. Der Weg ist nicht markiert, etliche Verzweigungen verlangen etwas Aufmerksamkeit.
Einkehr: In Bellapais mehrere Lokale am Dorfplatz, wunderschön sitzt es sich auf der Terrasse vom Kybele (kybele.biz) unmittelbar vor der gotischen Abtei.
Sehenswert: Abtei Bellapais, von April bis Oktober 8.30–18 Uhr, sonst 8–16 Uhr.

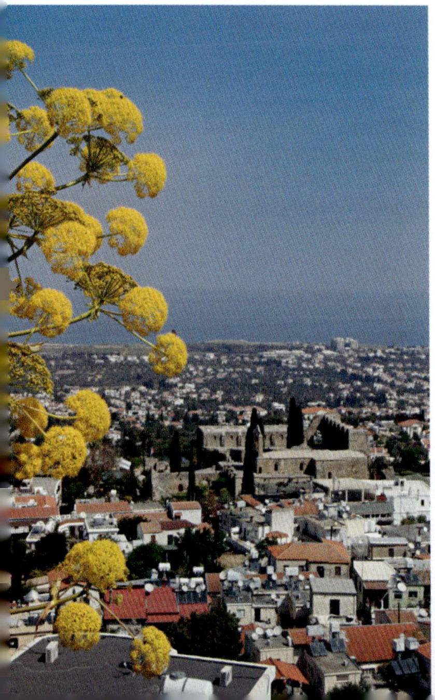

Vom Dorfplatz und Taxistand in **Bellapais** ❶ gehen wir gegenüber der Abtei die schmale Dorfstraße (Zafer Sokak) leicht aufwärts zum 50 m entfernten Tatlısulu Market, einem Tante-Emma-Laden, in dem man sich mit Wasser und Gebäck versorgen kann. Nach diesem heißt die Gasse Enver Ali Sokak, die kurz darauf in die Hacı Limon Sokak übergeht und bald kräftig ansteigt.
Nach 5 Min. wird das **Bitter Lemons House** erreicht; in dem für heutige Verhältnisse schlichten Landhaus schrieb Lawrence Durrell in den 1950er-Jahren seinen Bestseller »Bittere Limonen«. Von dem Haus folgen wir dem Betonweg (Kemer Sokak) geradeaus für etwa 20 m und verlassen ihn dann nach links in einen teils gepflasterten alten Pfad, der sogleich unter einem Stein-

Ausblick über Bellapais zur Nordküste.

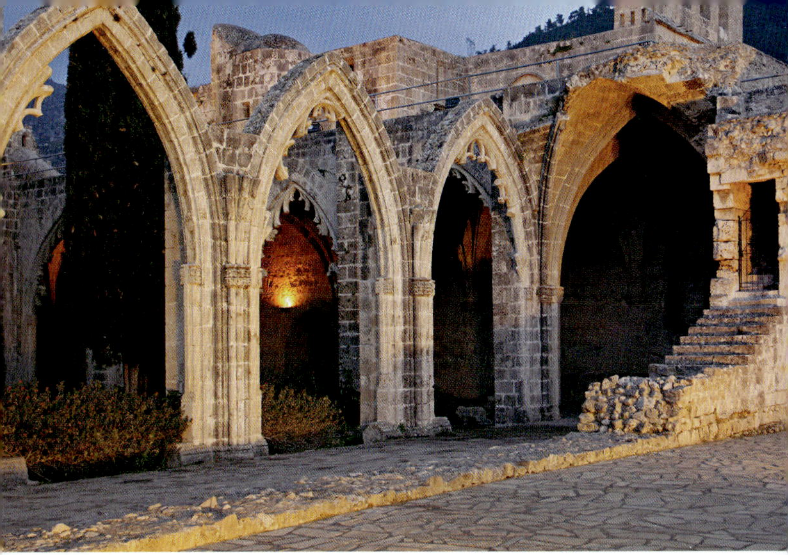

Der Besuch der stimmungsvoll beleuchteten Abtei lohnt sich auch abends.

bogen durchführt. Schon kurz darauf schwenkt der Weg an aufgelassenen Häusern rechts aufwärts, um dann in ein Teersträßchen zu münden. Auf diesem weiter bergan gehend gelangt man 100 m darauf auf eine Querstraße; hier heißt es einen Moment innehalten, um die tolle Aussicht auf das Kloster und den Hafen von Kyrenia (Girne) zu genießen.

Auf der Straße wenden wir uns sodann scharf nach links. An einem Wasserhaus nach 100 m bietet sich ein kurzer Abstecher zu einer auf einer Hangterrasse stehenden ehemals griechischen **Kapelle** 2, 282 m, an. Sie ist noch nicht so alt, wahrscheinlich wurde sie erst wenige Jahre vor der Inselteilung 1974 erbaut.

Wieder auf der Straße schwenkt diese vor einer meterhohen Mauer scharf nach rechts, hier gehen wir geradeaus in einen Schotterweg hinein, der sich sogleich als ein Panoramaweg erster Güte zu erkennen gibt und weitere reizende Ausblicke auf die Abtei und die Nordküste erlaubt. Der Weg schlängelt sich bald relativ steil bergab. An der ers-

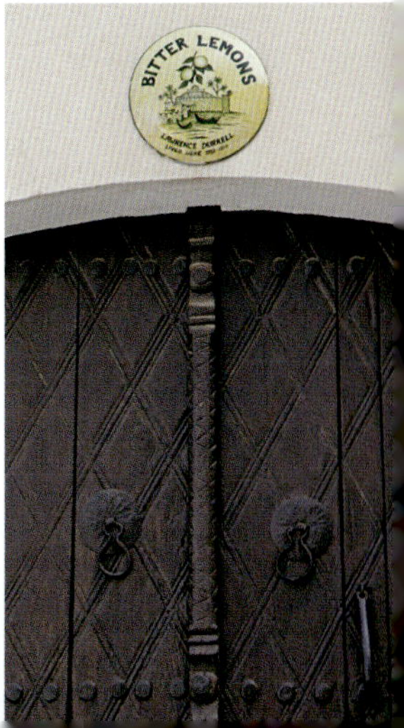

Am Bitter Lemons House wird an Lawrence Durrell erinnert.

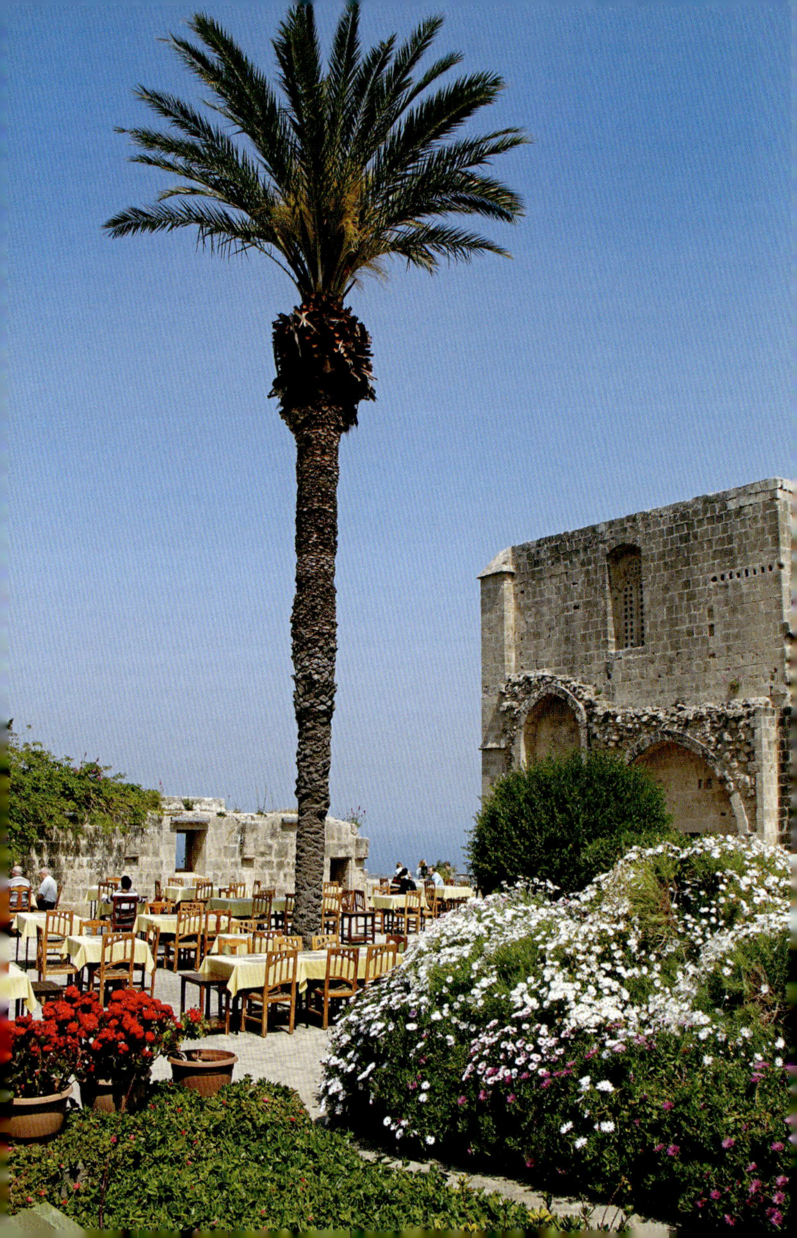

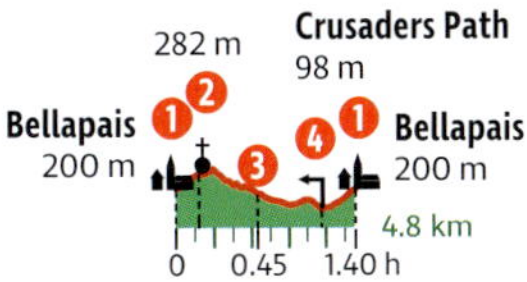

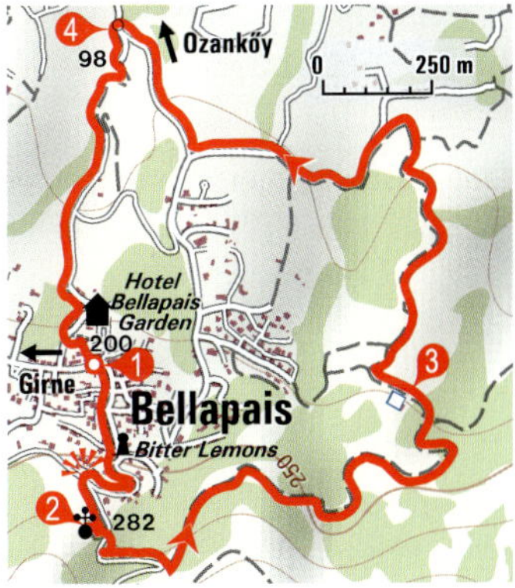

ten Gabelung halten wir uns links, an der Kreuzung 100 m darauf ebenfalls links und kommen dann sogleich an einem runden **Wassertank** ❸ vorbei. Etwa 100 m später wird eine weitere Gabelung erreicht, links steht ein neues Haus, rechts am Weg liegt eine alte Zisterne. Während der Weg geradeaus auf die Abtei zuhält, wandern wir hier rechts abwärts.

Linker Hand begleitet uns für ein kurzes Stück eine betonierte Wasserrinne. Der Weg zieht durch einen Olivenhain, sofern gerade umgepflügt wurde, auf undeutlicher Spur; die eingeschlagene Richtung beibehaltend wird diese dann nach 100 m wieder zum Feldweg. Es geht sogleich unter einer Hochspannungsleitung hindurch und an einem Mobilfunkmast vorbei. Nach diesem schwenkt der Weg vor einer Villensiedlung nach links wieder auf die grandios am Fuß des Fünffingergebirges platzierte Abtei Bellapais zu. Kurz nach den Villen, eine davon heißt Eagles Nest, verlassen wir den Feldweg nach rechts in ein Teersträßchen. Wir folgen diesem links und queren sogleich einen **Talgrund**. Das Sträßchen trifft 5 Min. darauf auf eine etwas breitere Straße, hier gehen wir links weiter und 3 Min. darauf an der nächsten Gabelung (Schild Kumsal Sokak) rechts leicht abwärts (an der Gabelung befindet sich links die **Villa Kismet**).

Zur Linken öffnet sich ein Tal, durch das wir nach Bellapais zurückwandern werden. Nun gilt es auf Hausnummern zu achten: Ein paar Schritte unterhalb von Haus Nr. 31 verlassen wir das Betonsträßchen scharf links in den **Crusaders Path** ❹, 98 m, auf dem im Jahr 1191 schon Richard Löwenherz geritten sein soll. Der anfangs geschotterte, bald gepflasterte historische Weg zieht am linken Talrand zum Bellapais Garden Hotel am Fuß der monumentalen Klostermauer hinauf. An einer Gabelung können wir auf den Hotelpool schauen, hier halten wir uns halb rechts weiter aufwärts und kommen dann gegenüber vom Bellapais Garden Restaurant (beste Küche weit und breit) links wieder zur Abtei und zum Dorfplatz von **Bellapais** ❶ hinauf.

Im Restaurant Kybele neben der Abtei sitzt man in einer gepflegten Gartenanlage. Hier kann man in zauberhafter Atmosphäre die Wanderung Revue passieren lassen.

TOP

↗ 780 m | ↘ 780 m | 15.9 km

42 Buffavento, 954 m

5.30 h

Grandiose Kammwanderung zu einer Höhenburg im Fünffingergebirge

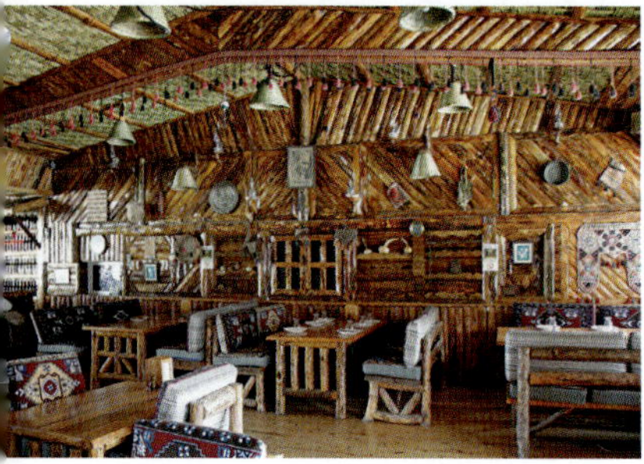

Urige Einkehr: das Lokal Buffavento auf der Passhöhe.

»Der Aufstieg ist so schwierig und gefährlich, wie ich es noch niemals erlebte. Meistens mussten wir unsere Hände zu Hilfe nehmen und wohin wir auch unseren Blick richteten: was wir sahen, ließ uns die Haare zu Berge stehen.« Diese Zeilen schrieb der flämische Maler Cornelis de Bruyn in sein 1700 in Delft erschienenes Reisetagebuch. Seither haben sich die Wegeverhältnisse anscheinend entscheidend verbessert. Zu der fränkischen Kreuzritterburg kann nun auf einem sicheren, wenn auch nach wie vor steilen Pflasterweg aufgestiegen werden. Und anstelle zu Berge stehender Haare wird einem das Panorama vom Burgfelsen wohl eher vor Begeisterung den Atem rauben.

Ausgangspunkt: Beşparmak-Pass, 507 m. Von Girne aus mit Bus, Taxi oder Pkw bis zum Pass an der Straße nach Famagusta (Gazimağusa), Parkplatz vor dem Restaurant Buffavento (Kebab House).

Anforderungen: Anspruchsvolle Bergtour mit steilen An- und Abstiegen. Überwiegend auf teils steinigem, schmalem Pfad, der sehr gut mit roten Punkten und grün-weißen Wegzeichen markiert ist. Der Rückweg verläuft auf einem unter der Woche kaum befahrenen Sträßchen.

Einkehr: Unterwegs keine; Restaurant Buffavento am Beşparmak-Pass.

Hinweis: Wanderer mit wenig Zeit beginnen den Aufstieg am Parkplatz am Fuß der Burg (hin und zurück gut 60 Min.).

Kombi-Tipp: Vom Beşparmak-Pass aus kann der Fünffingerberg umrundet werden.

Die Wanderung beginnt am **Beşparmak-Pass** ❶ neben dem Restaurant Buffavento an der Abzweigung nach Alevkaya. An einer Wandertafel queren wir schräg die Straße und biegen in das mit »Buffavento Castle« ausgeschilderte Sträßchen ein. Nach knapp 50 m wird an einem Telefonmast das Sträßchen rechts in einen markierten Pfad verlassen (man kann auch auf der Straße bleiben, bis nach gut 15 Min. rechts ein anfangs breiter Weg abgeht, der nach wenigen Schritten auf den Pfad trifft). Zur Rechten ge-

Wegen des beschwerlichen Aufstiegs ist Buffavento von den Höhenburgen Nordzyperns die am wenigsten besuchte. Wanderern kann dies nur recht sein.

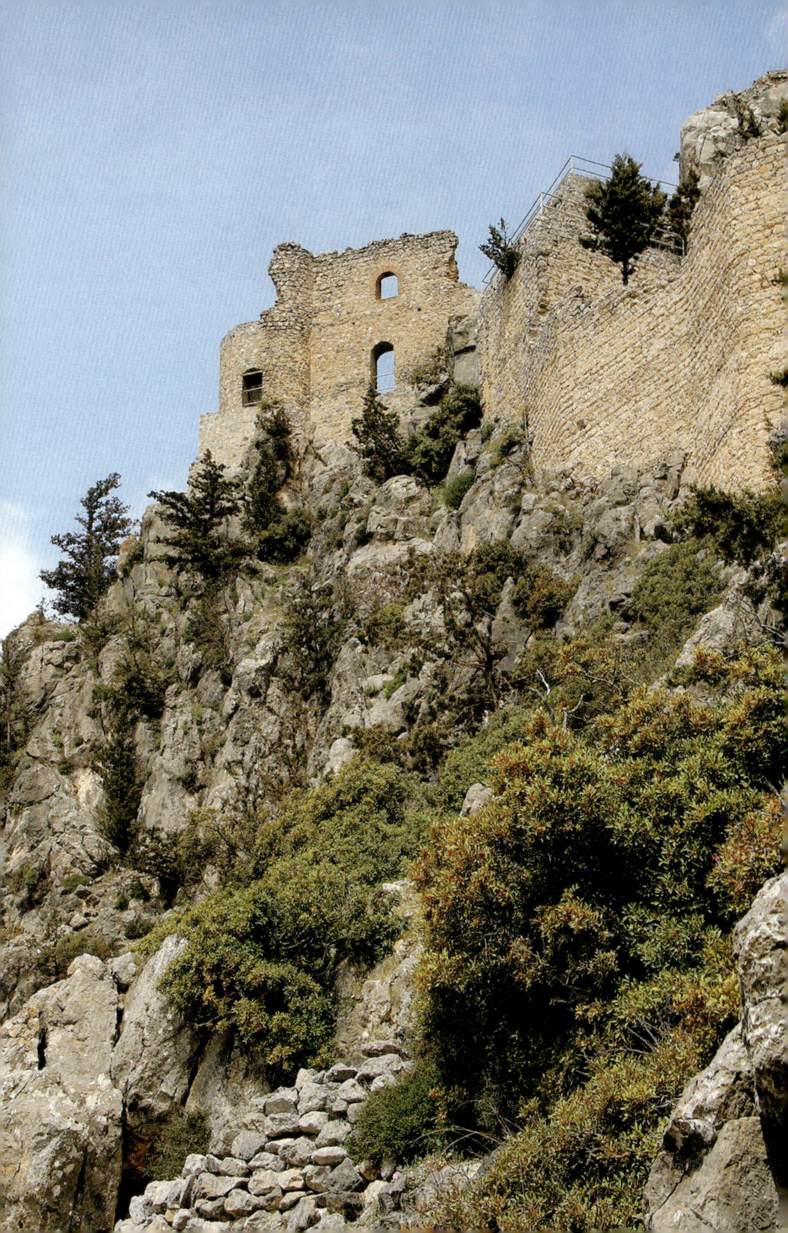

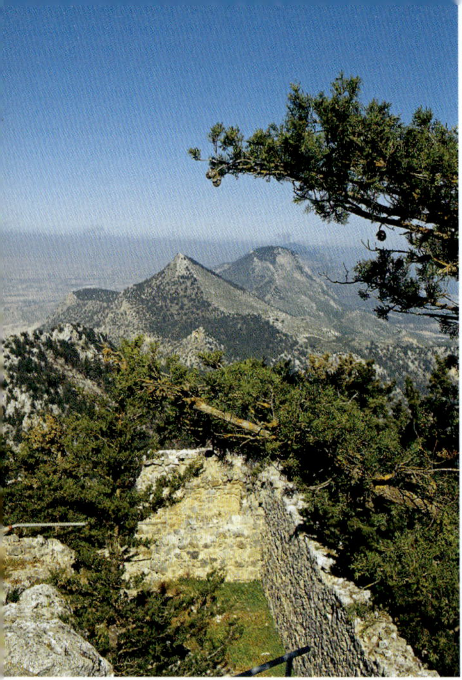

Panorama vom Burgfelsen.

nießen wir sogleich tolle Ausblicke auf den Fünffingerberg und die Nordküste. An einer Verzweigung nach gut 20 Min. gehen wir scharf links (Wegzeichen) und steigen zu einem **Sattel** ❷, 575 m, auf, von dem sich der Blick auf einen wie ein Schiffsbug geformten Bergrücken öffnet (20 m links vom Sattel die Straße).

Der weiterhin gut markierte, doch etwas ruppige Pfad zieht an der rechten Seite des »Schiffsbugs« hinauf. In felsigem Terrain schwenkt der Pfad nach links. Kurz unterhalb des geräumigen **Gipfelplateaus** ❸, 707 m, ergibt sich ein wunderbares Panorama auf den Fünffingerberg, die Nordküste und die Mesarya-Ebene im Süden.

Am Westrand des Gipfelplateaus steigen wir zu einer **Einsattelung** ab, wobei sich ein Teil des weiteren Routenverlaufs gut überblicken lässt: Vor uns baut sich ein weiterer Berg auf, links unterhalb von dessen bewaldeter Kuppe wird der Pfad vorbeilaufen. Deutlich kann eine verfallene Lesesteinmauer ausgemacht werden, an welcher wir vorbeikommen werden.

In der Einsattelung, 653 m, queren wir an der Pyramide 66 einen Traktorweg, kurz darauf übersteigen wir die niedrige Steinmauer. Nach kurzem Abstieg in einen weiteren Sattel und einem kräftigen Gegenanstieg wird am Fuß des Gipfels eine kleine **Hochebene** ❹, 780 m, erreicht. Von einem verheerenden Waldbrand in den 1990er-Jahren verschont gebliebene Ka-

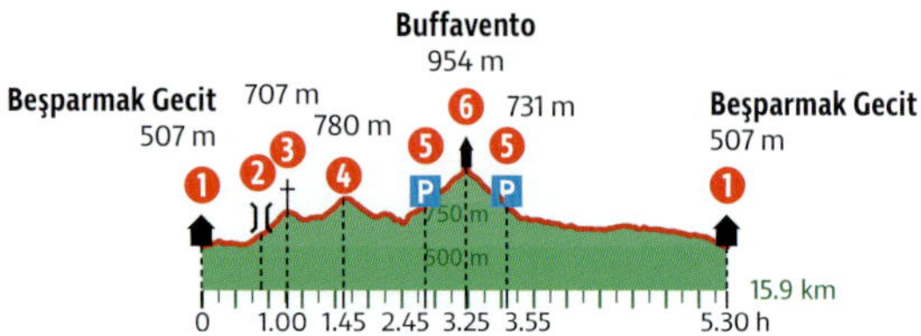

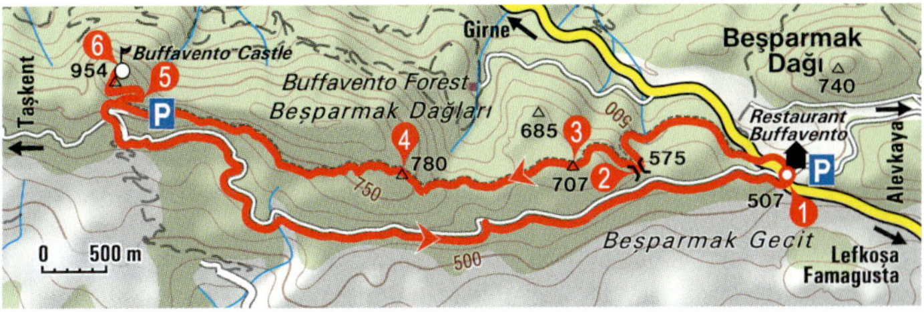

labrische Kiefern spenden willkommenen Schatten. Der folgende Abstieg führt durch ein Wacholderwäldchen. Sobald sich der Wald lichtet, kann erstmals die auf einen fast 1000 m hohen Felsen gesetzte Burg von Buffavento ausgemacht werden.

In Höhe eines Felskopfs läuft die Route bald dicht am Fuß der steilen Kammwand entlang. Der Pfad fällt bis fast zur Straße ab und passiert einen aus Steinen aufgeschichteten Hirtenschutz. Kurz darauf liegen Wrackteile eines Flugzeugs am Wegrand, das 1988 an der über uns aufragenden Felswand zerschellte. Unterhalb vom Burgfelsen wird ein **Parkplatz** 5 erreicht, an dem ein durch Vandalismus zerstörtes Denkmal an die 15 Opfer des Absturzes erinnert.

Am Parkplatz beginnt nun auf gestuftem Pflasterweg der Aufstieg nach **Buffavento** 6, 954 m. Einige Minuten nach dem unteren Toreingang der Burg stehen wir schließlich auf dem Gipfel des Burgfelsens. Ein hinreißendes 360-Grad-Panorama belohnt den steilen Aufstieg.

Sofern man nicht auf demselben Weg zum **Beşparmak-Pass** 1 zurückwandern will, kann man vom Parkplatz unterhalb der Burg der Straße folgen. Man spart dadurch nicht nur Zeit, sondern auch etliche Höhenmeter. Wochentags herrscht auf dem Sträßchen nur wenig Verkehr.

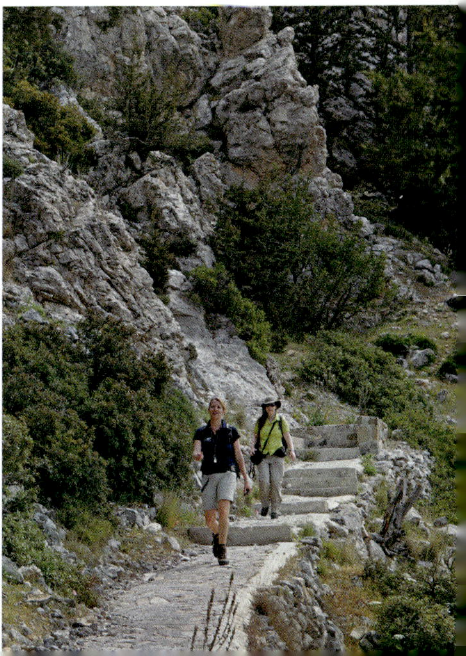

Auf dem Pflasterweg am Abstieg von der Burg.

↗ 230 m | ↘ 230 m | 5.0 km

43 Rund um den Fünffingerberg

1.45 h

Aussichtsreicher Rundweg um das schroffe Wahrzeichen Nordzyperns

Ein bizarrer Felsklotz auf dem Kamm der über 100 km langen Kalksteinkette gab dem Fünffingergebirge seinen Namen. Eine Legende erzählt von einem Riesen, der auf der Flucht vor Feinden von Anatolien aus in einem riesigen Sprung nach Zypern übersetzte. Bei der Landung stützte er sich mit einer Hand im Gebirge ab und hinterließ fünf gezackte Felsen. Die markante Gipfelgruppe lässt sich auf einem bequemen Rundweg umwandern.

Ausgangspunkt: Straße am Beşparmak Dağı, 545 m. Von Girne aus fährt man mit Bus, Taxi oder Pkw in Richtung Famagusta (Gazimağusa) bis zum Beşparmak-Pass und biegt dort links in die Höhenstraße nach Alevkaya ein. Nach 1,5 km zweigt links eine Piste ab, Parkmöglichkeit am Straßenrand. Der Beşparmak-Pass liegt an der Buslinie Girne – Famagusta (zusätzliche Gehzeit zum Ausgangspunkt und zurück 40 Min.).
Anforderungen: Rundweg mit einfacher Orientierung auf ausschließlich breiten Wirtschaftswegen; bis auf den kurzen Schlussanstieg ohne steile An- und Abstiege. Kein Schatten!
Einkehr: Unterwegs keine Einkehrmöglichkeit; Restaurant Buffavento (Kebab House) am Beşparmak-Pass.
Hinweis: Die Tour ist derzeit (Stand Anfang 2023) nicht durchführbar (militärisches Sperrgebiet).

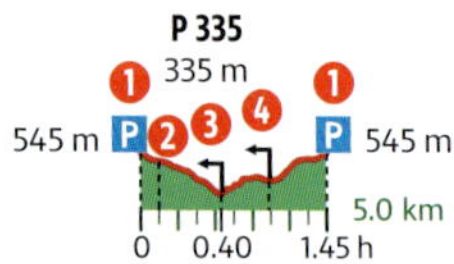

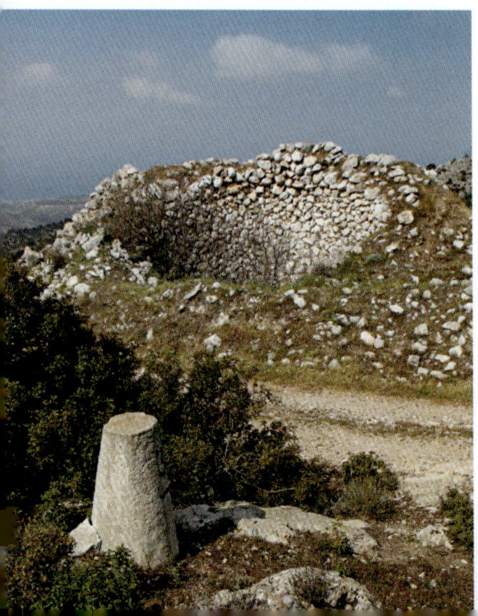

Vom **Parkplatz** ❶ folgen wir der Piste abwärts. Diese schwenkt nach gut 75 m nach links und trifft am Fuß des Fünffingerbergs (Beşparmak Dağı) auf einen Querweg, auf dem wir rechts gehen. Bevor wir uns 3 Min. darauf scharf nach links abwärts wenden, können wir geradeaus einen kurzen Blick in die Ruine eines **Kalkofens** ❷ (Kireç Ocağı) werfen, in dem früher ein für die Insel wichtiger Baustoff gebrannt wurde.
Wieder auf dem Hauptweg läuft der bequeme Weg nun an der Ostseite des klotzig wirkenden Fünffinger-

Ein Kalkofen am Beginn der Wanderung.

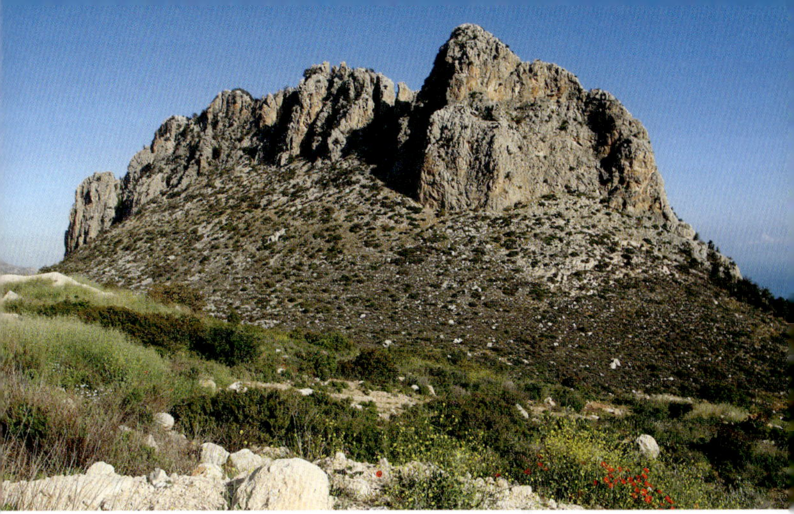

Der Rundweg umläuft den Fünffingerberg direkt an seinem Fuß (hier die Südansicht).

bergs entlang. Immer mit prächtigen Küstenansichten auf dem Hauptweg bleibend wird vor einem Strommast eine **Gabelung** ❸ (Punkt 335) erreicht. An der Nordflanke des Berges sind wir am tiefsten Punkt des Rundweges angekommen, wir halten hier links aufwärts. Kurz nach zwei markanten Felswänden mit einem Hochspannungsmast dazwischen knickt der Weg zur Westseite des Fünffingerbergs ab.

Zur Rechten rückt die Schnellstraße Girne – Famagusta ins Blickfeld, unterhalb davon liegen die Gebäude des Kyrenia Animal Rescue (in dem Tierasyl wird fast rund um die Uhr gebellt). Der Weg senkt sich in ein kleines Tal ab. An der **T-Kreuzung** ❹ bei einer Brandschneise gehen wir links (rechts führt ein Weg zum Tierheim) und am Abzweig 2 Min. darauf wieder links. (Wer zum Bus am Restaurant Buffavento zurückwill, könnte hier bereits rechts zur Schnellstraße aufsteigen, muss dieser dann allerdings 10 Min. folgen.)

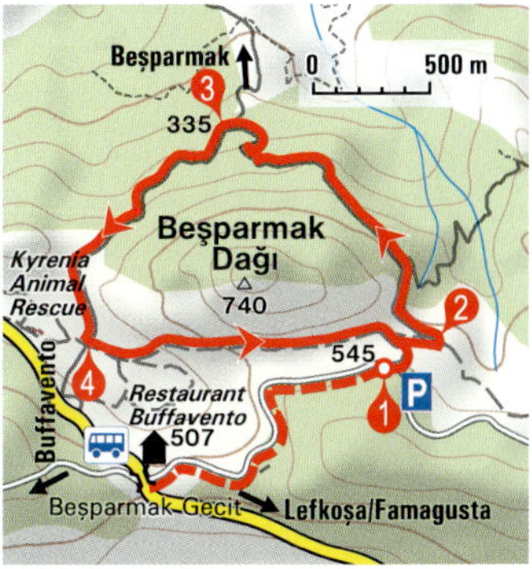

An der nächsten Gabelung 150 m später halten wir uns ebenfalls leicht links (Wegzeichen). Nach anfangs kräftigem Anstieg wird wieder der **Parkplatz** ❶ an der Südseite des Berges erreicht.

↗ 350 m | ↘ 350 m | 7.3 km

44 Viran Kilise

2.45 h

Kammüberschreitung im Fünffingergebirge

Schon der Ausblick von Girne Kayası am Einstieg der Wanderung lohnt den Weg ins Fünffingergebirge – die Nordküste Zyperns präsentiert sich von hier wie aus der Vogelschau. Auf einem schönen Bergpfad durch den Alevkaya-Forst wird der Gebirgskamm überschritten und zu einem verfallenen Kloster abgestiegen. Viran Kilise (verfallene Kirche) nennen die Türken die inmitten der Bergeinsamkeit gelegene byzantinische Ruine.

Ausgangspunkt: Girne Kayası, 625 m. Vom Beşparmak-Pass fährt man auf der Höhenstraße in Richtung Alevkaya und erreicht 5,6 km nach dem Pass den großen Waldparkplatz von Girne Kayası (kein Schild).
Anforderungen: Der schattige Rundweg verläuft auf teils steinigen und felsigen schmalen Pfaden, mit kurzen steilen An- und Abstiegen.
Einkehr: Unterwegs keine, Restaurant Buffavento am Beşparmak-Pass.
Kombi-Tipp: Die Wanderung kann zu einem längeren Waldrundweg ausgeweitet werden. Nach Viran Kilise folgt man der Tour bis zum Wegdreieck (Punkt 745), wandert von dort geradeaus haltend mit Tour 45 nach Alevkaya und zurück nach Girne Kayası. Gesamtgehzeit gut 3.30 Std.

Wenn nicht gerade eine Busgesellschaft unterwegs ist, hat man die Aussicht von Girne Kayası meist für sich alleine.

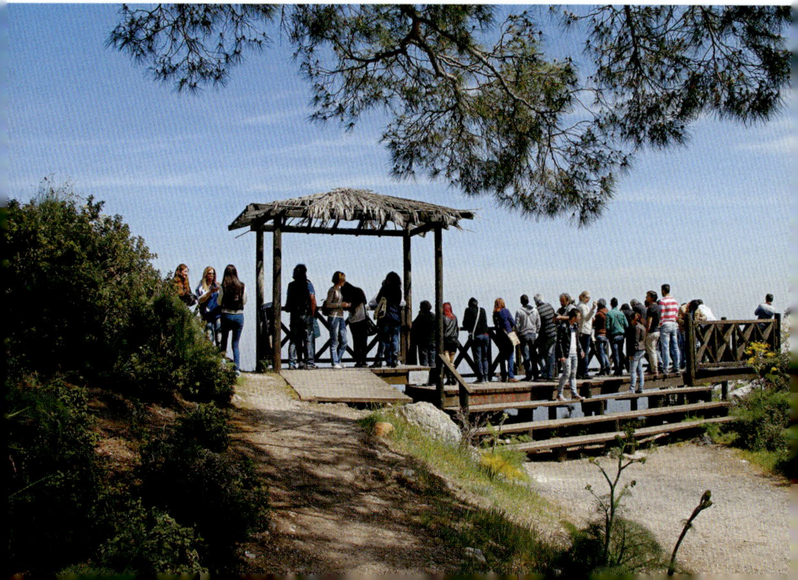

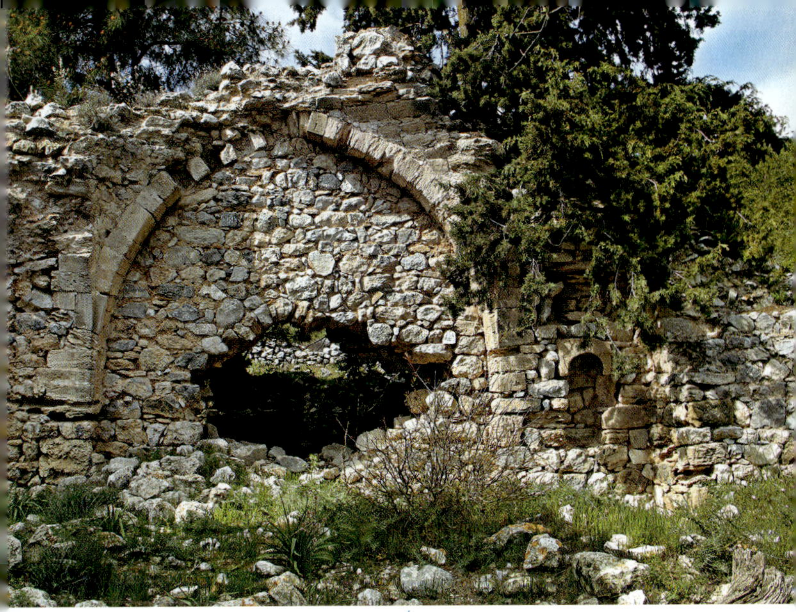

Von der Klosterkirche Plataniotissa blieben nur wenige Mauerreste erhalten.

Vom Parkplatz **Girne Kayası** ❶, 625 m, gehen wir zunächst zur 75 m entfernten Aussichtskanzel und genießen das fulminante Panorama auf die Nordküste. Wieder zurück am Parkplatz halten wir von der Wandertafel aus auf zwei etwa 8 m entfernte Sitzbänke zu und folgen dann links dem grün-weiß markierten Pfad leicht bergab (also nicht den mit Bohlen gestuften Pfad hinauf). Der teils geröllige Weg läuft kurz steil durch lichten Kiefernwald abwärts und gibt bald den Ausblick auf den wie ein steiler Zahn aufragenden Fünffingerberg frei, der von unserer Warte aus allerdings nur zwei seiner Finger zeigt. Der Pfad mündet in einen breiten Waldweg, wir wenden uns auf diesem nach links und erreichen 20 Min. darauf auf einer Wiesenterrasse die verfallenen Häuser von **Gondolar** ❷, 490 m. Vor den Ruinen geht es

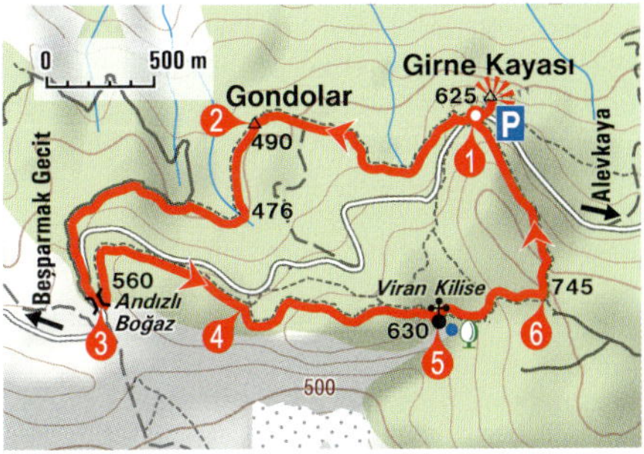

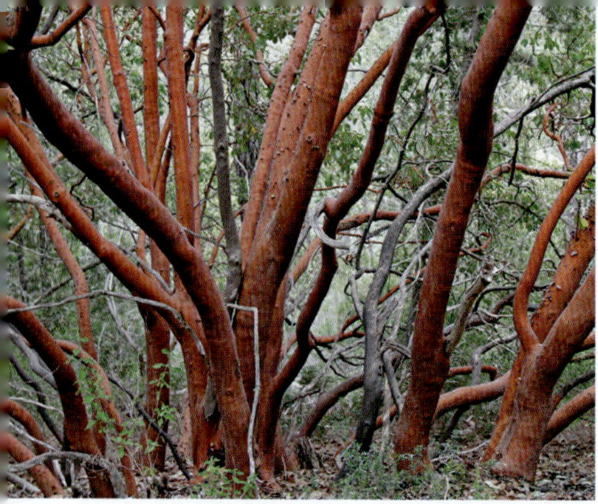

Erdbeerbäume am Wanderweg.

zunächst auf grasiger Spur in ein kleines Bachtal, 476 m, hinab. Knapp 5 Min. darauf wird der Waldweg links in einen Pfad verlassen (rotes Wegzeichen) und eine Viertelstunde später ein meterhoher Vermessungsstein passiert. Der Pfad läuft ein Stück neben einer breiten Brandschneise entlang und trifft dann in **Andızlı Boğaz** ❸, 560 m, wieder auf die Höhenstraße.

Die Straße wird gequert, der Pfad führt durch lichten Kiefernwald und steigt mit nun wunderbarem Panorama auf den Beşparmak (jetzt hat er alle fünf Finger) ein kurzes Stück kräftig an. Nochmals wird kurz die Straße berührt und gut 5 Min. darauf eine **Kreuzung** ❹ erreicht. Während man geradeaus auf direktem Weg wieder nach Girne Kayası zurückkommt, gehen wir hier rechts steil aufwärts (weiß-grüne Markierung). Bald signalisiert der Blick auf die Mesarya-Ebene, dass wir auf dem Kamm des Fünffingergebirges wandern. Der hier steinige Pfad steigt weiter durch felsiges Terrain auf, verblasste rote Punkte helfen bei der Orientierung. Nach einem kurzen, die Höhe haltenden Wegstück geht es wieder abwärts. Ein von links kommender weiß-grün markierter Pfad mündet in unseren ein, 10 Min. darauf wird **Viran Kilise** ❺, sprich die byzantinische Klosterruine Panagia Plataniotissa, 630 m, erreicht. Von den Mauerresten der alten Abtei bietet sich ein herrlicher Ausblick in die Mesarya-Ebene.

Folgt man dem Pfad noch etwa 100 m weiter abwärts, kommt man zu einer von einem Gewölbe überspannten **Quelle**, die den Mönchen früher zur Trinkwasserversorgung diente. Rechts davon steht eine rund 500 Jahre alte prächtige Zypresse mit breit ausladender Krone.

Von der Zypresse gehen wir auf dem Pfad wieder zur Klosterruine zurück und biegen 10 m vor dieser rechts in den sich hier fortsetzenden Pfad ein. Wir lassen also die Bruchsteinmauern links liegen und steigen bald an einer Felswand entlang zu einem gut 15 Min. oberhalb des Klosters gelegenen **Wegdreieck** ❻, 745 m, auf dem Kamm hinauf (geradeaus kann nach Alevkaya weitergewandert werden). Wir gehen hier links abwärts und erreichen eine gute Viertelstunde darauf wieder **Girne Kayası** ❶.

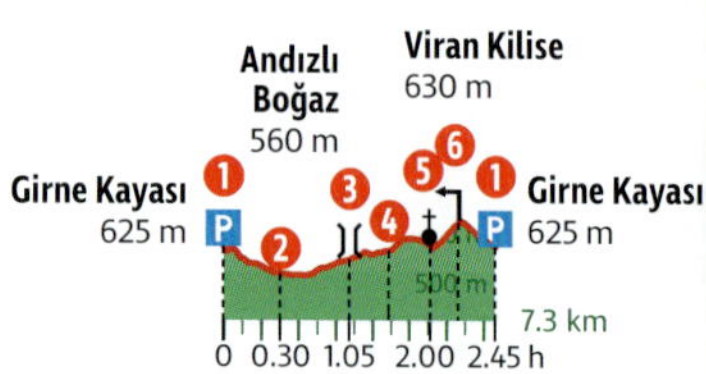

↗ 300 m | ↘ 300 m | 6.0 km

2.00 h

Sourp Magar

45

Durch den Alevkaya-Wald zu einer armenischen Klosterruine

Das armenische Kloster (türk. Ermeni Manastırı) blickt auf eine bewegte Geschichte zurück. Von einem koptischen Einsiedler vor etwa 1000 Jahren gegründet, wurde es im 16. Jahrhundert von armenischen Mönchen übernommen. Während der englischen Kolonialherrschaft fungierte die Abtei zeitweise als Waisenhaus, nach der Teilung von 1974 wurde sie von den Türken geschleift und ist seither unbewohnt. Die Ruinen zeugen noch von der einstigen Größe und Bedeutung. Landschaftliches Highlight auf dem schönen Waldpfad ist die Aussicht von Girne Kayası auf die Nordküste.

Ausgangspunkt: Alevkaya, 625 m. Von Girne aus folgt man der Straße in Richtung Famagusta (Gazimağusa) und biegt am Restaurant Buffavento am Beşparmak-Pass links in die Höhenstraße nach Alevkaya ein. Von dort wird nach 8,3 km ein großer Picknickplatz erreicht, an dem ein Forstweg nach Sourp Magar abzweigt.

Anforderungen: Fast ausschließlich auf markierten und schattigen Waldpfaden mit kurzen An- und Abstiegen.

Einkehr: Keine am Weg; Cafeteria gegenüber dem Forsthaus Alevkaya, Restaurant Buffavento am Beşparmak-Pass, mit sehenswerter Innenausstattung.

Die armenische Klosterruine Sourp Magar wird von einer wehrhaften Mauer eingefasst – genützt hat sie leider nicht viel.

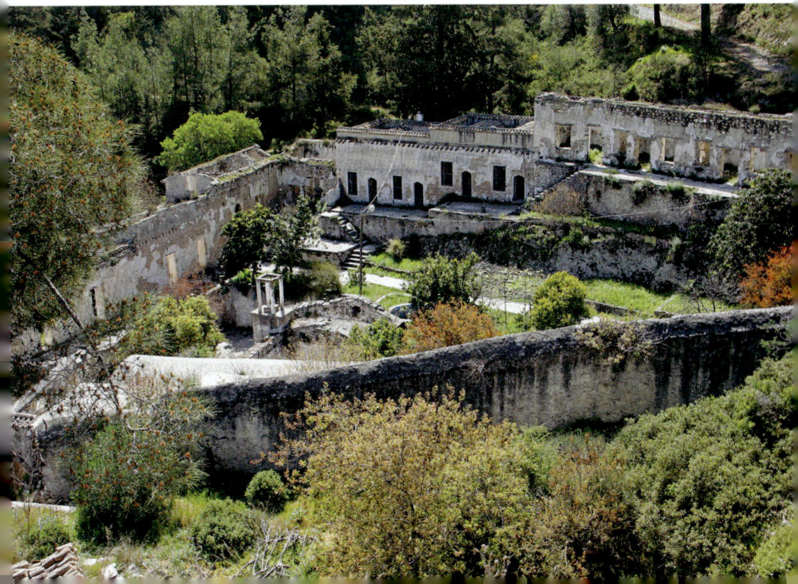

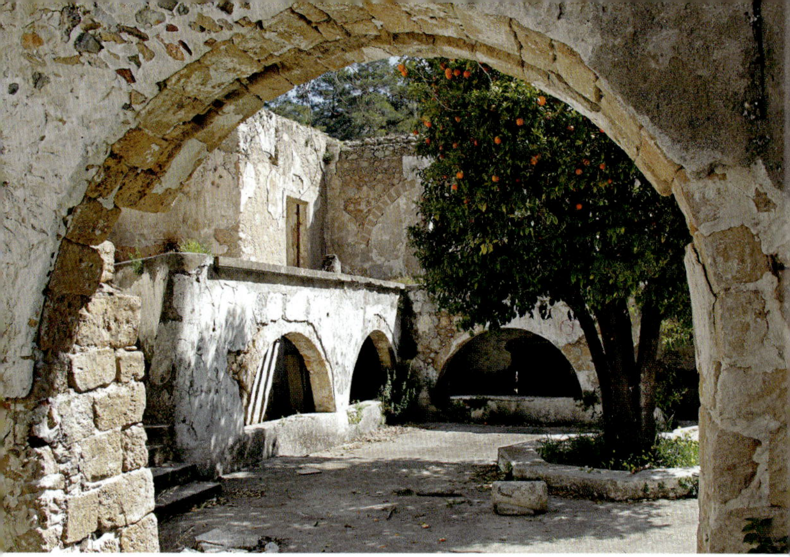

Ruine und Klosterhof von Sourp Magar sind frei zugänglich.

Vom **Picknickplatz Alevkaya** ❶ folgen wir der anfangs geteerten Forststraße zu einer 50 m entfernten Schranke, vor der wir rechts in einen abwärtsführenden Pfad (Wegzeichen grün-weiß) abbiegen. Dieser läuft durch einen Kiefernwald und erreicht nach knapp 10 Min. an einer Haarnadelkurve wieder die Forststraße. Direkt davor setzt sich der Pfad rechts fort. Kurz darauf passieren wir einen links zur Straße hinaufführenden Abzweig und erreichen 5 Min. später die Klosterruine **Sourp Magar** ❷, 515 m. Im verwaisten Klosterhof stehen ein paar Obstbäume, etwas Wein rankt sich die Ruinen hoch.

Nach der Besichtigung des Klosters steigen wir am Wendehammer vor dem oberen Eingang auf einem der beiden Pfade die Böschung hinauf. Sogleich genießen wir das Panorama auf die Nordküste. Der schmale Saumpfad zieht leicht ausgesetzt durch lichten Buschwald zu einer Feuerschneise hinauf. An einem mit Kieselsteinen gepflasterten kleinen Platz (vielleicht ein alter Siedlungsplatz?) knickt der Pfad nach rechts ab und quert 100 m

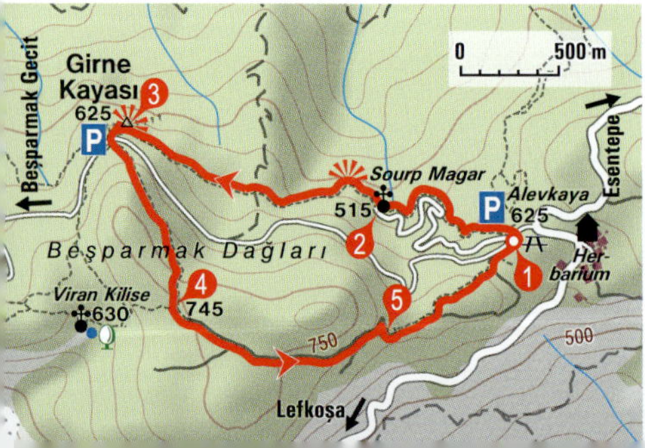

darauf einen Forstweg (Pyramide 78). Ein paar Schritte weiter hält man sich links und folgt nun einem anfangs breiten Waldweg, der sich bald wieder zu einem Pfad verengt. Der Pfad mündet am Parkplatz von **Girne Kayası**, 625 m, in die Höhenstraße. Doch bevor wir unsere Rundtour fortsetzen, wenden wir uns rechts zu einer 75 m entfernten, von einem Geländer gesicherten **Aussichtskanzel** 3, von der sich das ultimative Panorama auf die Nordküste Zyperns öffnet.

Wieder am Parkplatz queren wir 10 m vor einer Wandertafel die Höhenstraße und steigen einen anfangs gestuften Pfad hinauf. Nach wenigen Schritten splittet sich der Weg in drei Pfade auf, wir nehmen den mittleren (weiterhin weiß-grüne Wegzeichen) und steigen nun den Rücken des Fünffingergebirges hinauf. An einem **Wegdreieck** 4, 745 m, nach 20 Min. gehen wir links. (Rechts abwärts ist ein Abstecher zum verfallenen Kloster Viran Kilise möglich, hin und zurück zusätzlich knapp 40 Min.)

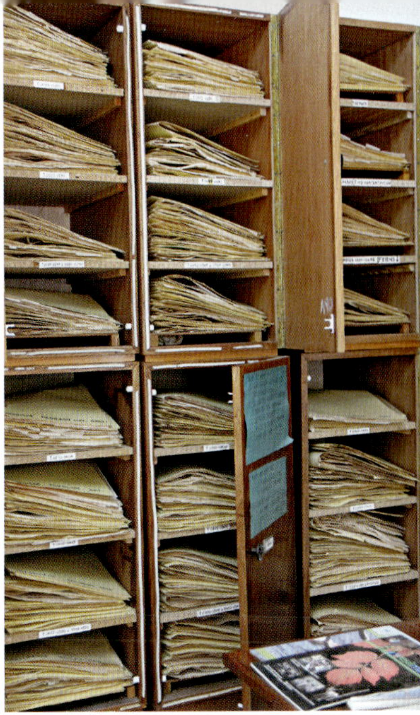

Im Forsthaus Alevkaya kann man einen Blick in das urige Herbarium werfen.

Ein paar Schritte weiter merken wir am schönen Ausblick nach Süden in die Mesarya-Ebene, dass wir nun auf dem breiten Kamm des Fünffingergebirges wandern. Der für ein kurzes Stück nicht markierte Pfad geht in einen Traktorweg über und verliert bald wieder an Höhe. Kurz nach einer scharfen Rechtskehre kommen wir auf der nun breiten Forstpiste zu einer **T-Kreuzung** 5, wir wenden uns hier nach links und achten 50 m darauf auf einen links abgehenden Trampelpfad (evtl. durch ein Steinmännchen markiert). Nach ein paar Schritten stoßen wir auf einen wieder grün-weiß markierten Pfad, dem wir rechts folgen. Dieser berührt nach ein paar Minuten nochmals die Piste und schwenkt dann links über einen Rücken. Ganz unmerklich sind wir nun wieder auf die Nordseite des Fünffingergebirges gewechselt und steigen zur Höhenstraße ab. Rechts wird nach 200 m wieder der **Picknickplatz Alevkaya** 1 erreicht.

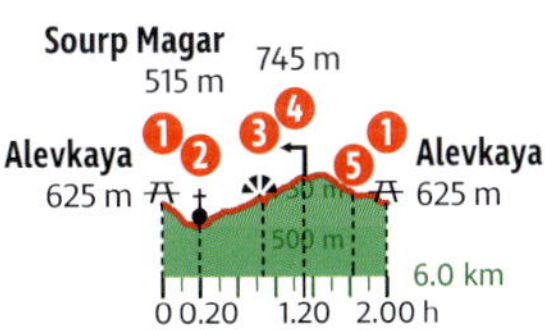

46 Kantara, 630 m

2.40 h

Auf aussichtsreichem Kammweg zu einer mittelalterlichen Bergfestung

Von der östlichsten der drei Höhenburgen Nordzyperns wurden nicht nur feindliche Schiffe gesichtet, sondern zugleich auch der Zugang zur Karpaz-Halbinsel kontrolliert. Ein bequemer Forstweg führt heute zum Fuß der wie aus dem Fels gewachsenen Bastion, von der sich wunderbar der »Pfannenstiel« Zyperns überblicken lässt. Ganz nebenbei können in der abgeschiedenen Region des Kantara-Forsts auch seltene Pflanzen entdeckt werden.

Ausgangspunkt: Kantara Village, 544 m. Anfahrt auf der Küstenstraße von Girne über Kaplıca bzw. von Famagusta über Boğaz nach Kantara Village.
Anforderungen: Einfache Kammwanderung auf breiten Wegen, Rückweg auf wenig befahrener schmaler Teerstraße. Bis auf den steilen Burganstieg keine größeren An- und Abstiege.
Einkehr: Restaurant in Kantara Village.

Vom Parkplatz vor dem Restaurant in **Kantara Village** ❶ folgen wir dem mit »Kantara Castle« ausgeschilderten Sträßchen und verlassen es nach 15 m links in einen breiten Schotterweg leicht aufwärts (grün-weißes Wegzeichen). Schon nach wenigen Minuten haben wir ein tolles Panorama zur Nordküste hinab. Bald läuft der Weg ein kurzes Stück direkt auf dem Kamm, von dem nach Süden in die Mesarya-Ebene geschaut werden kann. In Höhe einer kleinen Wetterstation gehen wir geradeaus bald wieder an der Nordseite des Kammes entlang.
In leichtem Auf und Ab mit wechselnden Aussichten bleiben wir weiter auf dem Hauptweg. Ein mit Sendemasten bestandener Felskegel wird passiert, kurz nach diesem senkt sich der Weg leicht ab, kreuzt einen Weg und gibt kurz vor einem **Brunnen** ❷, 519 m, erstmals den Blick auf den Burghügel von Kantara frei.
An der großen Gabelung 150 m nach dem Brunnen halten wir uns leicht links, während der breite Weg auf den Kamm hinaufläuft. Die Burg ist nun bereits zum Greifen nahe und

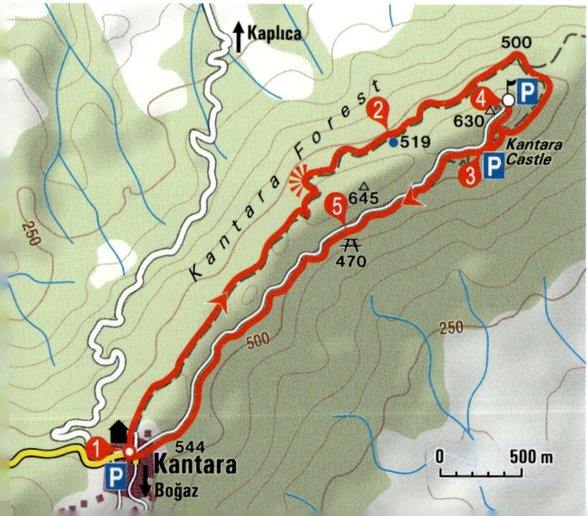

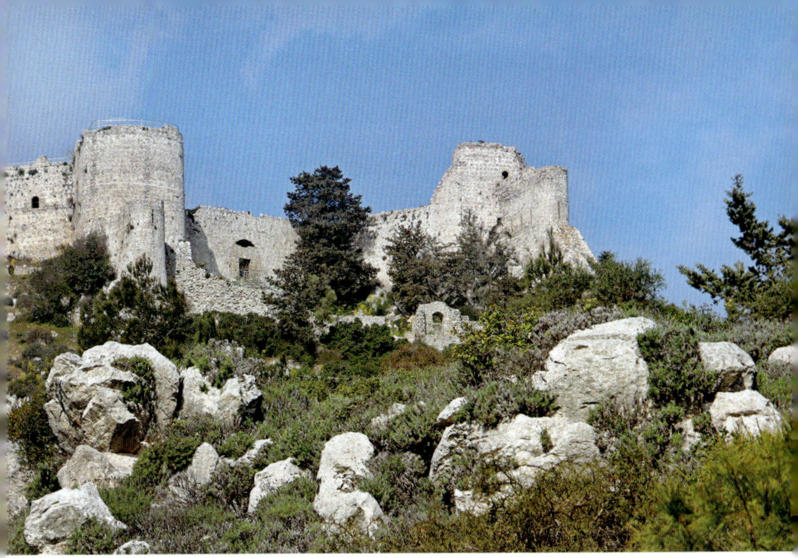

Die Höhenburg Kantara gesehen von der Ostseite.

wir schauen auf Kaplıca an der Nordküste hinab. Unterhalb der Nordflanke des Burgfelsens geht es nochmals leicht abwärts, bis unser Weg auf einen breiten Fahrweg trifft. Wir folgen ihm rechts nun an der Ostseite der Burg entlang, von der sich eine besonders imposante Ansicht auf die Festung ergibt.

Der Weg erreicht schließlich an einem **Parkplatz** 3 die geteerte Zufahrt zur Burg. Wir gehen auf ihr scharf rechts aufwärts zu einem zweiten Parkplatz am Kassenhäuschen und steigen von dort auf gestuftem Zickzackweg zur **Burg Kantara** 4, 630 m, auf. Vom Gipfel bietet sich nach Westen ein grandioses Panorama über die gezackte Kette des Kalksteingebirges, im Süden glitzert der Golf von Famagusta, im Inselzentrum erheben sich die lang gestreckten Bergrücken des Troodos.

Für den Rückweg steigen wir wieder zum unteren **Parkplatz** 3 ab und folgen von dort dem Teersträßchen zurück nach Kantara. Während der Hinweg überwiegend an der Nordseite des Kammes entlanglief, wandern wir nun an dessen Südseite mit Blick auf die Bucht von Famagusta. Auf halbem Weg wird ein **Picknickplatz** 5, 470 m, passiert, bis wir schließlich eine gute halbe Stunde später wieder **Kantara Village** 1 erreichen.

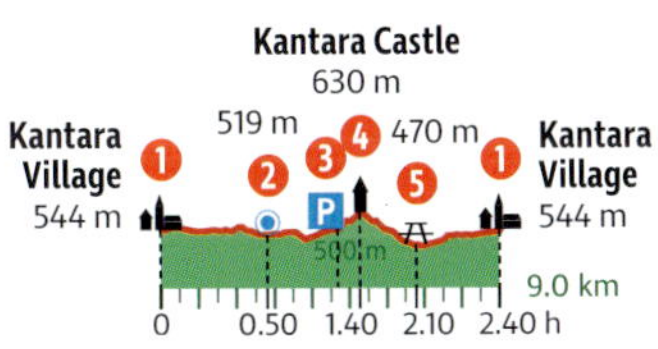

↗ 250 m | ↘ 250 m | 13.0 km

47 Avtepe

3.30 h

Rundweg an der Südküste des Karpaz

Auf der abwechslungsreichen Rundwanderung kann ein über eine Wendeltreppe erreichbares antikes Felsengrab entdeckt werden, inmitten mediterraner Macchie versteckt sich zudem eine frühchristliche Kapelle. Die Route führt ein Stück direkt an der Südküste der Karpaz-Halbinsel entlang – der kilometerlange Sandstrand ist meist menschenleer.

Ausgangspunkt: Avtepe, 95 m. Der Ort liegt an der Nebenstrecke nach Dipkarpaz zwischen den Weilern Derinçe und Kaleburnu. Von Westen kommend durchfährt man den Ort und erreicht 1,3 km nach der Moschee einen rechts abgehenden Fahrweg (Keklik Sokak).
Anforderungen: Bis auf kurze Abschnitte auf verwachsenen Pfaden überwiegend bequeme Wanderung auf Feldwegen und am Strand; bis zum Strand grün-weiß markiert. Für den Abstecher zur Begräbnishöhle ist Trittsicherheit erforderlich (Taschenlampe mitnehmen!).

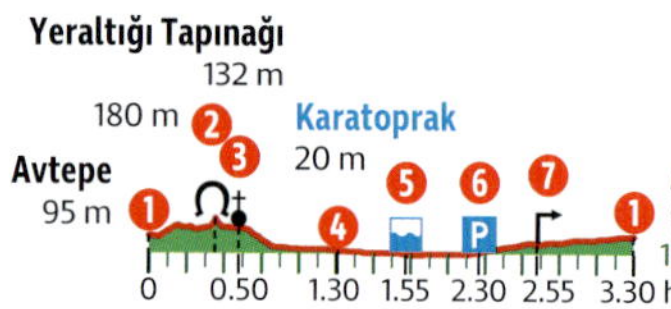

An der Straße von **Avtepe** ❶ nach Kaleburnu biegen wir rechts in den anfangs leidlich geteerten Feldweg namens Keklik Sokak ein. Nach knapp 200 m wird der Feldweg an der Pyramide 38 links in einen grasigen, verwachsenen Pfad (Wegzeichen grün-weiß) verlassen, der zwischen Feldern auf den vor uns liegenden Bergrücken Kale zuhält. 100 m darauf wird am Fuß des Rückens ein flaches antikes **Felsengrab** erreicht. Von dem Grab steigt ein stark erodierter Pfad zu einem 75 m entfernten Feldweg auf, dem weiter aufwärtsgefolgt wird. Auf diesem kommen wir nach knapp 10 Min. zu zwei Bänken neben einem **Johannisbrotbaum** (ein dort rechts abgehender grün-weiß markierter Pfad endet nach einigen Minuten vor einer Gestrüppbarriere). Wir folgen dem Feldweg geradeaus weiter, der sich auf halber Höhe am Hang des Kale, 215 m, leicht abwärtsschlängelt.
Etwa 15 Min. nach dem Johannisbrotbaum wird eine weitere Bank erreicht, von der auf teils gestuf-

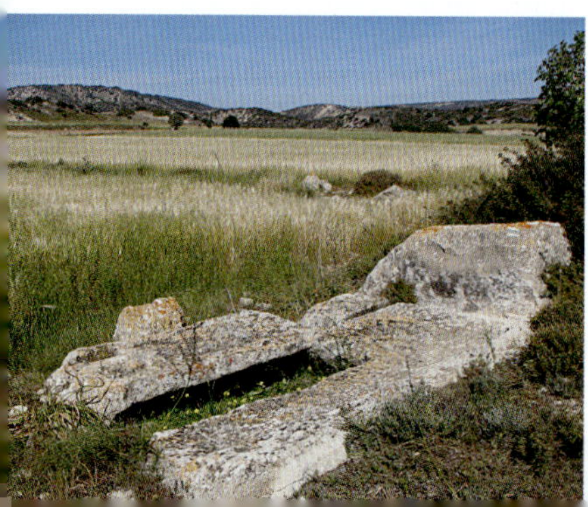

Das Felsgrab am Anfang der Tour bezeugt eine frühe Besiedlung des Karpaz.

tem Pfad (Vorsicht, einige Holzstufen sind weggebrochen!) zu einer **Begräbnishöhle** ❷, 180 m, in einer Felswand aufgestiegen werden kann. An der Wand angekommen bringt uns eine Wendeltreppe zu der geräumigen Höhle mit diversen Nebenräumen hinauf.

Wieder auf dem Hauptweg achten wir 3 Min. später auf einen rechts abgehenden Pfad (evtl. stehen hier noch Reste eines Holztores). Grünweiße Wegzeichen führen uns zu einer etwa 300 m entfernten, tief in die Erde eingelassenen, von einer Kuppel überdachten frühchristlichen **Kapelle** ❸ (Yeraltığı Tapınağı). Der Eingang in dem etwas unübersichtlichen Gelände ist nicht auf Anhieb zu finden, er befindet sich etwa 7 m hinter einem zerstörten Holztor. Mit einer Taschenlampe ausgerüstet kann man auf steilen Stufen in die verfallene Kapelle absteigen.

Nach diesem Abstecher zieht der Hauptweg in das Tal des Karatoprak hinab, durch das ein quer verlaufender Feldweg führt. Kurz bevor unser Weg den Talgrund erreicht, bietet sich rechts eine Abkürzung auf anfangs verwachsenem Pfad an (grünweiße Wegzeichen). Im Talgrund angekommen folgen wir dem Feldweg rechts durch das Tal, zur Linken säumt dichter Buschwald den Bachlauf. Nach gut 20 Min. wird an einer Furt der **Karatoprak** ❹, 20 m, gequert. Unmittelbar nach der Furt bleiben wir leicht rechts haltend auf dem Hauptweg, an der Gabelung 150 m weiter gehen wir links (Weg-

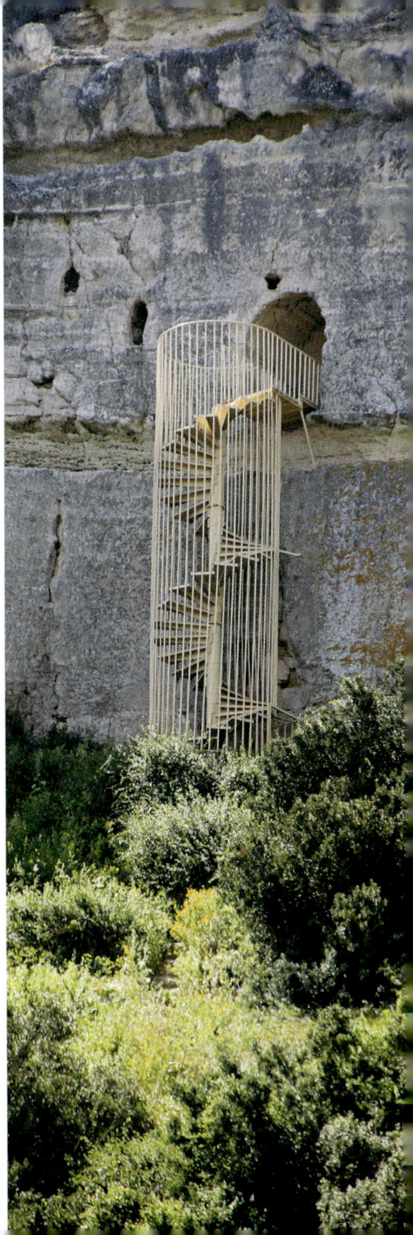

Eine Wendeltreppe führt zu einer Begräbnishöhle hinauf.

zeichen). Bereits das Meer vor Augen schwenkt der Weg eine Viertelstunde nach der Furt nach links, hier passieren wir einen rechts abgehenden Weg. Wir folgen unserem Weg noch ein paar Minuten und gehen dann über die Felder zum **Strand** ❺. Dort wenden wir uns nach Westen und kommen sogleich an einer im Sommer meist ausgetrockneten kleinen Lagune vorbei, nach dieser wandern wir dann wahlweise barfuß am Spülsaum oder auf der niedrigen Böschung weiter. Nach gut 20 Min. ist der schmale Sandstreifen kurzzeitig von einer felsigen Böschung unterbrochen. Spätestens jetzt weichen wir auf den parallel verlaufenden Weg aus und treffen ein paar Minuten darauf auf einen Querweg. Wir folgen diesem links weiter parallel zur Küste zu einem 3 Min. entfernten **Parkplatz** ❻. (Von hier könnte man wieder zum Strand absteigen und diesem je nach Gusto kilometerweit nach Südwesten folgen.)

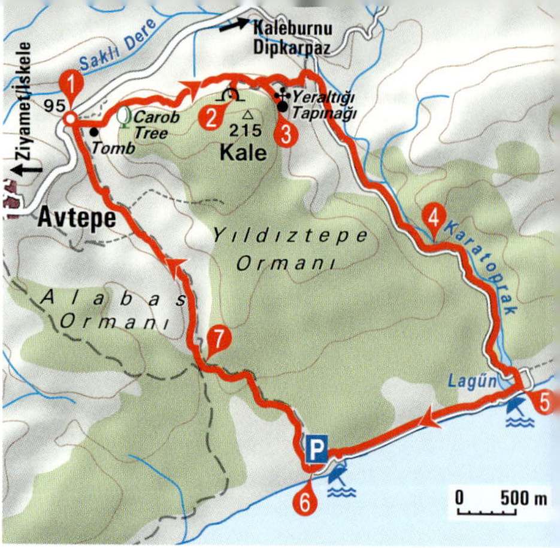

Sofern wir den Rundweg fortsetzen, wenden wir uns an dem Parkplatz nun rechts auf der breiten erodierten Piste landeinwärts. An der Gabelung gut 15 Min. nach dem Parkplatz halten wir uns links, 200 m später geht es zum ersten Mal nach der Küste wieder bergab. Kurz darauf biegen wir rechts in einen schmaleren **Feldweg** ❼ ab (etwa 75 m bevor der Hauptweg auf einen vom Meer kommenden Weg trifft). Ab hier gibt es gelegentlich wieder grün-weiße Wegzeichen.

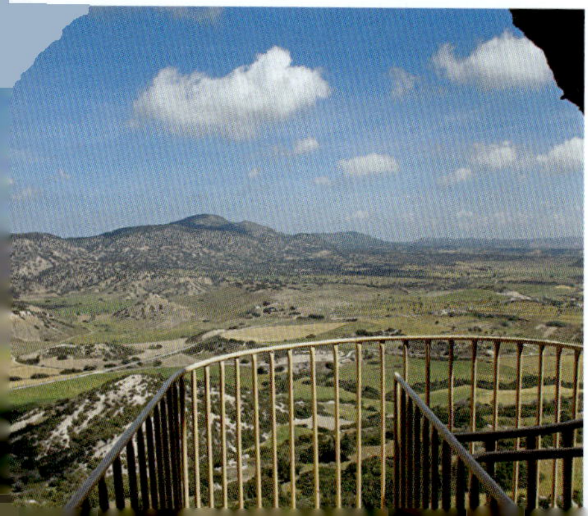

Der Weg zieht sanft ansteigend weiter landeinwärts durch ein mit Feldern bestelltes Tal, das von zwei Hügeln eingefasst wird. Ein links nach Avtepe abzweigender Weg wird passiert, bis wieder unser Ausgangspunkt an der Landstraße bei **Avtepe** ❶ erreicht ist.

Der Eingang zur Begräbnishöhle bietet eine schöne Aussicht.

↗ 160 m | ↘ 160 m | 5.5 km

1.30 h

Der Rundweg von Agios Thyrsos

48

Zu vergessenen Steinskulpturen in einem Olivenhain

In Agios Thyrsos sollten Sie nicht nur einen Blick in die große Kirche werfen, sondern auch in die ein paar Schritte entfernt in die Uferböschung gebaute Höhlenkapelle. Von der Kirche führt ein Weg zu mysteriösen Steinstatuen. Wann und von wem diese aus dem Stein geformt wurden, ist nicht bekannt, sodass darüber nur spekuliert werden kann.

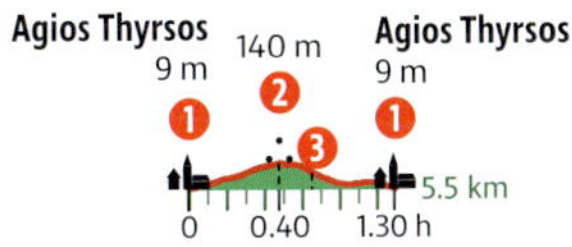

Ausgangspunkt: Agios Thyrsos, 9 m. Die Kirche liegt direkt an der Küstenstraße zwischen Yeni Erenköy und Dipkarpaz. **Anforderungen:** Einfacher Rundweg auf ausschließlich breiten Fahr- und Feldwegen. Bei der Suche nach den Statuen erschweren etliche Ziegenpfade die Orientierung. Der Weg ist durchgängig grün-weiß markiert. **Einkehr:** Keine am Weg.

Die kleine Wanderung beginnt an der Küstenstraße in Agios Thyrsos.

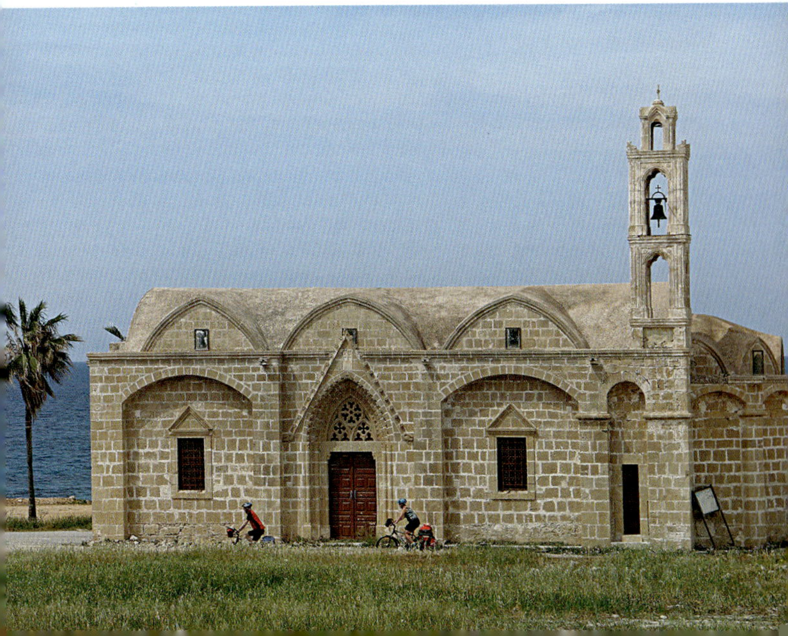

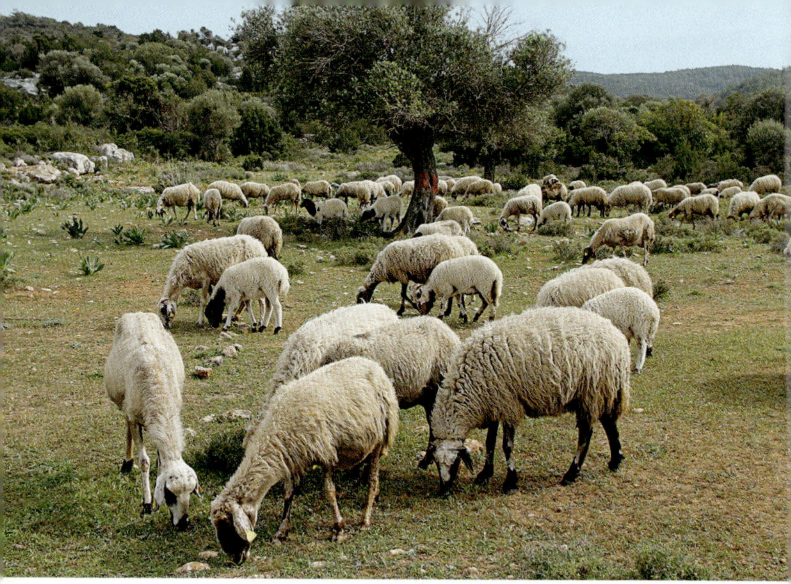

Links von dem markierten Olivenbaum geht es zu den Statuen.

Vom Parkplatz in **Agios Thyrsos** ❶ queren wir die Straße und steigen gegenüber von der Kirche den anfangs breiten Weg hinauf, der nach wenigen Schritten in einen schmalen Teerweg übergeht. Sogleich wird eine alte Zisterne passiert. Nach 5 Min. knickt der Teerweg nach links ab, wir gehen geradewegs auf einem Schotterweg weiter, der an der Pyramide P 34 auf einen Querweg trifft (von links werden wir zurückkommen). Wir wenden uns hier nach rechts und sogleich wieder nach links.
Der Weg, nun relativ gut mit grün-weißen Punkten markiert, zieht durch Felder und Macchie auf eine Hügelkette zu. An einer Gabelung halten wir uns links, 4 Min. darauf können wir an einer **Steinmauer** links auf steinigem Weg eine Schleife des Fahrweges abkürzen, gehen also nach gut 50 m wieder auf dem Fahrweg ebenfalls links weiter. Auf dem Hauptweg bleibend wird gut 10 Min. später ein Querweg erreicht, dem rechts gefolgt wird. An der Gabelung etwa 250 m darauf führen uns stark verblasste Wegzeichen nach links zu einer Kreuzung, auf dem linken Weg werden wir nach dem Besuch der Statuen zurückwandern.
Rechts an der Kreuzung gilt es nun nach verblassten roten Markierungen Ausschau zu halten, eine davon befindet sich am Stamm eines Olivenbaums. Wir gehen an diesem auf vagem Trampelpfad links vorbei, halten die eingeschlagene Richtung bei und finden knapp 200 m ab der Kreuzung zwei auf dem Boden liegende **Statuen** ❷, 140 m. Die erste davon,

mit angedeuteten Brüsten eindeutig weiblich, liegt auf dem Rücken, sie stand wohl einmal auf einem Sockel, der einen halben Meter daneben liegt. Ein paar Schritte davon entfernt kann mit viel Fantasie eine größere männliche Statue in Seitenlage ausgemacht werden, sie ist knapp dreieinhalb Meter lang.

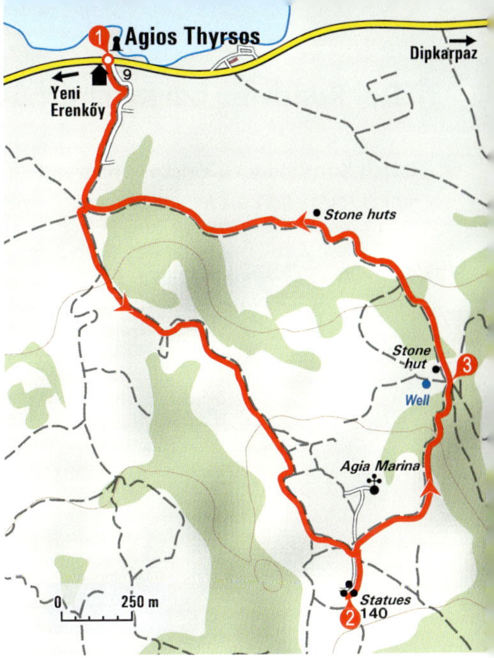

Wieder an der Kreuzung nehmen wir nun den Weg halb rechts und passieren kurz darauf die etwas links vom Weg stehende Kapelle Agia Marina. Der Blick öffnet sich wieder Richtung Nordküste und Agios Thyrsos, es geht ein kurzes Stück auf breitem, ausgewaschenem Weg etwas steiler zu einer als Stall genutzten **Steinhütte** ❸ hinab (Pyramide P 35). An der Hütte halten wir uns halb links auf ruppigem Traktorweg leicht abwärts (links würde man nach 20 m zu einem alten Brunnenschacht kommen). An der nächsten Gabelung gehen wir links und unterqueren sogleich eine Hochspannungsleitung. Die folgende Kreuzung mit etlichen grün-weißen Punkten wird geradewegs gequert. Wieder auf der Küstenebene werden eine weitere Steinhütte mit aus Bruchsteinen geschichtetem Mauerwerk und gleich danach ein Häuschen mit eingezäuntem Garten passiert. Der Weg steigt nochmals leicht an und erreicht dann die vom Hinweg bekannte Pyramide P 34, von der man rechts wieder nach **Agios Thyrsos** ❶ zurückkommt.

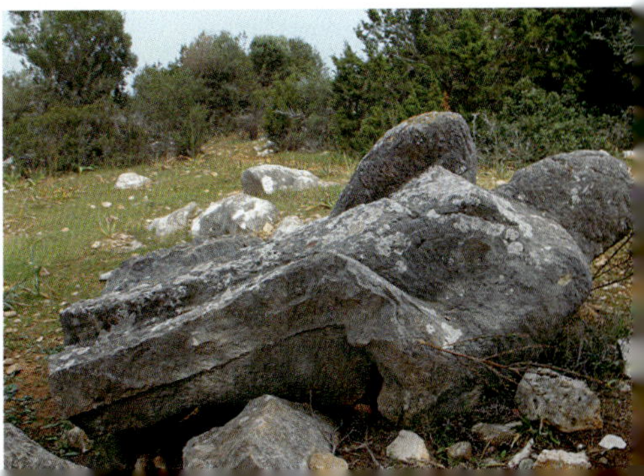

Die »weibliche« Statue in unfreiwilliger Rückenlage, sie stand wohl einst auf einem Sockel.

↗ 70 m | ↘ 70 m | 8.1 km

49 Der Rundweg bei Kaleburnu

2.00 h

Durch Kornfelder zu einem Ministrand an der Südküste des Karpaz

Kaleburnu gehört zu jenem Dutzend Dörfer auf dem Karpaz, in dem jemand die Zeit angehalten hat. Selbst die Umgehungsstraße läuft daran vorbei, rein zufällig besucht den Ort niemand. Sanfte Hügelkuppen mit eingestreuten Feldern und Wiesen prägen die Region. Feldwege sind es dann auch, die mit dem stillen Landstrich bekannt machen.

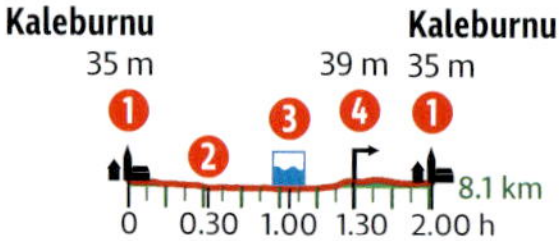

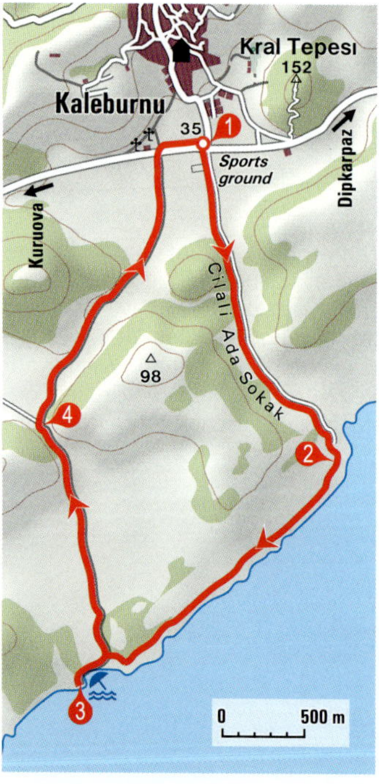

Ausgangspunkt: Kaleburnu, 35 m. Der Ort liegt an der Nebenstrecke zwischen dem Weiler Ziyamet und Dipkarpaz. Parkmöglichkeit an der Kreuzung unterhalb von der Ortszufahrt, schräg gegenüber von einer Holztafel mit Sitzbank.
Anforderungen: Einfache Eingehtour auf bequemen Feldwegen ohne nennenswerte Steigungen.
Einkehr: Unterwegs keine. Kaffeehaus in Kaleburnu.

Von der Ortszufahrt **Kaleburnu** ❶ geht gegenüber der Holztafel ein Traktorweg ab (Cilali Ada Sokak). Dieser läuft an einem nicht auf den ersten Blick erkennbaren Fußballplatz vorbei südwärts durch Kornfelder, zunächst durch eine Ebene, bald zwischen wie dahingetupften Hügeln hindurch.
Nach einer guten Viertelstunde wird ein links abzweigender Feldweg passiert, hier liegt das Meer bereits vor uns. An der **Südküste** ❷ der Halbinsel gehen wir wahlweise auf einem 15 bis 40 m parallel zum Meer verlaufenden Feldweg oder direkt am Wasser entlang. Ein Superstrand darf hier nicht erwartet werden, verkarsteter Fels macht die Küste badeuntauglich. Felder, eine anspruchslose Phrygana-Vegetation und aus Übersee eingeschleppte

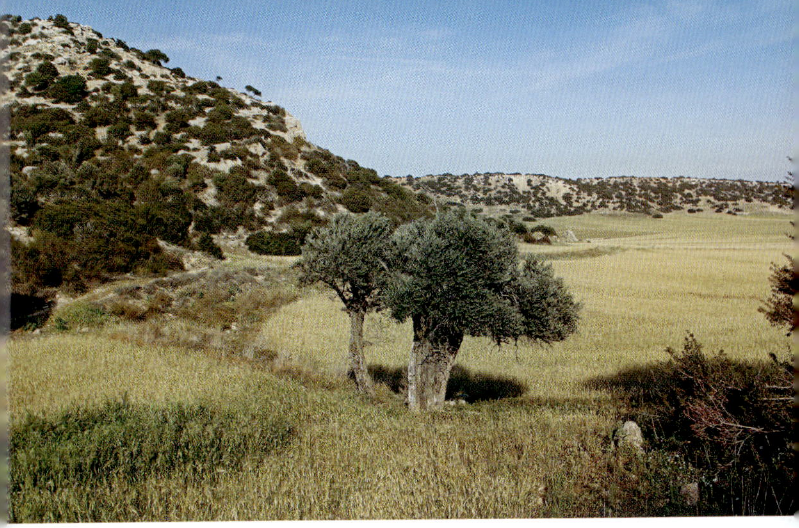

Felder und Olivenbäume im Hügelland von Kaleburnu.

Amerikanische Agaven reichen bis ans Meer heran. Nachdem wir eine halbe Stunde am Meer entlanggewandert sind, wird an der Mündung eines Trockenbetts schließlich doch noch ein schöner kleiner **Sandstrand** ❸ erreicht. Nach einem eventuellen Badestopp an dem schmalen Sandstreifen gehen wir am östlichen Rand der Badebucht auf dem nun landeinwärts schwenkenden Feldweg weiter. Dieser läuft auf der rechten Seite eines Trockenbetts bald zwischen niedrigen Hügelketten hindurch. Alle links und rechts abgehenden Wege bleiben unbeachtet, bis wir 20 Min. ab dem Strand an eine **Verzweigung** ❹ gelangen. Hier gehen wir rechts, bald taucht vor uns wieder Kaleburnu auf, linker Hand schauen wir auf das Minarett des Nachbarorts Kuruova.

In Höhe des Friedhofs mündet der Feldweg wieder auf die Landstraße, auf der rechts nach gut 250 m an der Ortszufahrt von **Kaleburnu** ❶ der Ausgangspunkt erreicht wird.

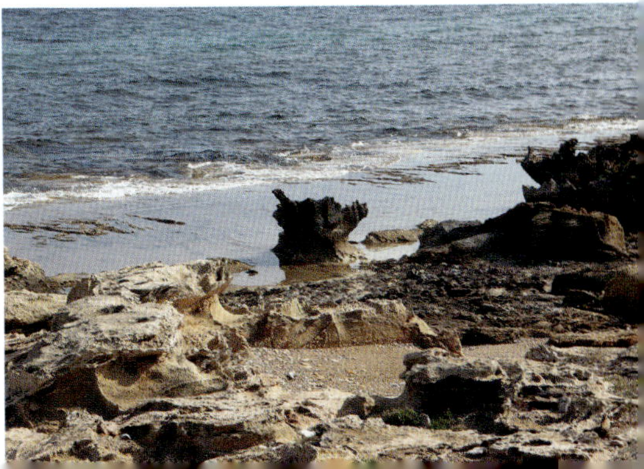

Bizarre Karstfelsen an der Küste von Kaleburnu.

TOP

50 Golden Beach

↗ 50 m | ↘ 50 m | 7.9 km

2.20 h

Barfußwandern im schönsten Strandrevier Zyperns

Was gibt es Schöneres, als an einem so gut wie unerschlossenen Traumstrand direkt am Spülsaum entlangzuschlendern? Die Kulisse bildet ein goldfarbener Dünengürtel, der mit dem tadellosen Blau des Wassers und der immergrünen Macchie kontrastiert. In der Vor- und Nachsaison ist der Strand allerdings mitunter von angeschwemmtem Plastikmüll verunziert – Reinigungsaktionen werden nur im Sommer durchgeführt.

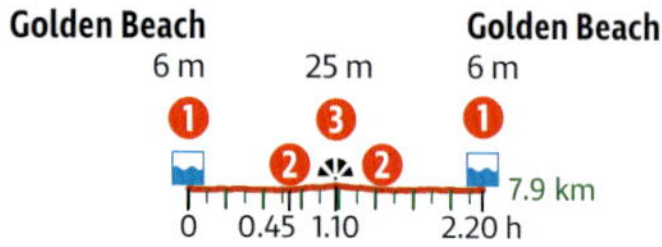

Ausgangspunkt: Golden Beach, 6 m. Von Dipkarpaz folgt man der Straße in Richtung Zafer Burnu, passiert nach 11 km Nikos Restaurant und biegt dann nach genau weiteren 7 km rechts in eine Piste ein. Auf dieser hält man sich nach 200 m links und erreicht 200 m darauf rechts haltend einen von Felsbrocken eingefassten Parkplatz.

Anforderungen: Leichte Strandwanderung; Badesachen und Sonnenschutz nicht vergessen.
Einkehr: Nikos Restaurant (am Anfahrtsweg); Big Sand Restaurant mit aussichtsreicher Terrasse (bigsandcyprus.com, an der Straße nach Zafer Burnu, etwa 2 km östlich vom Startpunkt der Wanderung).

Vom Parkplatz oberhalb des **Golden Beach** ❶ erreichen wir auf einem ramponierten Bohlenweg in gut 200 m den Strand. Hier wenden wir uns nach rechts und halten auf eine kleine bewaldete **Halbinsel** zu. Dort wird eine hohe Düne gequert, hinter der sich der Golden Beach fortsetzt. Am westlichen Ende des Sandstrandes werden Karstfelsen erreicht, kurz darauf wandern wir über fast 100 m lange, wie mit dem Lineal gezogene **Kalkbänke** ❷.
Eine Minibucht wird umlaufen, wir folgen von dort einer Traktorspur am Meer entlang zu einer markanten Landzunge, vor der die Spur endet. Wir suchen uns einen Pfad hinauf auf den Landvorsprung, von dem sich ein toller **Ausblick** ❸ über den Golden Beach ergibt. Auf dem Rückweg zum Parkplatz oberhalb des **Golden Beach** ❶ ist unterwegs eine Badepause Pflicht.

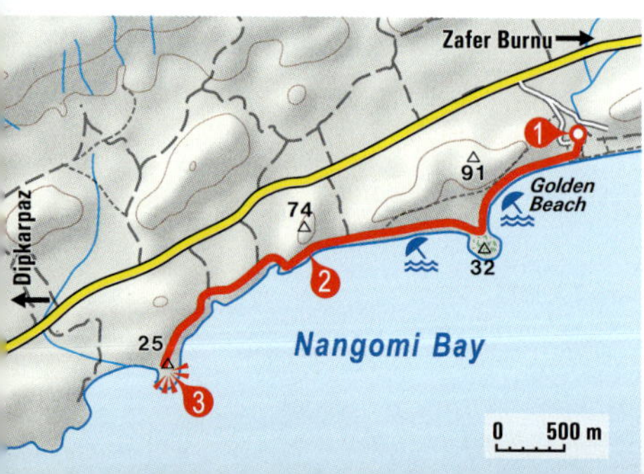

Am Golden Beach gibt es noch unendlich viel Platz.

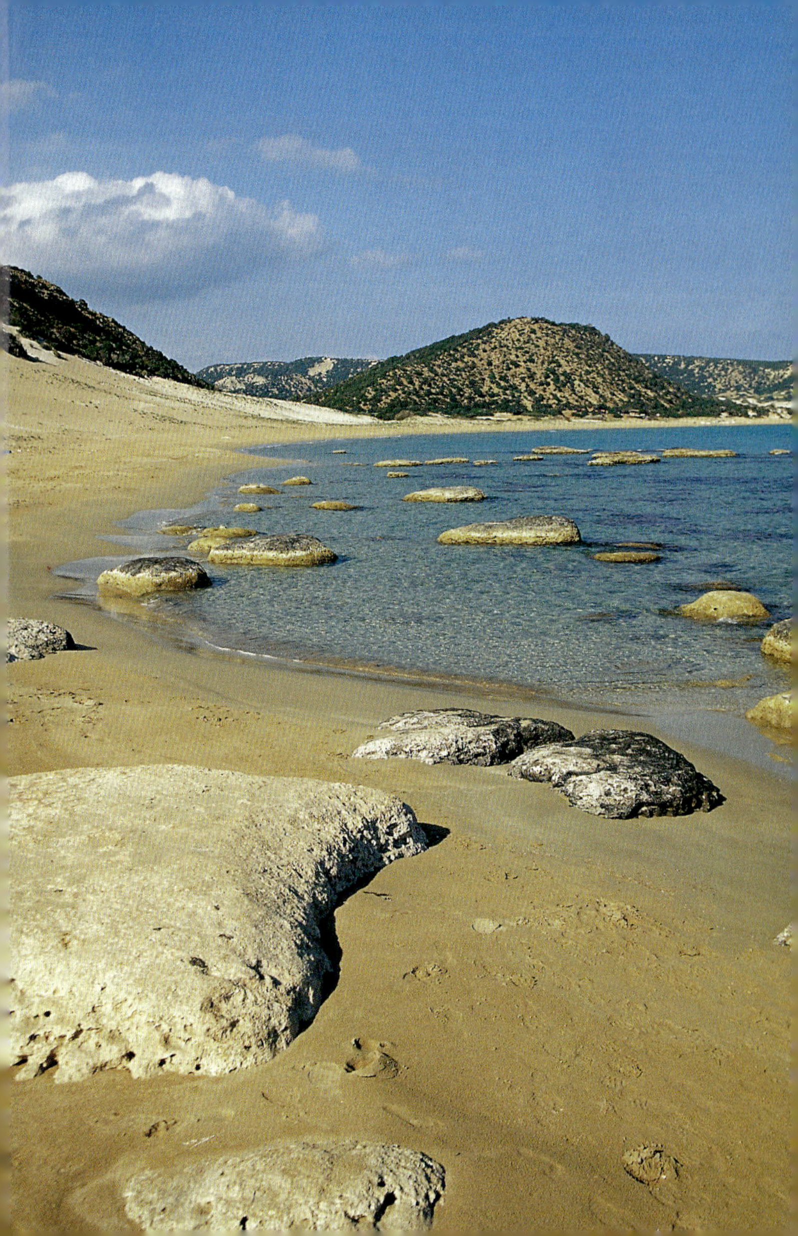

STICHWORTVERZEICHNIS

Umschlagbild: Petra tou Romiou – der Geburtsort der Aphrodite (Tour 14).

Bild im Innentitel: Bellapais am Nordhang des Fünffingergebirges (Tour 41).

Bild auf Seite 54/55: Bizarre Küstenlandschaft am Weg zu den Meeresgrotten Kantarkasti (Tour 7).

Alle Fotos vom Autor, ausgenommen die Fotos der Seiten 12 (Heike Lohkamp), 35 (Yiannis Christofides), 8 unten und 141 oben (Jaume Tort) sowie 151 (Bodo Möller).

Kartografie:
50 Wanderkärtchen im Maßstab 1:25.000, 1:50.000 und 1:75.000
sowie 2 Übersichtskärtchen im Maßstab 1:1.000.000 und 1:1.750.000
Geodaten © OpenStreetMap und Mitwirkende,
kartografisches Design: Freytag & Berndt Prag, freytagberndt.cz

Die Ausarbeitung aller in diesem Führer beschriebenen Wanderungen erfolgte nach bestem Wissen und Gewissen des Autors. Die Benützung dieses Führers geschieht auf eigenes Risiko. Soweit gesetzlich zulässig, wird eine Haftung für etwaige Unfälle und Schäden jeder Art aus keinem Rechtsgrund übernommen.

6., vollständig überarbeitete Auflage 2023

ISBN 978-3-7633-4665-3

FSC www.fsc.org MIX Papier aus verantwortungsvollen Quellen FSC® C021956

Wir freuen uns über jeden Korrekturhinweis zu diesem Wanderführer!
Bitte per E-Mail an: **leserzuschrift@rother.de**

ROTHER BERGVERLAG · Keltenring 17 · D-82041 Oberhaching
Tel. +49 89 608669-0 · rother.de